北京区域统计年鉴

(2003)

北京市统计局　编

同心出版社

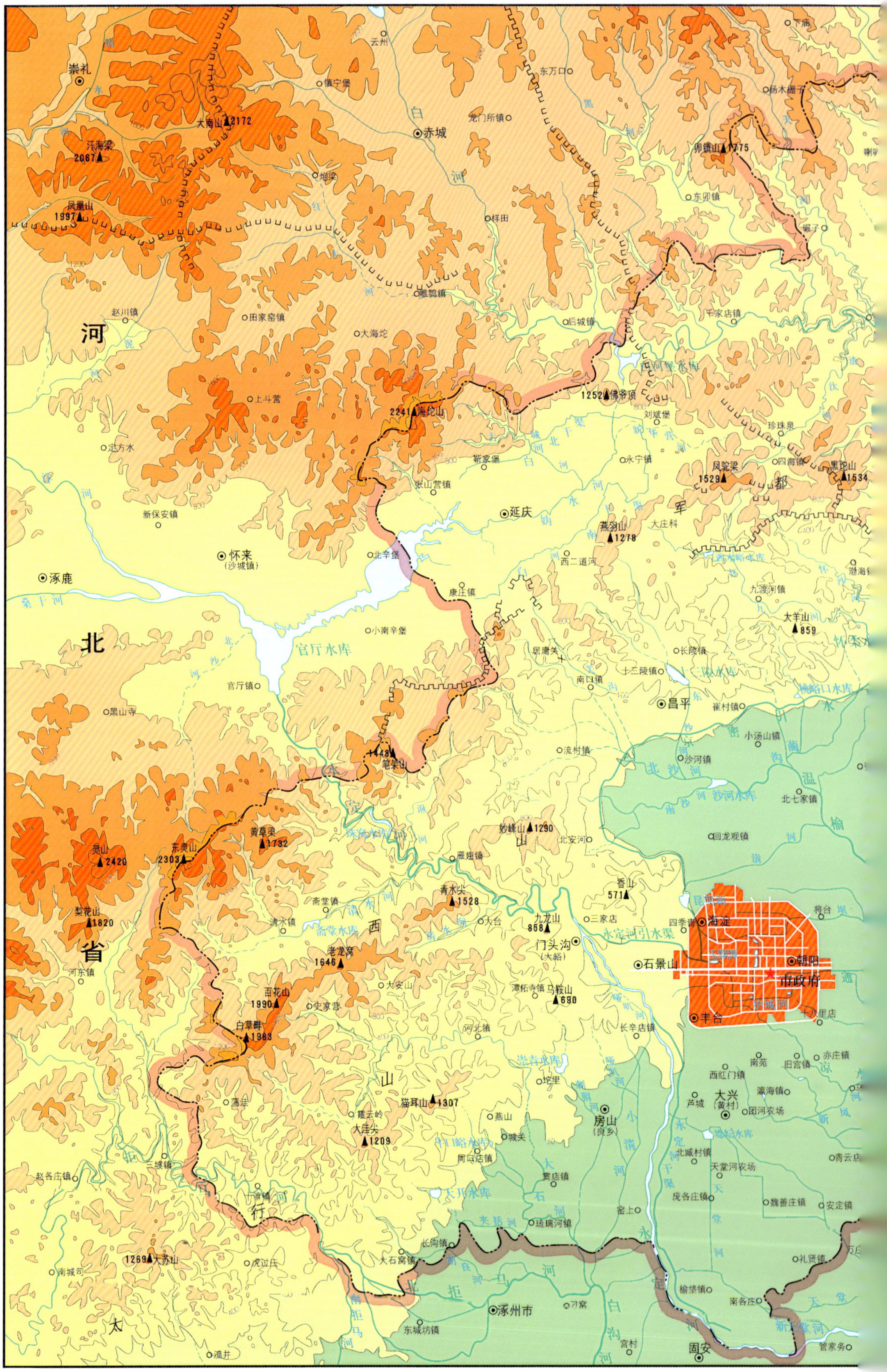

河
北
省
崇礼
云州
镇宁堡
东万口
下庙
杨木栅子
大南山 2172
汗海梁 2067
赤城
龙门所镇
雾灵山 1775
凤凰山 1997
炮梁
样田
东卯镇
赵川镇
田家窑镇
雕鹗镇
后城镇
千家店镇
大海坨
上斗营
2241 海坨山
1252 佛爷顶
刘斌堡
白河堡水库
珍珠泉
辛方水
新家堡
永宁镇
凤驼梁 1529
四海镇
黑坨山 1534
张山营镇
新保安镇
延庆
燕羽山 1278
大庄科
都
军
怀来
(沙城镇)
北辛堡
涿鹿
康庄镇
西二道河
九渡河镇
渤海镇
桑干河
小南辛堡
官厅水库
大羊山 859
居庸关
长陵镇
十三陵镇
南口镇
官厅镇
昌平
崔村镇
黑山寺
流村镇
小汤山镇
沙河镇
沙河水库
北七家镇
1448 笔架山
妙峰山 1290
北安河
回龙观镇
灵山 2420
东灵山 2303
黄草梁 1732
雁翅镇
香山 571
梨花山 1820
斋堂镇
清水镇
斋堂水库
青水尖 1528
大台
九龙山 858
三家店
四季青
海淀
将台
门头沟
(大峪)
石景山
朝阳
市政府
西
老龙窝 1646
河东镇
大安山
潭柘寺镇
马鞍山 690
百花山 1990
史家营
丰台
十八里店
白草畔 1963
河北镇
长辛店镇
南苑
旧宫镇
亦庄镇
西红门镇
大兴
(黄村)
瀛海镇
芦城
团河农场
山
猫耳山 1307
坨里
霞云岭
燕山
房山
(良乡)
大洼尖 1209
城关
周口店镇
北臧村镇
天堂河农场
青云店
赵各庄镇
窦店镇
庞各庄镇
魏善庄镇
安定镇
行
琉璃河镇
窑上
长沟镇
1269 大苏山
虎过庄
大石窝镇
礼贤镇
南城司
榆垡镇
南各庄
涿州市
刁窝
东城坊镇
宫村
固安
管家务
太
拒马河
永定河
大石河
小清河

北京市地形图

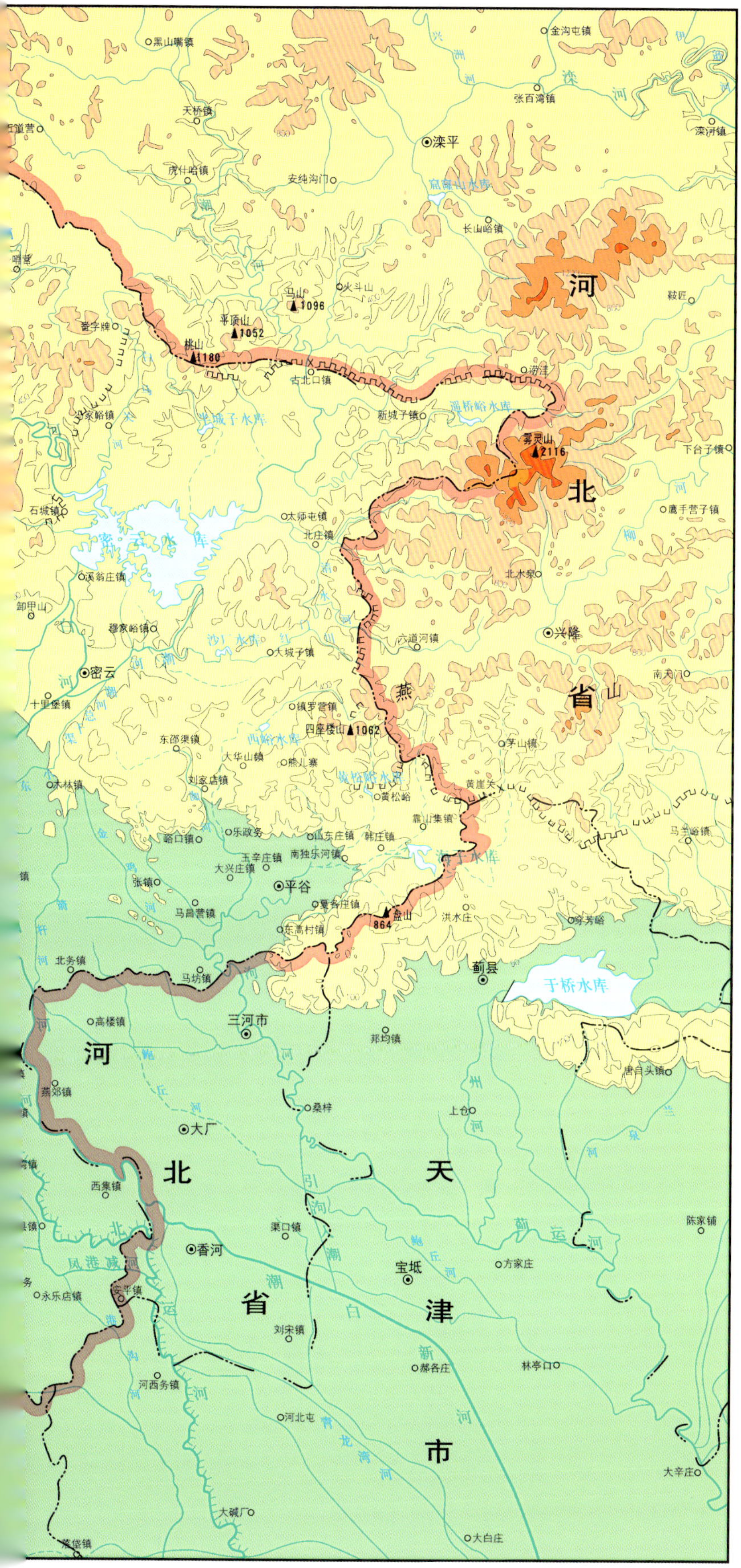

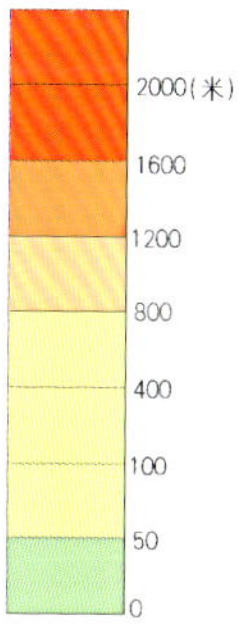

1 : 800 000

8 0 8 16千米

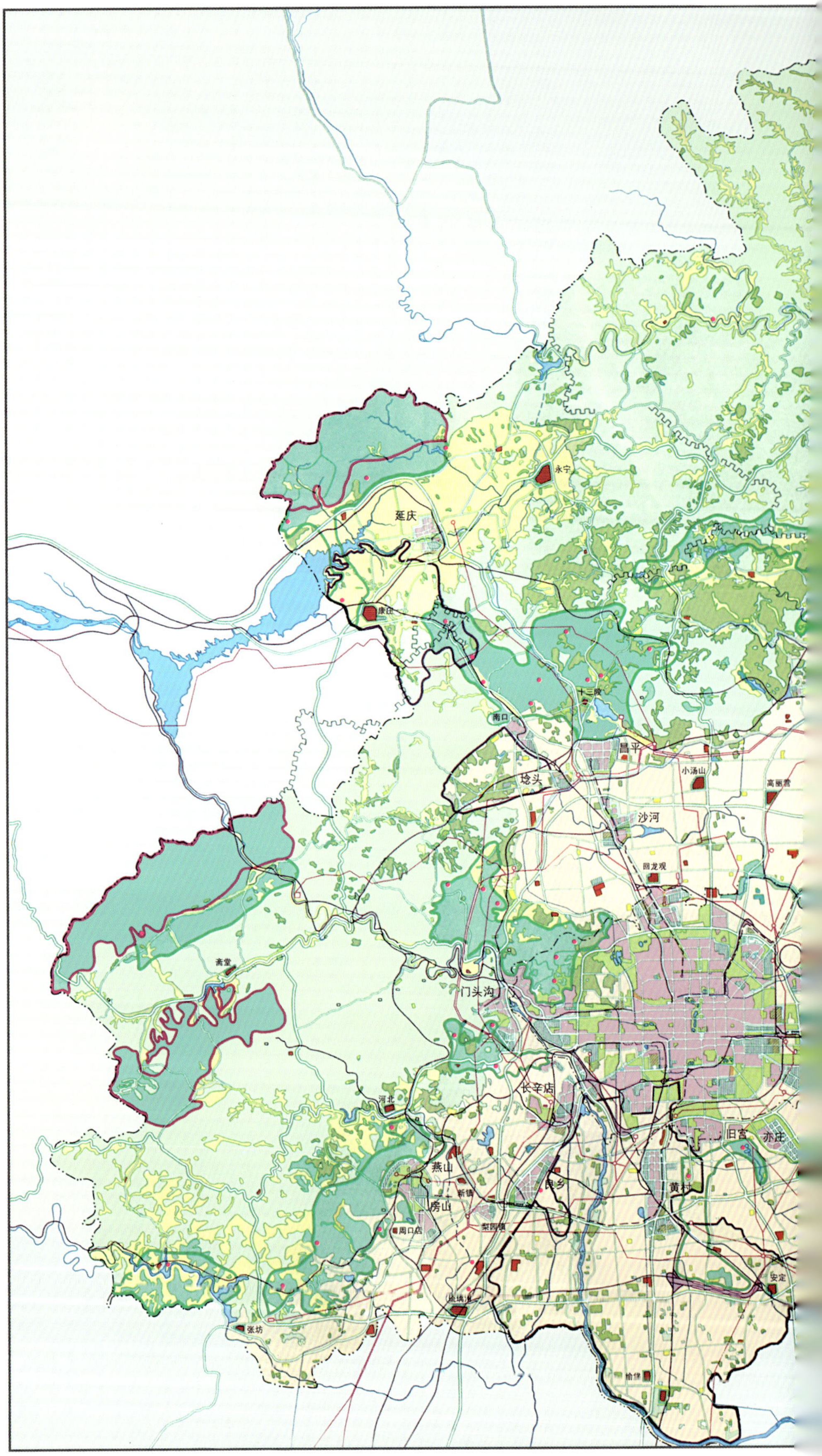

永宁
延庆
康庄
十三陵
南口
昌平
埝头
小汤山
高丽营
沙河
回龙观
斋堂
门头沟
长辛店
河北
旧宫
亦庄
燕山
新镇
良乡
黄村
房山
窦店镇
周口店
安定
张坊
榆垡

北京市规划图

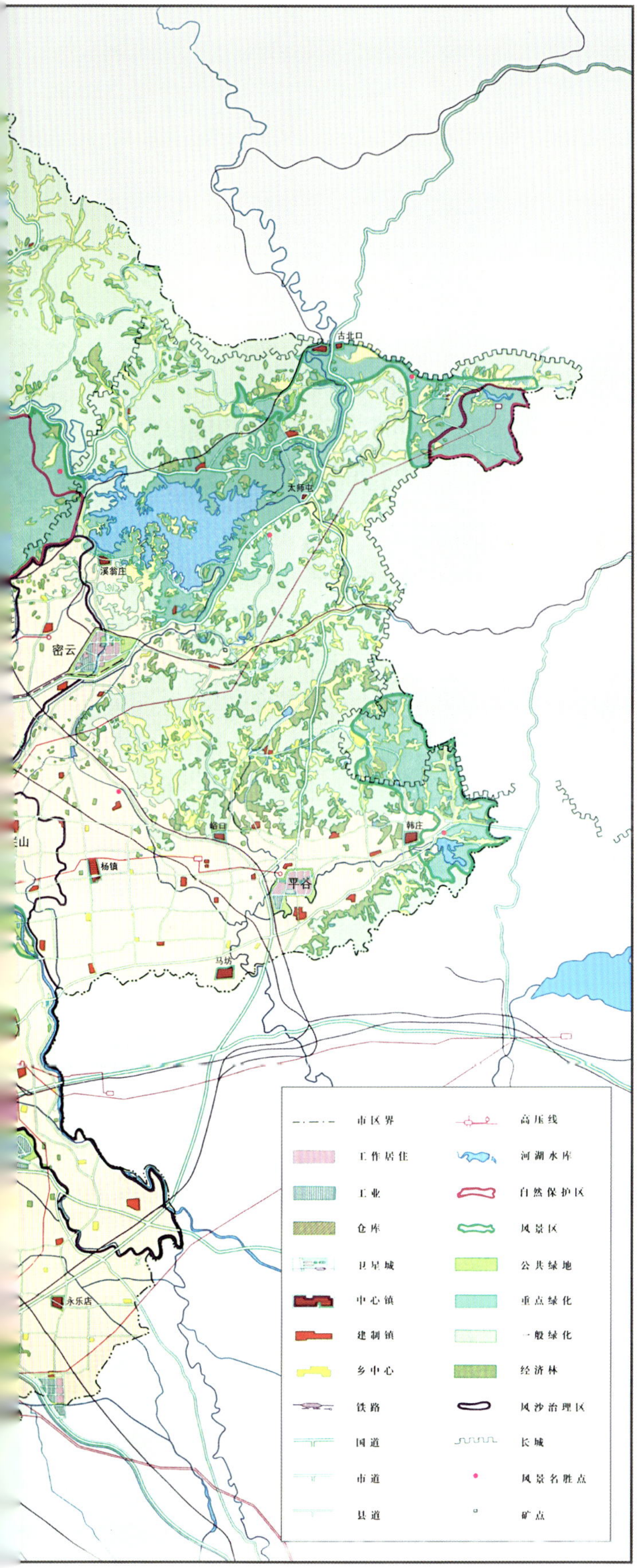
古北口
太师屯
溪翁庄
密云
峪口
韩庄
杨镇
平谷
马坊
永乐店
市区界
工作居住
工业
仓库
卫星城
中心镇
建制镇
乡中心
铁路
国道
市道
县道
高压线
河湖水库
自然保护区
风景区
公共绿地
重点绿化
一般绿化
经济林
风沙治理区
长城
风景名胜点
矿点

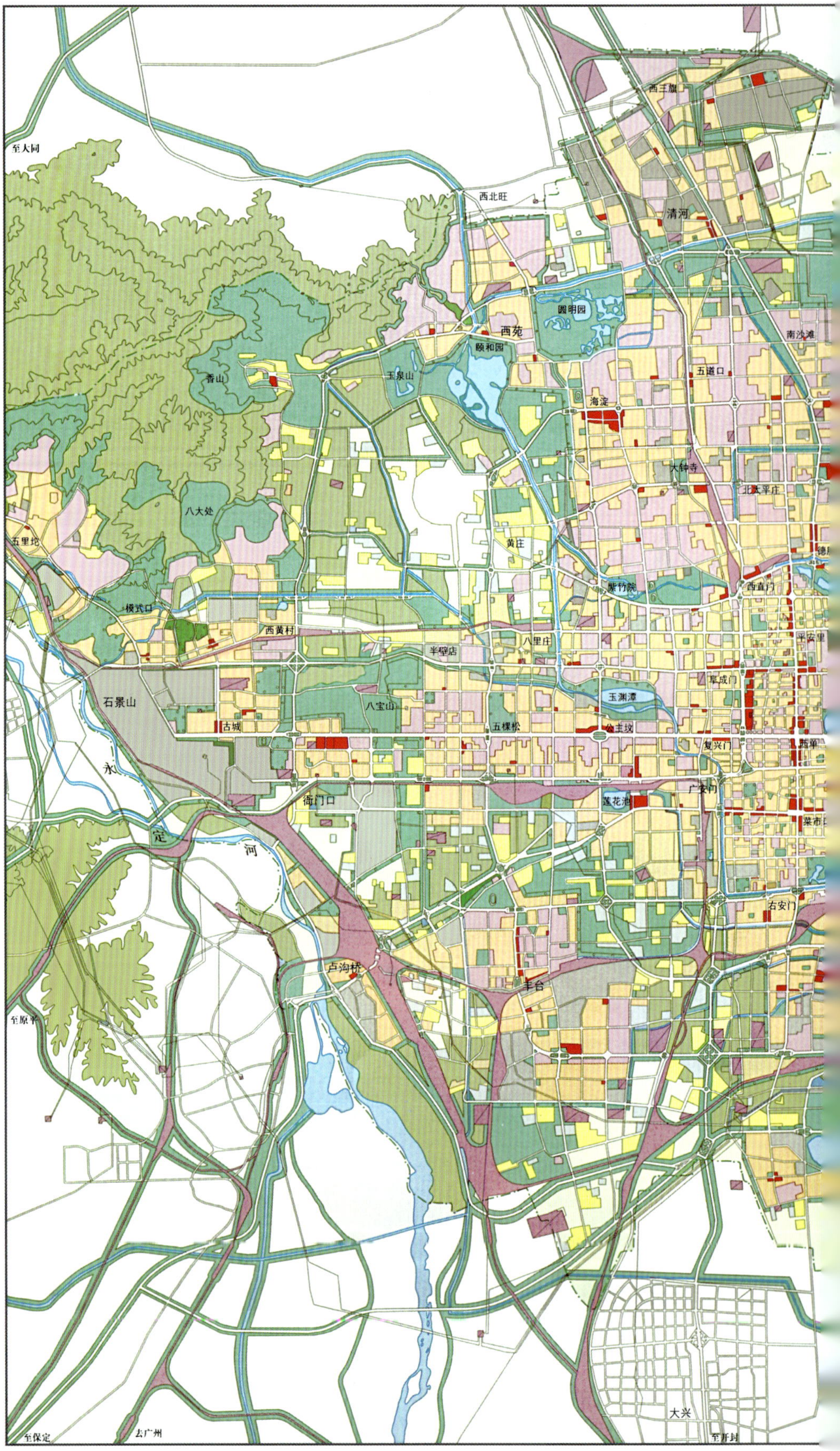
至大同
西北旺
西三旗
清河
圆明园
西苑
颐和园
南沙滩
玉泉山
香山
五道口
海淀
大钟寺
北太平庄
八大处
五里坨
黄庄
紫竹院
西直门
模式口
西黄村
半壁店
八里庄
平安里
阜成门
石景山
玉渊潭
八宝山
古城
五棵松
公主坟
复兴门
西单
永
衙门口
广安门
莲花池
菜市口
定
河
右安门
卢沟桥
丰台
至原平
大兴
至保定
去广州
至开封

北京市市区规划图

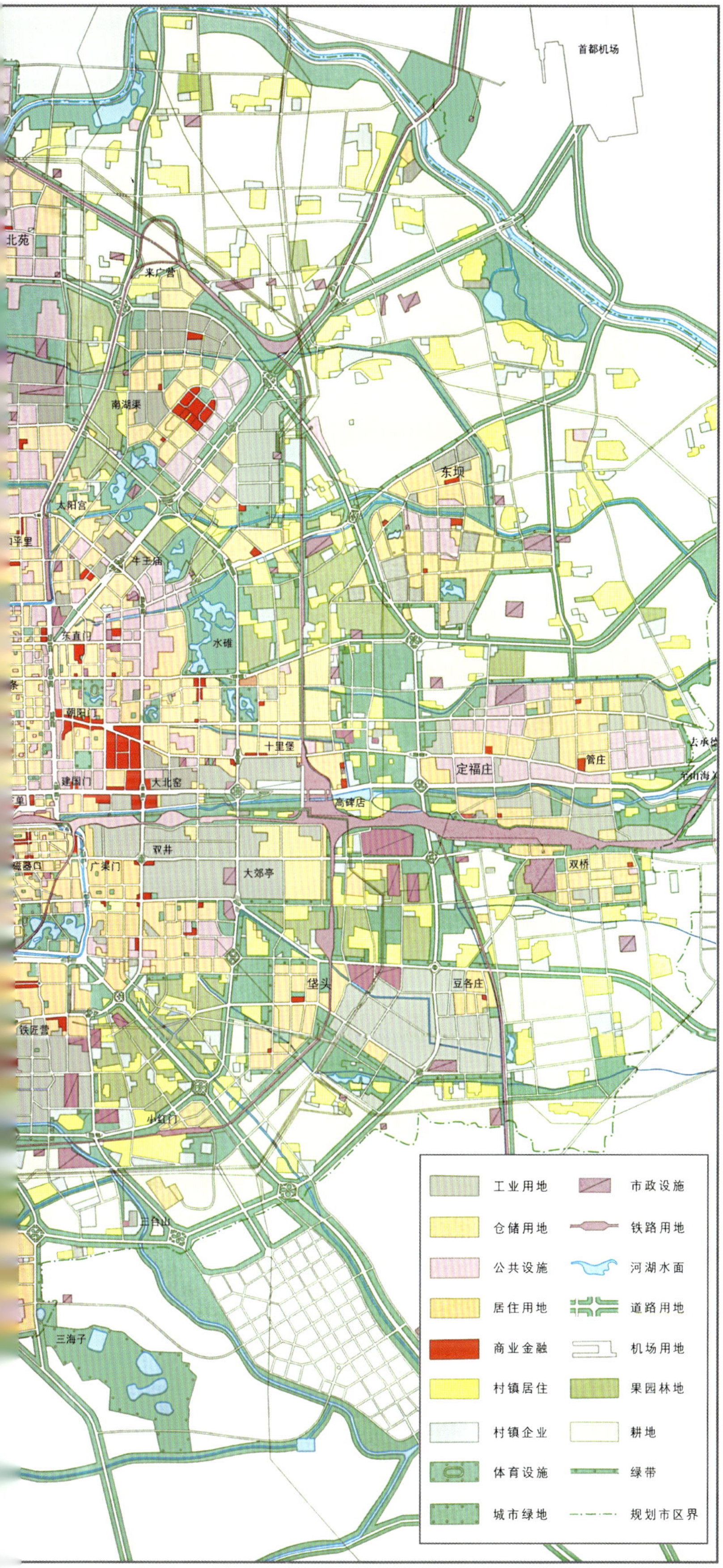
首都机场
北苑
来广营
南湖渠
东坝
太阳宫
牛王庙
东直门
水碓
朝阳门
十里堡
定福庄
管庄
建国门
大北窑
高碑店
双井
广渠门
大郊亭
双桥
垡头
豆各庄
铁匠营
小红门
三台山
三海子
工业用地
市政设施
仓储用地
铁路用地
公共设施
河湖水面
居住用地
道路用地
商业金融
机场用地
村镇居住
果园林地
村镇企业
耕地
体育设施
绿带
城市绿地
规划市区界

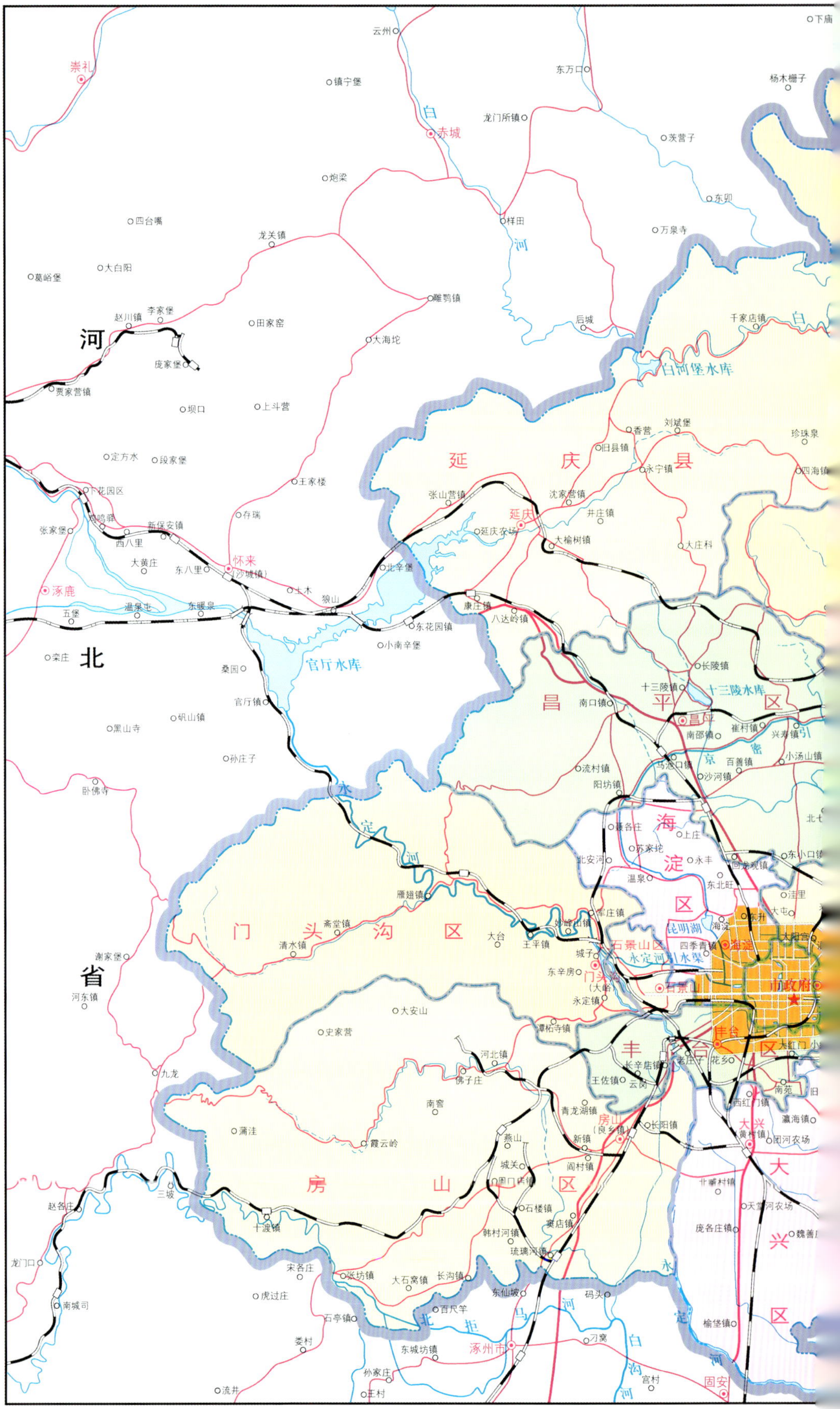

崇礼
云州
镇宁堡
东万口
杨木栅子
白
赤城
龙门所镇
茨营子
炮梁
东卯
四台嘴
龙关镇
样田
万泉寺
大白阳
葛峪堡
河
赵川镇
李家堡
田家窑
雕鹗镇
后城
千家店镇
大海坨
庞家堡
白河堡水库
贾家营镇
坝口
上斗营
香营
刘斌堡
珍珠泉
定方水
段家堡
旧县镇
延
庆
县
王家楼
永宁镇
四海镇
下花园区
张山营镇
沈家营镇
鸡鸣驿
延庆
新保安镇
存瑞
井庄镇
张家堡
西八里
延庆农场
大榆树镇
大庄科
大黄庄
怀来
东八里
（沙城镇）
北辛堡
涿鹿
土木
康庄镇
温泉屯
东暖泉
狼山
五堡
东花园镇
八达岭镇
小南辛堡
北
官厅水库
长陵镇
栾庄
桑园
十三陵镇
十三陵水库
昌
平
区
南口镇
昌平
官厅镇
崔村镇
矾山镇
南邵镇
兴寿镇
黑山寺
马池口镇
百善镇
小汤山镇
孙庄子
流村镇
沙河镇
卧佛寺
阳坊镇
永
海
定
聂各庄
上庄
河
苏家坨
永丰
北安河
淀
回龙观镇
东小口镇
温泉
东北旺
区
雁翅镇
洼里
军庄镇
大屯
门
头
沟
区
斋堂镇
东升
清水镇
大台
王平镇
昆明湖
海淀
四季青镇
石景山区
城子
永定河引水渠
东辛房
门头沟
（大峪）
石景山
市政府
谢家堡
省
永定镇
河东镇
大安山
史家营
潭柘寺镇
丰台
丰
台
区
河北镇
长辛店镇
卢沟桥
花乡
大红门
九龙
佛子庄
王佐镇
云岗
南苑
南窖
青龙湖镇
西红门镇
蒲洼
霞云岭
房山
（良乡镇）
长阳镇
大兴
（黄村镇）
瀛海镇
新镇
旧宫
燕山
阎村镇
大
城关
周口店镇
房
山
区
三坡
北藏村镇
赵各庄
石楼镇
天堂河农场
十渡镇
窦店镇
庞各庄镇
兴
韩村河镇
魏善庄
龙门口
琉璃河镇
宋各庄
张坊镇
大石窝镇
长沟镇
永
东仙坡
码头
虎过庄
区
南城司
百尺竿
河
北
拒
马
定
石亭镇
榆垡镇
娄村
刁窝
白
东城坊镇
涿州市
沟
河
仲家庄
宫村
流井
河
王村
固安

北京市行政区划图

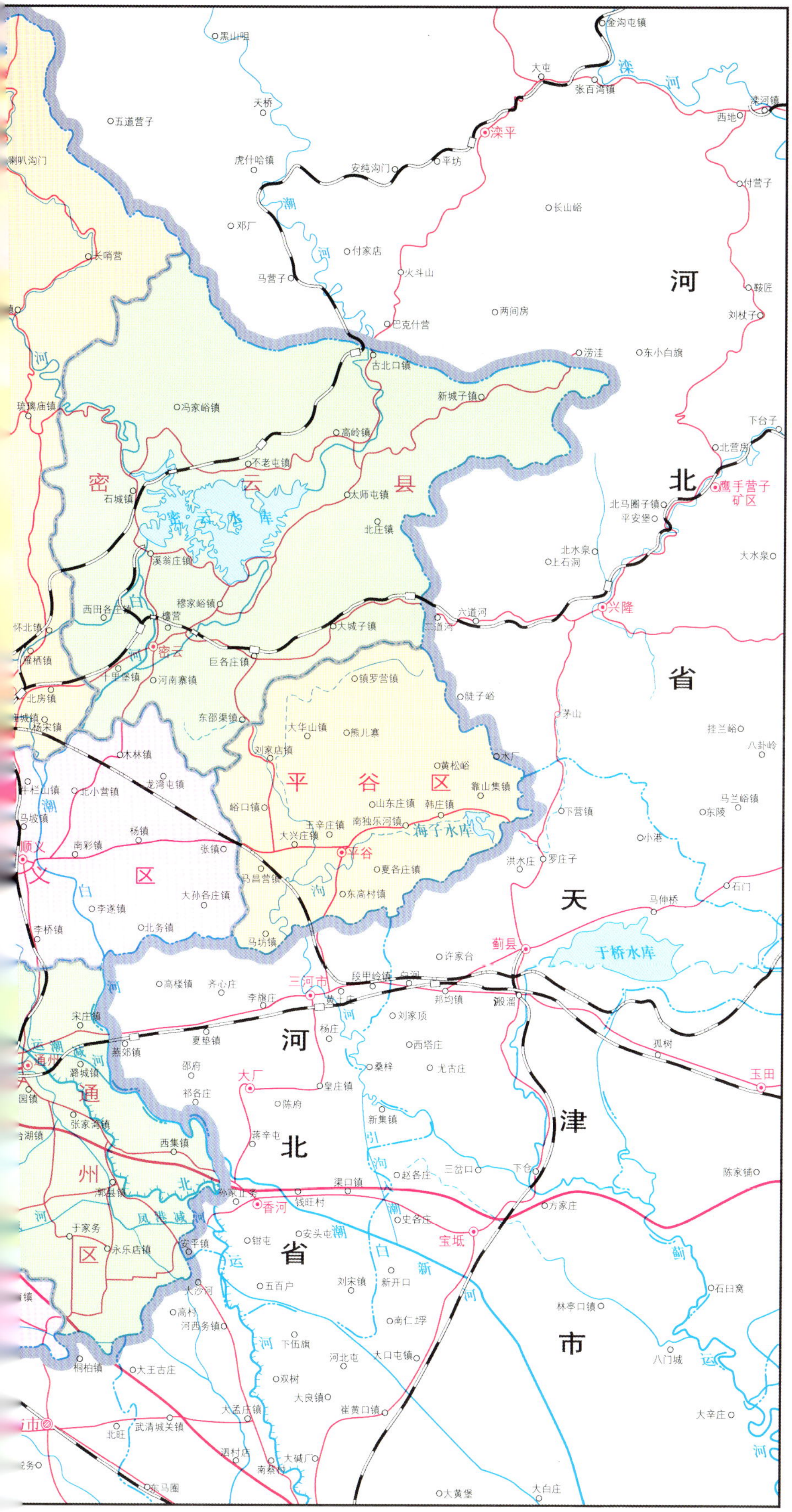

1：800 000

8　0　8　16千米

河
北
省
赤城
白
河
白
延庆
怀来
官厅水库
1956.3
昌平
温
1952.7
永
海淀
朝
门头沟
1949.6
石景山
定
丰台
1949.1
房山
(良乡)
大兴
(黄村)
拒
马
河
1958.3
北
拒
马
河
河
白
沟
河
涿州市
固安

北京市区划变更图

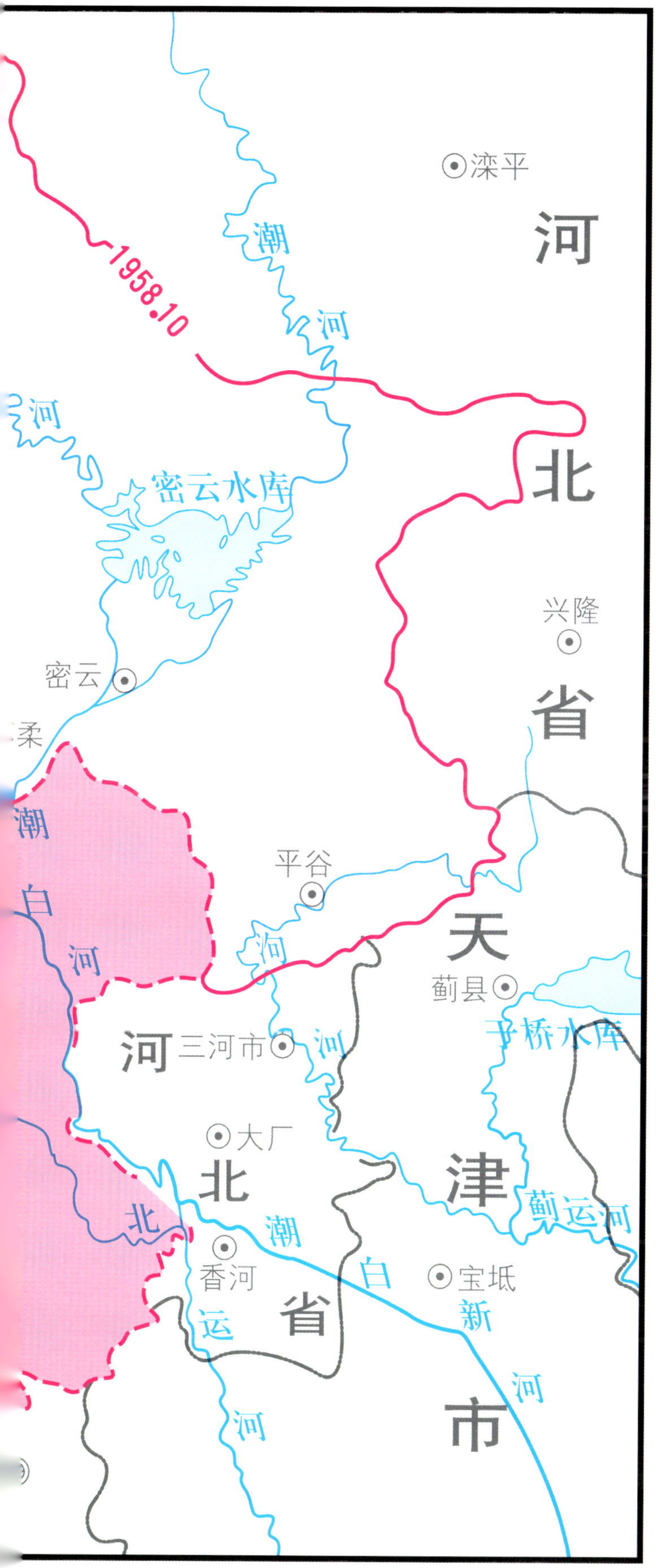

1958.10
滦平
河
北
省
兴隆
潮
河
密云水库
密云
柔
平谷
天
蓟县
于桥水库
河
三河市
大厂
北
津
蓟运河
潮
白
河
香河
宝坻
新
运
省
市

东城区

BEIJING · DONGCHENG

王府井国际著名商业街研讨会开幕式盛况

东方广场

东城区位于中国首都北京的中心，是北京重要的政治活动区、繁华的商贸服务区和资源丰富的文化旅游区。历经多年改革开放的栉风沐雨，东城区正在以不断增强的城市功能和加快建设现代化中心城区的铿锵步伐，不断展现出无限的活力与迷人的风采。

在区委、区政府领导下，全面推进“两业、三区、六个突破、三大举措”发展战略，全区综合经济实力明显增强。经济结构不断优化，高科技产业和现代服务业高速增长。城市面貌日新月异，王府井现代化商业中心区、东二环交通商务区及雍和宫、国子监和地坛传统文化旅游区等三个经

现代化的王府井商业中心区

危改竣工后的海运仓小区

现代东城 日新月异

修复了坛墙及建成地坛园外园后的地坛公园鸟瞰

济功能区建设初具规模；以东方广场、皇城根遗址公园、菖蒲河公园、地坛园外园等为代表的一批标志性大型公建项目使城市形象大大改善；方巾巷至北三环的市政道路构成东城区又一条南北交通干线，提高了城市承载能力；海运仓、交东、东四、民安四大片危改使昔日的大杂院和低矮的平房被整齐优美的楼房和街区取代，实现了现代气息和古都风貌的有机结合。

全区以优化环境、加快发展为主题，抓紧经济结构调整升级，开拓进取、顽强拼搏，为实现在首都率先基本实现现代化的进程中走在前列的目标努力奋斗，一个现代化的东城将屹立在北京的中心。

北二环

菖蒲河公园

皇城根遗址公园

走向现代

西城区位于北京市中心西北部，辖区面积31.66平方公里，是北京首都中心城区之一，分别与海淀区、朝阳区、宣武区毗邻，交通便利，户籍人口79.2万。西城区作为党和国家首脑机关的所在地，全国政治中心、文化中心的重要载体，决定了全区社会经济发展的基本方向和格局。

西城区是展现北京作为文明古都和现代化名城的重要窗口，历史文化积淀深厚，文物古迹众多，旅游资源丰富。区内拥有国家级和市级文物保护单位58处，占全市文物保护单位的25%。历史文化保护区共12片，保护范围占全市一半。西城区独特的人文景观、丰富的文化底蕴构成了其特有的文化特色，阜景文化旅游区和什刹海旅游区的规划建设正是建立在此基础之上，什刹海的“胡同游”中外闻名，“水上游”别具特色，特别是民俗资源更具魅力，具有较强的旅游开发潜力。

北京申奥成功，为地处首都中心城区的西城带来无限商机。结合西城区的特点，形成了以金融业、商业、房地产业、文化旅游业和科技信息咨询业为重点，全面建设6个功能街区为主体的经济发展目标。6个功能街区是经济功能、社会功能和城市功能的综合体现的地区，优势相对集中，战略地位十分突出。功能街区的建设，必将增强西城区的整体竞争力，提高城市现代化水平，为尽快建成国际大都市中心城区奠定坚实的基础。

在6个功能街区中，西单现代商业中心区和北京金融街是两个重要的街区。西单商业区历经多年的改造，基本实现了由街向区的转变，已由传统的商业、餐饮业转变为以商业为主，餐饮、娱乐、健身、文化、旅游、金融、饭店、电信、房地产等多业并举的泛商业业态格局，商业区达到了空的繁荣。现代化的建筑群体和交通体系初具规模，现代商业中心的地位已确定在今后几年将拓宽改造宣内大街，带动道路两侧建设项目，加快西南工程建设结合地铁4号线建设建成全部地下设施。2008年以前全面实现商业区规划，规模将达到150万平方米，建成具有国内一流水平的现代商业中心区。

北京金融街是建设中的国家级金融管理中心。处于市区中心地带，地理置极为优越，开发条件得天独厚。区内会集了中国银行、中国建设银行等国级银行总部等近30家金融机构，有300余家国内外企业纷纷入驻，纳税规模

繁荣的西城

过3亿元。目前，金融街主体项目、配套服务设施和综合环境建设的步伐正在加快，宽带数据传输网络建设已经全面启动，将金融街打造成国际一流的金融商务中心。

被列为中关村科技园政策区的“德胜科技园”，为西城区的发展增添了新的活力、新的内容和新的增长点，使西城区的西外地区和德外地区成为中关村延伸到中心城区的“特区”，成为中心城区发展高新技术产业最集中、政策最优惠的地区，提升了全区经济的科技含量。“德胜科技园”的建设，将有力促进西城区西北部的基础设施建设，加快危旧房的改造步伐，调整土地功能，调整产业结构，形成与中关村产业互补的格局。

西城区的经济发展具有明显的都市特色，按照北京市的经济发展要求，西城区大力发展商业、现代服务业、旅游文化业、科技信息业、金融保险业，西城区的经济资源与社会资源得到了充分的利用，形成了西城区特有的产业格局，经济实力不断加强，2002年西城区生产总值310亿元，其中第三产业占86.2%，人均国内生产总值达到4700美元。

在全区的经济建设中对功能街区的建设给予了重点投入，2002年仅西单、金融街和德胜科技园三个区的固定资产投资额就达17亿元。为实现城市交通的现代化、网络化，提高道路通行能力，西城区确立了以“八横八纵”为框架的城市网络建设体系，相继进行了西外大街、德外大街、安德北街、北太平桥大街南北草场街等道路建设，通过“十五”期间的建设，西城区将完成骨干路网建设改造总长度达82公里。

西城区把改善居住环境，加大环境治理力度，营造一个“绿色奥运”的生态环境，与经济的发展同等对待，全面完成了锅炉改造任务，逐步解决平房地区居民煤改电问题，2007年将基本实现无煤烟区的目标。进一步扩大绿地面积，将绿化覆盖率在26.1%的基础上再提高一步，2008年将达到28%以上，人均绿地面积提高到11平方米以上，比现有水平又提高8.2%，实现无裸露地面。

危旧房改造采取以房改带危改、以基础设施建设带危改、以功能街区建设带危改等多种方式，危改步伐大大加快。全年完成动迁居民1.7万户，开复工面积209万平方米，竣工58万平方米。

西城区正逐步建设成为设备完备、服务一流的中央办公区；资本活跃、市场繁荣的金融事业区；教育先进、特色鲜明的文化旅游区；社会安定、环境优美的生活区。2008年以前，西城区将提前实现经济、社会和城市现代化。

活力崇文

HUOLICHONGWEN

崇文门外大街以大型商贸企业新世界集团为核心，已经成为崇文区最主要的一条商业、商务街。

崇文区作为北京中心城区，有着丰厚的文化底蕴，是一片充满活力的热土。近年来，崇文区积极探索首都中心城区现代化建设的跨越式发展之路，城市面貌有了巨大的变化，城市功能越发完善，投资环境日趋优化，正在形成“一场两区”的经济格局。即以前门大街(老字号传统商业文化街)，祈年殿大街(文化、旅游、娱乐和服务业一条街)，崇外大街(现代商务街)，大都市街(专业化主题市场街)四条街组成的“王”字型经济磁场；以龙潭湖为中心的“龙潭湖体育产业园区”和以永外百荣世贸商城为龙头的“永外现代商贸园区”两个功能区。形成集现代商贸、文化、旅游、体育、休闲和娱乐业为主的现代化城区雏形。

崇文区区委、区政府一直把优化发展环境作为经济发展的中心工作，大力引导外向型经济发展。通过多年的不懈努力，营造了一个面向世界的“活力崇文”。以香港新世界、美国博士伦集团为代表的一批世界知名大财团纷纷来到我区投资置业，在与崇文区的合作中取得了巨大的发展。

目前崇文区再次迎来发展新高潮，以危旧房改造为龙头，抓住北京市筹办2008年奥运会和加快南城发展的有利时机，进一步加快城市建设与改造，推进经济结构的调整，带动和促进全区经济和社会的全面发展。

崇文区真诚欢迎海内外各界人士关注崇文，投资崇文，置业崇文，共同创造崇文美好的未来。

大都市街吸引了来自全国各地的投资者。图为大都市街内的汽车销售展厅。

前门大街是北京市有名的商业老字号的聚集区。

沿广安大街兴建的北京大都市街是亚洲最长的内藏式商业步行街。

昔日老舍笔下的龙须沟现已经成为环境优美设施齐全的金鱼池居民小区。

明城墙遗址公园环境优雅，绿草如茵，是北京市民休闲的好去处。

宣武 xuan wu

▲ 悠久的革命传统、厚重的历史底蕴、丰硕的文化积淀，塑就了宣武区人民朴实真挚的拥军情怀。军民携手创双拥，山河常念鱼水情。

▶ 悠久的历史造就了宣武区丰厚的文化底蕴和优良的文化传统。经过多年的逐渐繁衍，宣南文化已集通俗、儒雅和华丽于一身。纪念金中都建立850周年的青铜质地纪念标识——“北京建都纪念阙”在宣武区滨河公园内落成。

▼ 为落实区政府制订的”文化搭台经济唱戏”的发展思路，进一步加大我区招商引资力度，宣传我区经济建设成果，提升我区的区域形象，我区举办了2002北京宣南文化节暨第三届宣武区经贸洽谈会。树立宣武区悠久历史形象和现代化发展的新形象，通过”文商结合”促进我区经济繁荣。

▶ 我区招商引资工作坚定不移
贯彻区委、区政府确定的宣武
体发展计划，解放思想，加快改
放步伐，加强了宣传力度，召开
区经贸洽谈会等，使我区的招
资工作有了大幅提高。

宣武区区政府于2003年6月9日在广安会议中心举办了"2003年宣武区重点项目招商引资签约仪式"。本次仪式上成功签约的6个房地产开发建设合作项目，主要分布在马连道采购中心区、先农坛医学科学城、天桥民俗特色街区等宣武区规划建设的重点功能区域。随着这些项目的落实和逐步启动，将有力地推动我区重点功能区的开发建设，进一步加快我区城市建设和经济发展的步伐。

位于菜市口大街上的国际传媒大道以传媒产业、现代商业服务业、金融服务业为主要产业构成，其独特的文化景观主要包括传媒园区、传媒俱乐部、传媒广告墙、传媒文化博物馆、传媒科技会展中心、传媒人公寓、传媒星剧场、传媒雕塑走廊等。国际传媒大道两侧分布的主要建筑包括国际新闻中心、传媒商贸城、数码城等十几个各具特色的功能板块。目前北京移动通信菜市口枢纽楼、中国国际新闻中心等重点项目都有了新的进展。

朝阳

▲ 国家统计局局长朱之鑫到朝阳统计局视察

朝阳区，自古有京畿腹地的美誉，是北京市面积最大、人口最多的城市发展区，具有得天独厚的区域发展资源和优势，是北京市最具现代化气息的区域之一。在新的世纪，北京2008年奥运会申办成功，中国加入WTO以及国际商务中心区的崛起，为朝阳区带来了极其重要的发展机遇。朝阳区将坚持以邓小平理论和党的基本路线为指导，认真实践江泽民同志“三个代表”的重要思想，

▲ 国家奥林匹克体育中心

▲ 初具规模的北京CBD

▶ 潘家园旧货市场

▲ 四通八达

极贯彻落实党的“十六
报告”和北京市委、市政
的部署，以发展为主题，
结构调整为主线，以改革开放和科技进步为动力，
提高人民生活水平为根本出发点，团结奋进，开
创新，加快区域经济发展步伐，努力提高城市现
化水平，全力推进“国际商务中心区、高新技术
化区、文化教育发达区、富裕文明新城区”的建
，加快农村城市化、城市现代化、区域国际化进
，为北京市率先基本实现现代化做出重要贡献。

▲ 朝阳公园

▶ 三里屯酒吧一条街

▼ 朝阳夜景

CHAO YANG

正在崛起的现代化新城区 丰台

北京西客站南广场与莲花池公园

南城丰台，辖区面积304.2平方公里，总人口136万。二十几年前，这里还是北京城的近郊区，首都农副产品供应基地。今天，你走进丰台：城市环路、高速公路纵横交错，现代化的商务区、居住区比比皆是，航空港迎来五洲朋友，火车站送走八方宾客，总部基地为经济插上腾飞翅膀，旅游区给城市增添鲜花美景，一个现代化的新城区正在首都西南大地上崛起。

“十五”期间，丰台区将按照首都经济的发展和建设国际化大都市的总体要求，紧紧抓住建设现代化新城区这一主题，立足丰台实际，以经济建设为中心，以城市建设为重点，推进各项社会事业的全面进步，力争实现跨越式发展，到2010年基本建成社会主义现代化新城区。

今后5年，丰台区将重点实施“一五五”发展战略，即全力构筑一个中心——“首都西南物流中心”；重点建设“5个区域”——“北京丽泽商务区、中关村科技园区丰台园区、大红门特色商业区、绿色生态居住区和特色文化旅游区”；加快培育和发展高新技术产业、现化服务业、物流业、房地产业、旅游业。

丰台，敞开了接纳世界的胸怀；丰台，正在打开灿烂辉煌的新画卷！

中关村科技园丰台园

丰台区是北京重要的科研生产基地，有7.5万科技人员和60多家中央、市属科研院所，是北京第二大人才、技术密集区。中关村科技园区丰台园是国家级高科技开发区，也是我区“一五五”工程的重要组成部分，是高新技术企业云集地，是拉动全区经济增长的重要力量。近几年，我区积极改善园区的投资创业环境，招商引资稳步前进，孵化网络体系建设加快，管理创新向全方位拓展。到2002年底止，累计引进高新技术企业198家，技工贸总收入超亿元的企业达25家。电子信息、生物医药、先进制造技术、新材料四大产业占据主导地位。完成的技工贸总收入占到经济总量的80%。其中电子信息产业发展迅猛，技工贸总收入占到经济总量的30%以上，成为科技园区的龙头行业。全年实现技工贸总收入、增加值、出口创汇等各项经济指标均以30%以上的速度增长。

2003年北京市60大重点工程之一“总部基地”也建在这里。根据规划，中关村（丰台）总部基地总建筑面积110万平方米，占地65公顷，由500余座独栋、独立产权、独立冠名的总部楼构成，总投资额约45亿元人民币，建设周期3年。她的建立将为丰台经济的腾飞注入新的活力。

航天科技（火箭升空——航天长征摄影协会供稿）

中国运载火箭技术研究院是我国最大的运载火箭研制基地，建于1957年，钱学森任第一任院长。40年来，先后研制了长征一号、长征二号、长征三号和长征四号4个系列8种运载火箭。长征系列运载火箭的技术性能和可靠性指标已达到国际先进水平。1984年长征三号运载火箭成功发射通信卫星，标志中国已成为世界上第5个具有独立研制和发射地球同步通信卫星能力的国家，可以发射1.45吨重的通信卫星，运载能力居世界第4位，掌握并使用低温高能推进剂（液氢液氧）居世界第3位，解决了发动机高空二次启动技术居世界第2位，发射商业卫星费用低廉，居世界第1位。

中华航天博物馆位于中国运载火箭技术研究院内。建筑面积1.1万平方米，是中国最大的航天技术专业展馆，记录了中国航天事业所经历的发展历程。北京市政府及丰台区政府先后命名航天博物馆为北京市、丰台区青少年爱国主义教育基地。

绿色生态居住区

按照北京市城市布局和实施加快南部城区发展的战略，充分利用北京市危旧房改造、绿化隔离地区建设、卫星城和小城镇建设的政策，以绿化隔离地区的新村建设和城市居住区绿化美化为重点，以发展商贸服务、体育健身、休闲娱乐、社区服务为手段，着力建成一批风格各异、特色鲜明、不同档次、不同规模、配套齐全、环境优美、交通便利的现代化住宅小区，价位适中，为有战略眼光的投资者、创业者以及广大市民提供安居乐业的绿色生态居住休闲地。

近几年来，丰台区已相继建成了100多个居住小区，其中方庄、怡海花园等一批居住区享有较高的知名度。

卢沟桥文化旅游区、抗日战争纪念馆

丰台区具有深厚的文化底蕴，莲花池、卢沟桥、宛平古城等文物古迹，折射出丰台历史文化的源远流长。卢沟桥文化旅游区由具有800多年历史的卢沟桥、320多年历史的宛平古城及抗日战争纪念馆和抗日战争纪念雕塑园等组成，是极具特色的文化旅游区。

中国人民抗日战争纪念馆是中国惟一一座全面反映中国人民抗日战争历史的大型纪念馆。1937年7月7日，日本军队在卢沟桥制造了侵略事件，驻守在这里的国民革命军29军奋起抵抗，由此揭开了中国军民抗击日本军国主义全面侵华战争的序幕。经过8年的艰苦抗战，中国人民终于取得了抗日战争的全面胜利。抗日战争纪念馆是记录这段历史的证人。目前这里已成为进行革命传统教育的爱国主义教育基地。

世界公园旅游区

世界公园旅游区总占地900公顷，以微缩世界各国代表性建筑和名胜为主体的公园，聚集了50多个国家100多个著名人文、自然景观，分为亚洲、非洲、欧洲、美洲和大洋洲景区，是亚洲最大比例的微缩景观公园。2001年荣获国家旅游局颁发的《国家等级旅游区（点）AAAA景区》。来自世界各国的艺术家们为游客表演精彩的节目，大象、鳄鱼等表演吸引着广大游客，全年共接待中外游人110万人次。周边还有大堡台汉墓等历史文物古迹和绿色休闲场所。

北京十二中学

北京十二中是丰台区建校最早的一所市属重点中学，创建于1934年。十二中新址由丰台区政府投资1.7亿元，于1999年3月正式开工，2001年8月投入使用。校园占地面积5.3万平方米，建筑面积4.1万平方米，学校拥有设备一流的图书馆、电子阅览室、报告厅、生物生态馆、400米八道塑胶田径场、游泳馆、篮球馆、现代化的理化生实验室、多媒体语音教室、计算机房等，还有宽敞明亮的学生宿舍、近1000座位的学生餐厅，可以满足学生食宿的要求，普通教室都具有多媒体教学功能。

现代物流业

北京西南物流中心成立于2000年9月，截至2002年已启动东、中、南、北四大库区，仓储面积达12万平方米。2003年启动西区建设工程，3年内规划建成仓储面积25万平方米，将成为全国最大的图书物流企业。目前已有80多家出版社的图书资料进入物流中心。北京西南物流中心追求国际水准，加大国际化运作力度，提出创建“北京第一、全国第一、亚洲第一”图书物流中心的宏伟发展目标。2004年以前，北京西南物流中心将建成6个中心企业，即：仓储保管中心、物流输送中心、信息网络中心、批发零售中心、采购供应中心和流通加工中心。涉及仓储、运输、信息、销售、印刷、装订、包装等多种行业。北京西南物流中心，为谱写国内物流企业新篇章，将不断奋进。

区委书记、区长到区统计局调研

在区委、区政府和北京市统计局坚强有力的领导下，丰台区统计局的全体统计工作者认真实践“三个代表”的要求，发扬“讲奉献、树形象、创一流”精神，全区统计工作整体水平有明显提高，办公环境有了明显改善。近5年来，有150多项工作分别获国家、市、区级先进。

进入新世纪，市场化、信息化和国际化大趋势使统计部门面临着新的环境和新的挑战，全区统计工作者大胆突破旧观念，不断融入新思想，一方面注重数据采集和整理，另一方面深入发掘和解析数字，并紧紧围绕区经济工作的重点开展调研。区委书记王子生、区长张大力、区委副书记杜瑞琴、区委常委常务副区长邓小刚先后分别到区统计局进行调研和慰问，对统计局近几年在班子建设，队伍建设和各项业务工作中取得的突破性进展给予了充分肯定。

区人大对统计局班子和各项工作进行了全面的民主评议，一致认为：区统计局班子廉洁、勤政、团结、坚强，带出了一支开拓创新、能仗的队伍，树立了政府部门和政府公务人员的良好形象，为丰台人争了光，为建设现代化新城区做出了贡献。

丰台统计工作者正以崭新的精神风貌，迎接新世纪的挑战！

石景山

SHIJINGSHAN

石景山区是一个既有悠久的文化传统又充满朝气的新市区，这里有崇山峻岭柏奇石、古刹金钟，长河穿平野，翠微枕太行；这里有鲜花绿地、景观雕塑、休场，大地铺锦绣，花园伴长街。改革开放以来，在全区人民的共同努力下，石景的城市面貌发生了翻天覆地的变化，经济与社会公共事业蓬勃发展，经济实力显著增强。一个孕育着生机，充满着希望的新市区正在崛起。

新世纪，“绿色奥运，科技奥运，人文奥运”更为石景山区提供了广阔的发展空间。与科技同步，与绿色并肩，50万石景山区人民正以昂扬的斗志、创新的精神，全力打造新石景山。建设“现代、绿色、文明”的石景山区是我们的发展目标。我们要把绿色做出新意，谱写绿色与科技的交响曲；把娱乐做成品牌，营造现代文化娱乐城；把文化做出品位，展现新石景山的风采；把旅游做成产业，形成绿色都市休闲旅游区；把资源作为活力，振兴现代制造业。把石景山建设成为一个充满生机与活力、充满诗意与魅力、充满机遇与希望、充满鲜花与梦想的现代化新城区。现代、绿色、文明的石景山区将成为北京一颗熠熠生辉的明珠。

石景山区是一片充满生机和希望的投资热土，这里有一片真情，可以实现您的一份理想；这里有一份活力，可以成就您的一番事业。投资石景山就是投资未来。我们诚挚地邀请海内外各界朋友到石景山区来，与石景山区人民共同奋斗，迎接美好的明天！

北京市信息安全产业基地

北京市信息安全产业基地由北京市科委、中科院研究生院、石景山区政府共同成立。基地可为4 5家具有一定规模的信息安全企业、30余中小企业800名科研管理、技术人员提供全方位服务和商务配套设施。

日新月异的经济发展

产业结构以现代工业和服务业为主高技术产业和以旅游业为主体的城市务业将成为本区的主导产业。区政府今后发展的长期定位是：建设体现首经济特征的现代工业区、建设绿色都休闲旅游区和人居环境一流的文明区。

2008年奥运会给北京以前所未有发展机遇，石景山区处于北京市重要五环路发展带上，具备发展高科技产和城市服务业的区位优势和环境优势具有土地升值的极大潜力，投资石景就是投资未来。

首都雕塑公园——国际雕塑　艺术名园

位于长安街西延长线，石景山路南、北两侧。东起玉泉路、北京四零二医院，西至石景山游乐园东侧、北京市检察院。意在利用长安街沿线和绿色环境优势，集纳国内外优秀雕塑文化，打造首都文化内涵，形成长安街西延长线一道亮丽的风景线。

四通八达的交通优势

辖区道路交通发达，已经形成“七横八纵”的公路交通网络，道路总长度180多公里。

长安街西延长线、阜石路两条城市主干道纵贯东西，横贯本区南北的五环路和建设中的莲石路相连并与北京市城市快速路体系相通，1小时内可以到达北京所有区县。

MODERNIZATION

北京沃尔玛山姆会员店

沃尔玛入住石景山区是我区“筑巢引凤”、落实优化环境发展战略的有力印证，将成为促进我区经济发展、展示对外开放良好城市形象的窗口。

SHIJINGSHAN

海淀

——“中关村”开

中关村数码大厦

北部新区新貌

第五届中关村电脑节胜利闭幕

世纪坛灯火辉煌

成为中国高新技术产业的品牌

城铁海淀段

2002年全区上下坚持以邓小平理论和“三个代表”重要思想为指导，认真落实中央、北京市的一系列决策和部署，抓住机遇，克服困难，开拓创新。以中关村科技园区海淀园的建设为中心，构建高新技术产业发展的设施环境平台、制度服务平台、文明社区平台、教育人才平台。全面实现了中关村科技园区海淀园3年大变样的目标，知识经济在中关村科技园区初见端倪，“中关村”开始成为中国高新技术产业的品牌。

海淀全貌

全区经济持续快速健康发展，经济总量增长17.7%，一直保持两位数的增长态势，海淀园经济占全区经济总量近50%，成为带动全区经济协调发展的主力军。专业园区和产业基地建设进展顺利，现代服务业发展迅速，城市服务功能稳定提升。第五届中关村电脑节签约559个项目，项目总金额达425.8亿元，霍尼韦尔等一批世界500强企业和大型跨国企业入驻海淀。

门头沟

门头沟区地处北京西部山区，全区面积1331.3平方公里，人口26.6万，区政府辖4个街道办事处，9个乡镇。门城卫星城是北京市总体规划14个卫星城之一，距离北京市中心只有25公里，位于首都城市中心区与西部生态旅游区、特色林牧区的过渡地带，是全区政治经济文化和对外交往的中心，承载着全区2/3的人口和80%的生产总值。2003年，区委、区政府提出了“一城带四区”的区域经济发展思路，即通过加快门城卫星城建设，带动生态旅游区、特色林牧区、新型建材区、石龙工业开发区向更高层次的发展，通过加速城市现代化与农村城镇化进程，大力推进“四区”建设，全面促进社会各项事业发展，提高卫星城品位档次。

▲ 生态旅游区

——京西门头沟，历史悠久、文化底蕴丰厚，自然和人文景观星罗棋布。2000年我区从“产业带动、强区富民”的战略高度出发，制定了“利用资源、发展旅游、服务京城、拉动产业、强区富民”的旅游发展思路。近年来，门头沟区投入资金1亿多元用于旅游产业，极大地改善了各旅游景点的交通和娱乐条件，受到了广大游客的欢迎。2003年，潭柘寺迎来建寺1696年庆典，再一次掀起寺庙文化游的高潮。

▶ 特色林牧区

——立足资源发展山区，招商引资建设山区。依托丰富的自然资源，我区的农业向着特色种、养和观光农业方向发展，特色林牧区的发展不仅实践着“服务京城”的诺言，也提高了农民收入水平。

石龙工业开发区

——北京石龙工业开发区是1992年1月经北京市人民政府批准立并最早纳入北京市城市建设总体规划的工业开发区之一，2000末晋升为市级工业开发区。优越的地理位置、宜人的投资环境、完的基础设施和齐全的服务机构吸引了大批国内外投资者。现在，石工业开发区正在实施“二次创业”，新规划用地1500亩，用于建设科技创业园和孵化园，为跨国公司和高科技人才提供创业平台。

新型建材区

——2003年是北京市实施“奥运行动规划”勺第一个建设高峰年，一大批重点项目和奥运场言将陆续开工建设，这为我区建材、建筑企业开石区外大市场带来了难得的机遇。2002年我区新干工建设了7条煤矸石空心砖生产线。传统建材口大技改力度，新港水泥跃居全市第三大水泥生二企业。人工砂、外墙保温材料等建材新产品投、生产，丰富了我区新型建材区的内涵。

门城卫星城

——门头沟区是首都西部的绿色生态屏障，因此卫星城建设突出“生态山城”的特点，坚持高标准规划、高质量建设、高效能管理、高水平经营，走具有自己特色的发展道路，强化基础设施建设，提升卫星城的吸纳承载能力，发挥连接首都城市中心与西部山区的桥梁纽带作用。

房山 蓬勃发展的园区经济

五区规划图

高科技产业园区、高教园区、绿色生态居住区、温泉度假会展区和综合物流区"五区"，已纳入北京市建设国际大都市体系，形成了房山区鲜明的城市特色和风格。

高科技产业园区

高科技产业园区以良乡高科技园区为中心区，以一区带多园，加速推进房山区高新技术产业的发展，成为带动全区经济发展的龙头。

高教园区规划图

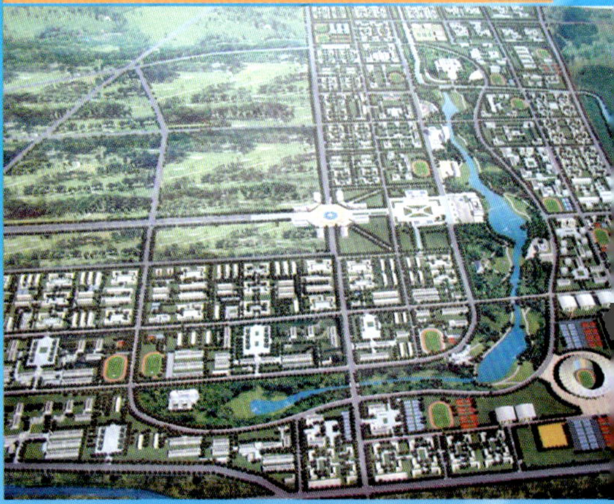

高教园区签字仪式

良乡高教园区是北京市未来5年的重大建设项目之一。中国社会科学院研究生院、北京理工大学、北京工商大学、首都师范大学、首都医科大学及北京汇文实验学校等院校将陆续入驻，最终学生规模将达到9－10万人。

京辉高尔夫球场

绿色生态居住区，北潞园小区是全国首家生态小区，在京城西南树立起一个跨世纪绿色生态住宅区的典范，被评为“全国优秀住宅示范小区”。

温泉度假会展区是充分利用良乡及其周边地区的地热资源和水域资源，建成的一批具有旅游休闲、会议会展功能的休闲度假设施。

良乡现代综合物流园区是市政府确定的三个现代综合物流园区之一，主要承担区域性及全国性的物资中转、储存、发运等功能。其中：总投资8.7亿元，占地80公顷的铁路结点站项目货运吞吐量最终将达到1亿吨／年。

乡远景

良乡物流园区开发股份公司筹备会

物流园区规划图

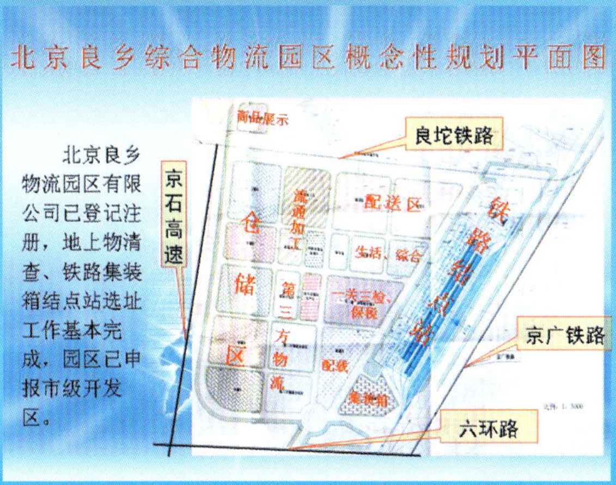

天湖国际会议酒店

昊天假日酒店

通州

通州区位于北京市东南部，京杭大运河北端，百里长安街的东端，是北京通往华北和东北地区的交通要道。全区面积870.8平方公里，常住人口60.7万，下辖11个镇（乡），4个街道办事处。

通州区历史悠久，是距首都最近的极具发展空间的卫星城区内交通便利，客货运输极为方便，京通快速路、京津塘、京沈、京哈、六环路等5条高速公路穿境而过，距北京天安门20公里，距首都国际机场23公里，距天津新港100公里，到北京CBD仅10分钟的路程。不久还将有一条水路，即运河至通惠河再到颐和园，它将成为新世纪北京的生态走廊。十多座公路立交桥呈开放状态与区内通马路、通胡南路、滨河路、通州内环线、通顺等公路贯通。八通轻轨正在加紧建设，年底有望建成通车！

通州是首都农副产品的重要生产配送基地，并形成了蔬菜、中药材、林果花卉、牧草等主导产业；养殖业成为通州农业的“半壁江山”。

北京通州光机电一体化产业基地、物流配送基地、运河文化产业园区、服装服饰产业园区、食品工业园区、新材料园区、环保产业园区等通州的九大特色产业园区初露端倪。

加快小城镇建设

四通八达的交通

▲ 运河岁月

▲ 张家湾镇葡萄园示范区

流园区

▼ 规范房地产市场

▼ 通州区重点发展的产业分布图

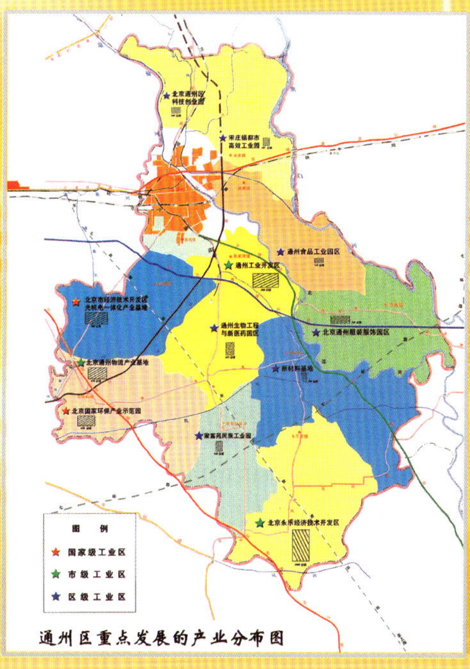

◀ 加强外经外贸工作

顺义 SHunYI

北京顺义区总面积1021平方公里，人口54万，首都国际机场坐落区内。顺义水丰土沃，政通人和，百业兴旺。燕京啤酒、汇源果汁、牵手果蔬汁、顺美服装已成为国内外知名品牌；"燕京啤酒"、"顺鑫农业"两支股票成功上市，北京空港科技园区股份有限公司即将上市；天竺出口加工区、空港工业区、林河工业区、空港物流园区和7个区级工业区迅速崛起；2008年奥运会马术和水上运动项目在顺义举办，将产生36枚金牌；以汽车、机床、微电子为主的北京现代制造业基地落户顺义；新国际展览中心已确址顺义。2002年被评为"全国文明区"。

北京汇源饮料食品集团有限公司

燕京啤酒

北京现代汽车城

北京天竺出口加工区

北京顺鑫农业股份有限公司

顺义区鸟瞰

THE INTERNATIONAL GREEN PORT

昌 平

CHNAG PING

▲ 昌平卫星城鸟瞰

昌平区位于北京西北部、温榆河上游，是北京通往西北的军事、交通重地，素有“京师之枕”、“甲视诸州”之称。昌平人民有着光荣的革命传统，在中国共产党领导

▶ 政府街

◀ 游人登具有居庸关长城

▼ 神道新貌

小汤山镇大柳树环岛

，昌平人民为争取民族独立和人民解放英勇斗争，来了新中国的诞生。昌平将建设成以发展旅游、教和高新技术为主的首都卫星城。昌平区境内有十三陵、居庸关等国家重点文物保护单位，十三水库、沟崖等自然景区。悠久的人文历史和天然生态优势孕育了绿色昌平，成为“北京的后花”。改革开放以后，昌平经济建设和社会各项事业勃发展，一个富裕、文明、繁荣的现代化新昌平在崛起。

小汤山农业园（现代化连栋温室）

昌平区中医医院

昌平科技园区鸟瞰

石油大学（北京）

昌平二中

新新公寓（效果图）

天通苑

大兴

兴城广场

黄村卫星城是国际化大都市北京市的卫星城，是大兴的政治、经济和文化中心，近几年黄村卫星城城市建设迅猛发展，城市规模不断扩大，城市人口迅速增加，城市基础设施日趋完善，是集休闲、旅游、娱乐、居住为一体的现代化城市。

大兴有着优越的地理位置。京开高速路、104国道、京津塘高速路纵贯大兴南北，公路一环、二环横跨大兴东西，区内有47条柏油公路与之交织成网，区政府所在地黄村卫星城距北京天安门直线距离20公里。366路、901路、957路、962路、937路、410路、特3路、724路、968路、61路等公交车直达北京城区。

电信业在发展经济、扩大对外开放方面发挥着越来越重要的作用。大兴电信局总装机容量达23.8万门，实际装机18.7万门，全区电话普及率为每百人35部。

水、电、燃气供应充足。辖区内各型变电站17座，变电总容量593兆伏安，配电变压器总容量为551053千伏安。华北油田进京天然气主干线穿越大兴黄村卫星城。卫星城建有自来水厂2座，全年供水量1448万吨，日供水量4万吨。

我们热切地希望国内外更多的有识之士高瞻远瞩，领先一步，走进大兴，与大兴人民一起把握历史赋予这块土地的新机遇，共同创造21世纪的辉煌业绩。

房地产开发情况简介

我区房地产业高速发展，2002年，全区房地产业投资额达到63.9亿元，比上年增长82.8%，开复工面积444.1万平方米，增长56.3%。房地产企业经过不断探索，逐步确立了市场定位，以人为本、智能化、公寓式绿色生态住宅小区倍受消费者青睐，全年商品房销售面积129.5万平方米，比上年增长98.3%，销售额51.6亿元，增长1.2倍。（下图为住宅小区—青岛家园）

万兴集团公司

北京万兴建筑集团有限公司是国家一级建筑施工企业，是集建筑施工、设备安装、锅炉水暖安装、电力安装、市政工程、机械化施工、防水防腐施工、装饰装潢、仿古建筑、房地产开发、建材实验为一体的具有综合生产能力的建筑企业。企业通过了ISO9001质量管理体系、ISO14001环境管理体系和OHSMS18001职业健康安全管理体系的认证，实现了三个管理体系一体化的整合。

公司成立以来，先后承建了首都经贸大学图书馆、首都师范大学外语楼、牛街危改小区高层住宅工程、北方交大公寓、黄村一中体育馆、大兴区物资科技大厦等一批有代表性的大型建设项目。从1998年开始先后有8项工程获得北京市"结构长城杯"、2项获"竣工长城杯"，赢得了良好的社会信誉。

2002年，北京万兴建筑集团有限公司全年建筑施工产值已占大兴区建筑业总产值的15%，成为大兴区建筑业的骨干企业之一。

首都新世纪的发展空间

基地介绍

进入新世纪，中国生物工程和医药产业持续高速增长，成为世界上发展最快的医药市场之一。而北京是全国最大的医药消费市场。医药产品年销售额超过百亿元人民币。同时，北京又是全国生物工程和医药产品研发、检定、评审、监管和临床应用的中心。

2002年10月，北京市政府市长办公会议决定：建设北京生物工程与医药产业基地，基地选址在北京大兴工业开发区；北京大兴工业开发区要重点发展生物工程与医药产业，大力吸引国内外大企业和拥有自主知识产权、具有核心竞争力的企业入驻基地。

开发区简介

北京大兴工业开发区是北京市市级开发区，兴建于1992年，面积10平方公里，它具有高标准的“八通一平”市政基础设施，包括供水、排水、供电、供热、供气、道路、电信和宽带网，地貌平整。

经过10年建设，大兴工业开发区以区内的北京基因园、软件园、留学生创业园为依托，形成了生物医药、电子软件、新材料等行业为主导的高科技产业及都市型工业。它正向集研发、制造和营运于一体的国际化现代产业经济区发展，构筑环京高新技术产业带上的重要链环。

2002年12月，北京市人民政府正式同意建设北京生物工程与医药产业基地，选址大兴工业开发区，大力吸引国内外生物工程与医药企业入驻基地。这标志着大兴工业开发区又进入一个崭新的发展阶段。

西瓜

我区积极发展优质特色农业，利用高科技，培育新品种。西瓜生产是我区农业的主导产业，多年来，西瓜品种不断更新，如我区农科所与中国空间技术研究院合作，通过卫星搭载诱变选育出的“航兴”系列新品种瓜，品质优良、外观漂亮，深受消费者欢迎，从而提高了我区农产品的市场竞争力，增加了农民收入。

北京平谷

PINGGU BEIJING

平谷有“绿色休闲之都”的美誉，无论是游泳馆、歌舞厅、健身房、射箭馆、影视中心、洗浴中心、保龄球馆、网球场、水上乐园、室内攀岩和高尔夫等现代娱乐设施，

还是茶艺、棋牌、垂钓、足疗、中医按摩等传统的康体养生项目，平谷应有尽有。加上充足的阳光、洁净的空气、葱茏的花木、美妙的山水，成为各界宾客休闲娱乐的天堂。

平谷区地处燕山南麓与华北平原北端的相交地带，因其东、南、北三面环山，中部为平原谷地，故得名平谷。

平谷城区环境优美、交通便捷、城市配套设施齐全、经济发展迅速，是首都北京一个新兴的卫星城，已步入中国最发达100（区）县的行列。与此同时，平谷正在为创建全国优秀旅游城市的目标而努力。

绿色休闲之都

CITY OF NATURAL RELAXATION

怀柔

首都的后花园

▲ 北京福田股份有限公司北京欧曼重型汽车厂，年生产能力达10万辆，是目前亚洲最大的重卡生产基地。

▲ 中泰合资企业——红牛维他命饮料有限公司

▲ 北京广东健力宝饮料有限公司

▶ 中美合资企业——北京富特波尔容器有限公司

怀柔位于北京东北部，是首都饮用水保护区，境内水源丰富，水质优良，年水资源总量达8.6亿立方米，占北京市的1/5，地表水质达到国家二级饮用水标准；全县林木覆盖率达70%，大气质量始终保持国家一级标准，素有“首都后花园”的美誉。

近年来，怀柔坚持以市场为导向，优化调整经济结构，形成了特色突出的产业格局。

“三大基地”建设成为怀柔农业发展的主旋律。即全国板栗生产基地；西洋参种植、加工基地；冷水鱼养殖基地。以市场为导向、以绿色为基点的优质特色农业正健康发展。

汽车制造、食品饮料、包装物品制造业已成为怀柔工业的三大支柱，其总产值和销售收入均占全区工业的70%以上。

汽车制造业是怀柔区发展最快的行业。汽车年生产能力达10万辆以上，是北京重要的汽车生产基地。较为知名的企业有北汽福田怀柔汽车厂，北京欧曼重型卡车厂等。

食品饮料业在怀柔工业中举足轻重，怀柔现已成为华北最大的饮料生产基地。较为知名的企业有爱芬食品（北京）有限公司，红牛维他命饮料有限公司，北京广东健力宝饮料有限公司，北京少士乳业有限公司等。

包装物品制造业已颇具规模。其中仅铝质易拉罐的年生产能力就达20亿只，占全国的1/6。知名的骨干企业有北京富特波尔容器有限公司，北京欧陆太平洋制罐有限公司，北京奥瑞金新美制罐有限公司，上海紫江企业集团股份有限公司北京分公司等。

怀柔区旅游业蓬勃发展，成为京郊会展旅游休闲度假胜地。目前，全区正式开放的景点有慕田峪长城、雁栖湖、红螺寺等25个，初步形成了融自然风光、人文古迹、农业观光、民俗休闲为一体，国家、集体、个人、外商共同参与开发的旅游发展格局。旅游服务设施日臻完善，怀柔有星级以上的宾馆47家，可同时接待近万人会议、住宿、就餐。如今的怀柔山清水秀，环境优美，已成为人们旅游观光、休闲度假、居住疗养的理想地区。

展望未来，怀柔人民在北京市委、市政府的领导下，以“三个代表”思想为指导，认真落实十六大提出的全面建设小康社会的各项要求，立足怀柔实际，发挥绿色优势，构建“生态经济”体系，坚持发展不动摇，努力开创怀柔社会经济发展的新局面。

▲ 板栗

▲ 西洋参种植基地

▲ 虹鳟鱼

▼ 千年古刹红螺寺

▼ 神堂峪自然风景区

▼ 慕田峪长城

密云

立足环境 服务科技

密云水库水源涵养林

北京密云工业开发区于1992年5月经北京市政府批准成立，规划面积35平方公里，是教育部认定的“中国高校科技产业基地”，科技部批准的“国家火炬计划北京绿水高新技术产业基地”，北京市科委建立的“北京高新技术成果孵化基地”。1999年国务院将其列入中关村科技园幅射区，2000年升入北京市级开发区。

开发区总公司注册资金2.8亿元，总资产达50亿元，经营范围包括开发区总体规划、基础设施开发、土地出转让及房地产开发、产业投资。发展宗旨是：按照首都经济发展战略和总体规划，坚持“发展是硬道理”理论，加快开发区建设，使之成为规划科学、布局合理、设施完备、环境优美、服务一流的现代化工业区。抓住我国入世和举办2008年奥运会的重要机遇，发展现代制造业、电子信息产业、高新技术产业和生物食品产业，使之成为促进首都郊区经济发展、实现郊区现代化的重要增长点和可持续发展的支撑点，成为环渤海湾经济的重要组成部分。

北大资源工业园

MIYUN · BEIJING

着眼未来　共谋发展

目前，区内企业138家，清华、北大、理工大学等16所高校及中科院、信息产业部所属高科技企业建立基地。以现代汽车、北汽控股等为代表的汽车产业基地，以信息产业部十二所、恒基伟业为代表的电子信息产业基地，以伊利、太子奶等为龙头的生物食品产业基地已形成一定规模。

开发区将以雄厚的资金实力、优惠政策、完善设施和良好的服务，为入区企业创造宽松的投资环境，秉承真诚互利、共同发展的原则，同国内各界朋友合作，实现共同发展、共同繁荣。

万都（北京）汽车底盘系统有限公司

伊利集团产业基地

北京恒基伟业电子产品生产基地

源通果汁北京有限公司生产基地

延庆

BEIJING · YANQING

延庆县地处北京市西北部，距北京市区74公里，是首都北京的北大门。全县人口27.5万，面积近2000平方公里，其中山区面积占72.8%，全境平均海拔500米左右，独特的地理地貌形成延庆冬冷夏凉的气候，是著名的避暑胜地，有首都北京的“夏都”之称。八达岭高速公路的开通，缩短了从北京到延庆的距离。

延庆水资源丰富，水质优良，妫水河是全境最大的河流，流域面积1064.3平方公里。全县水资源总量7.8亿立方米，人均水资源占有量2088立方米，是北京市人均占有量的5倍。

硅化木地质

延庆县城市面貌焕然一新，已修建了
地面积达3万平方米的大型城市广场——
川广场和拥有1000亩水面的夏都公园；日
理3.5万吨的大型污水处理厂，已开始施
建设。今年又修建了湿地公园和江水泉公
是您休闲轻松的好去处。

山环水绕

玉渡山风景

成熟的葡萄

延庆是京郊的农业大县，是首都北京的农副产品供应基地，盛产名优果品，玫瑰红苹果曾荣获全国林业博览会金奖及马来西亚博览会银狮奖，红地球、里扎玛特、黑澳林三个优质品种葡萄获98年全国评比第一名，引进澳洲十四李子，韩国兴高梨等名特优新品种，发展势头迅猛。玉米、蔬菜、苹果等20多个品种，被注册为“八达岭”牌，销往国内外。

延庆旅游资源丰富，是京郊第一旅游大县，它拥有八达岭长城、龙庆峡及松山、古崖居、康西草原、妫河漂流、仓米古道等一大批旅游景区，每年都吸引着数以百万计的国内外游客前来观光度假。近年来，除连续举办“冰灯冰雪节”和“消夏避暑节”外，延庆的民俗旅游也异常火爆，涌现出一批独具特色的主题民俗村。这一个个村落，山清水秀，民风淳朴，文化底蕴丰厚。在这里，您可品尝山野菜、烧烤等民间美食，也可参与垂钓、扭秧歌、舞竹马等文娱活动，还能亲手采摘新鲜水果。目前，已建成7个规模观光采摘园。恬静的山村，古朴的民居，清新的空气，会给您返璞归真的全新体验。

YANQING

环境优美

龙庆峡冰瀑

延庆生态经济蓬勃发展，生态环境优良，地处北京市的上风上水地区，大气、水的质量均达到国家一、二类标准。为保护好首都的这一净土、净气、净水，先后建立了玉渡山、龙庆峡等10个县级自然保护区和10平方公里的县城防护林体系。1999年被国家环保总局评为国家级生态示范县。

“数字与生活——北京顺义绿色国际港杯”

统计知识竞赛撷影

2003年11月，由北京市统计局、顺义区政府联合主办的“数字与生活——北京顺义绿色国际港杯”统计知识竞赛在北京电视台举行、录制，国家统计局、市统计局、顺义区政府的有关领导出席了知识竞赛，东城区统计局等10支区县局代表队派出选手和助威团参赛，比赛通过必答、抢答、观众答题和你演我答等形式，考验选手对统计知识的掌握，比赛在“宣传第一，比赛第二”的气氛中进行，展现了主办者力图通过竞赛使百姓和社会了解统计、认识统计、关注统计、运用统计，用统计数字服务社会和百姓的主题。

《北京区域统计年鉴（2003）》编辑委员会

编 辑 说 明

《北京区域统计年鉴 2003》（出版年份，资料年份为 2002 年）是我局按年连续出版的工具性资料书。

1. 分区县资料除特殊说明外，全部为“在地”（即：注册经营地）口径，资料年度为 2002 年。

2. 全市性的数据可以分区县的，均以市统计局有关业务处的数字为准，其余数据由区（县）统计局提供。由于口径等原因，可能与区县统计局出版的区县统计年鉴中的数字有所不同。请读者在使用时加以注意。

3. 各区县国民经济核算指标（GDP）的核算范围不包括国防、铁路、航空。

4. 基本单位普查数据为市普查办提供的数字。

5. 分区县财政收支数据中财政收入为区县级财政收入，财政支出为实际支出。

6. 分区县固定资产投资按注册地原则计算，不含直报单位。

7. 部门统计数据由部门统计机构提供。

8. 全国统计资料、津沪渝穗统计资料、环渤海地区资料及中国内地沿海三大开放区主要城市统计资料为国家统计局、相关省市统计局提供或来自相关统计的资料。

9. 本资料中的数据除“土地面积”、“人口”、“地区生产总值”外，全部为不含亦庄的口径。

10. 本资料使用的符号说明：“…”表示数据不足该表最小单位，“空格”表示该项指标数据不详或没有数据，“#”表示其中项，“‖”表示不在同一分组类中的其中项。

二〇〇三年十一月

目　　录

一、北京地区概览

二、北京区县概览

五、中国内地沿海三大开放区概览

（一）经济情况

（二）社会情况

（三）人民生活

（四）城市公共事业

北京地区概览

统计图

京、津、沪、渝、穗五市面积对比
（单位：平方公里）

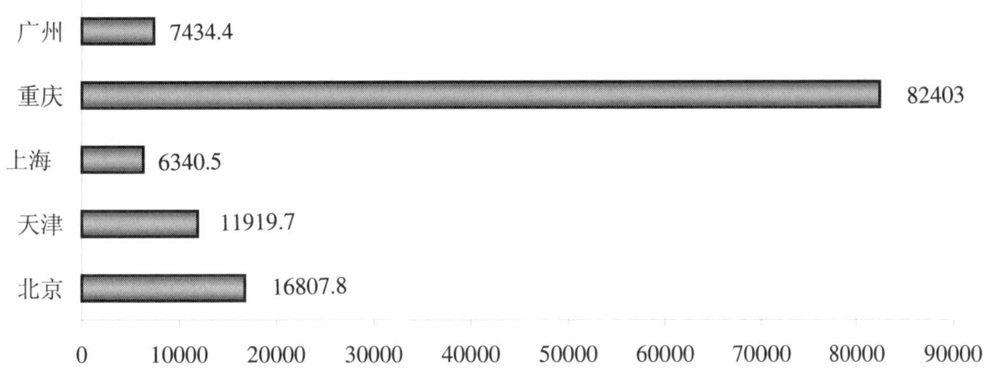

全国及京、津、沪、渝、穗五市人均GDP对比
（单位：元）

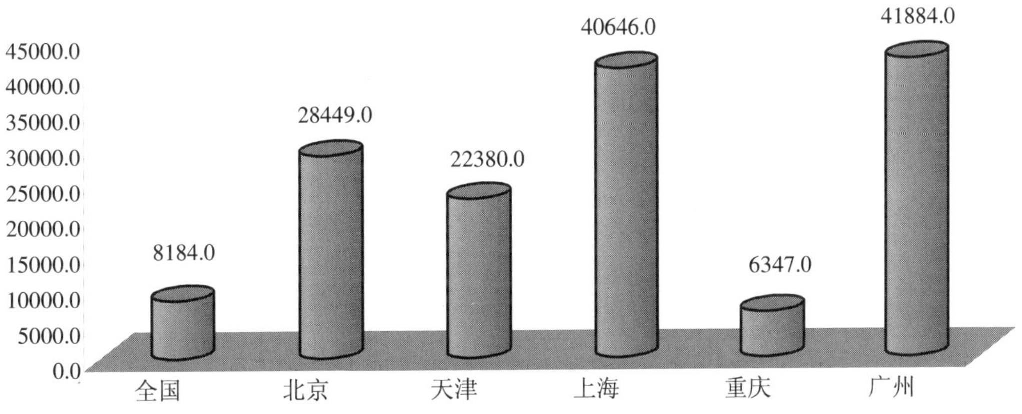

全国及京、津、沪、渝、穗五市全社会固定资产投资额比较
（单位：亿元）

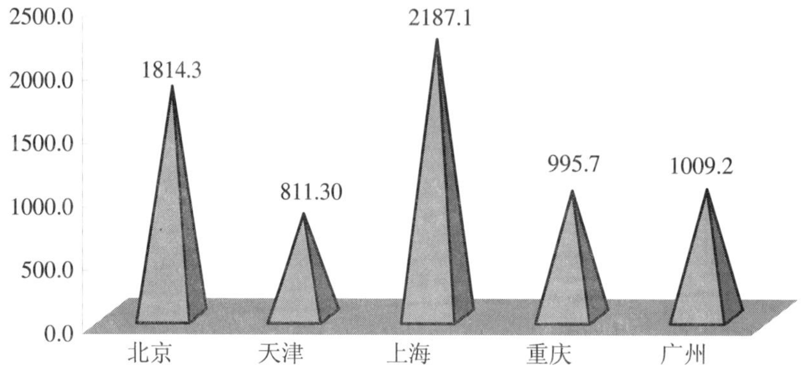

全国及京、津、沪、渝、穗五市城乡居民储蓄存款余额对比
（单位：亿元）

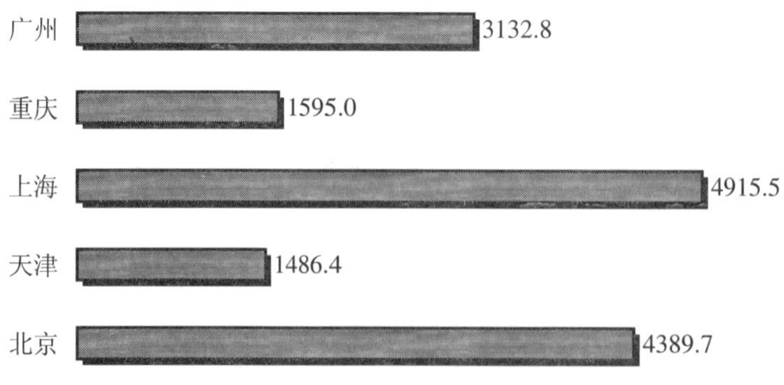

相关链接

北京概况

自然环境

北京市位于北纬 39° 56′，东经 116° 20′，地处华北大平原的北部，东面与天津市毗连，其余均与河北省相邻。地势西北高、东南低。西部、北部和东北部三面环山，东南部是一片缓缓向渤海倾斜的平原。流经境内的主要河流有：永定河、潮白河、北运河、拒马河等，多由西北部山地发源，穿过崇山峻岭，向东南蜿蜒流经平原地区，最后汇入渤海。

北京属暖温带半湿润气候区，四季分明，春秋短促，冬夏较长。2002 年平均气温 13.2℃，12 月份最冷，平均气温－2.9℃，7 月最热，平均气温 27.5℃，年平均降雨量 370.4 毫米，属于降水量较少的年份。全年无霜期 199 天。

北京市全市土地面积 16807.8 平方公里，其中山地 10417. 5 平方公里，占总面积的 62%；平原面积 6390. 3 平方公里，占总面积的 38%。全市共辖 16 个区和 2 个县。

市树：国槐、侧柏

市花：月季、菊花

人口和民族

截止到 2002 年末，北京有常住人口 1423 万人，全市的北京户籍人口 1136.3 万人。按户籍人口计算，人口密度为 847 人/平方公里，根据 2000 年第五次人口普查资料推算的我市人口平均预期寿命为 76.7 岁。全市人口中拥有全国所有 56 个民族，除汉族外，回、满、蒙古、朝鲜族均超过万人。

首都经济

北京是全国的政治、文化与国际交往中心，又是生机勃勃、充满活力的综合性产业城市。改革开放以后特别是“九五”时期，中共北京市委、市政府提出了“首都经济”的概念。循着北京经济发展要立足北京、服务全国、面向世界的思路，对经济结构和布局进行了调整，经济增长方式加速转变，综合经济实力保持在全国前列。2002 年北京市努力克服世界经济低速增长的不利影响，积极应对加入 WTO 后出现的新情况，紧抓机遇，开拓创新，大力推进首都经济发展战略的实施，全面提高城市综合竞争力。全市经济继续保持了快速增长的良好态势，地区生产总值达到 3212.7 亿元，比 2001 年增长 10.4%。第三产业比重达到 62.2%，是全国第三产业比重最高的大城市。地方财政收入完成 534 亿元，比上年增长 25.9%，连续 8 年保持 20%以上的增长速度。地方财政支出 628.3 亿元， 增长 12.4%。

农　业

2002 年，以山区特色林果业、养殖业和休闲观光农业等为主导产业的现代农业的地位进一步确立，优势得到充分发挥。农业总产值中养殖业比重达到 55.3%。各类经济作物占耕地面积的比重上升到 6.9%。三大主导产业在山区经济发展和农民致富中的作用日益增强。

工　业

2002 年全市有工业企业 2.9 万家，其中国有及年销售收入 500 万元以上的企业 4551 家。形成了包括电子、机械、化工、轻工、纺织、汽车制造等行业，门类分布较广、高新技术产业和现代制造业优势明显的工业体系，整体实力和竞争力明显增强。2002 年工业实现增加值 840.4 亿元，规模以上工业企业利润总额 165.5 亿元。

建 筑 业

建筑业规模不断扩大，为城市建设和经济发展做出了突出贡献。2002 年，全市建筑业实现增加值 241.9 亿元。建筑业逐步发展成为经济类型多样、专业齐全、实力雄厚的支柱产业。建筑施工企业已达到 2100 多个，技术装备率和动力装备率分别达到 10806 元/人和 6.75 千瓦/人。

金融、保险业

北京是中国人民银行和全国各大金融及保险机构总部所在地，2002 年全市金融机构存款余额 15276 亿元；全市贷款余额 9225 亿元。2002 年末外国金融机构和组织在京的代表机构达 118 家（为非营业机构），占全国的 50.6%。18 家外资银行在京设立了分行。2002 年完成国内外保险业务收入 226.8 亿元，比上年增长 61.1%，保险密度 1255 元，是全国平均水平的 7.4 倍。

房 地 产

近几年北京的房地产业发展很快。住房制度的改革有效地刺激了房地产开发投资，以住宅为主的房地产投资成为带动全市投资增长的主要动力。2002 年房地产开发投资 989.4 亿元，销售商品房 1708.3 万平方米，其中住宅 1604.4 万平方米，商品住宅销售给个人的比例已达九成以上。

城市建设

鳞次栉比的现代化建筑，使古老的北京焕发出更加生机勃勃的神采。每年千亿元以上的固定资产投资既拉动了北京经济的快速增长，又为北京日新月异的变化奠定了物质基础。2002 年，全社会固定资产投资已达 1814.3 亿元。城市基础设施建设在城市建设中得到高度重视，始终处于优先发展的地位，全市完成基础设施建设投资 411.9 亿元，再创北京历史上基础设施投资规模的新高。

城市交通

北京拥有四通八达的现代化、立体交通网络。到 2002 年末，全市公路总长 14359 公里。北京有 6 条呈放射状通往全国各地的高速公路。公路密度每百平方公里 85.4 公里。全市有机动车 176.5 万辆，其中私人小轿车已达 45.8 万辆。全市有发达的城市公共交通体系，公交线路 592 条，年客运量 49.2 亿人次。北京是全国最大的铁路枢纽之一，北京与全国大多数大中城市之间均开通有直达列车，经过几次提速，加之采取夕发朝至、电脑联网售票等一系列改革措施，铁路吸引了大批客流，2002 年旅客运输量 5032.3 万人次。北京是全国航空线的交汇中心。首都机场已开通 200 条国际国内航线，通往世界主要国家及地区和国内大部分城市。首都国际机场新航站楼启用后，已进入亚洲最繁忙机场的行列。

邮政电信

北京已与世界上所有国家和地区通邮，国内直拨电话可达 2300 个城市，国际直拨电话可达 260 个国家和地区。2002 年底，全市公众网固定电话普及率 51.5 线/百人，其中市内普及率为 74.3 线/百人；移动电话用户达到 919.5 万户，移动电话普及率达到 80.9 部/百人。此外，新兴通信业务如数据通信、多媒体、互联网、电话信息服务、手机短信等迅速扩展。

城市环境保护与绿化

从 1998 年开始，全市先后分 8 个阶段实施了数十项控制大气污染的紧急措施，使主要大气污染物浓度显著下降，空气质量明显好转。2002 年，全市空气质量达到二级和好于二级的天数为 203 天，占全年总天数的 55.6%。与此同时，大范围改善首都圈生态环境的工作也已开始起步，久居北京的百姓或是初到北京的朋友都能感到北京天蓝、地绿、水清的惬意。工业污染源全部达标排放，全市能源结构得到进一步调整。全年城近郊区共有 1681 台燃煤锅炉改用清洁能源，全市天然气供应量达到 20.5 亿立方米。全年增加集中供热面积 1367 万平方米，新增电采暖面积 400 万平方米。机动车排气污染控制力度加强。清洁燃料公交车增加到 1800 辆。机动车尾气达标率已达 80.4%。

北京正在建设三道绿色生态屏障，2002 年城区建成 51 处集中大绿地，城市绿化隔离带绿化面积达到 110 平方公里，“五河十路”绿色通道完成绿化 366 公里，山区人工造林 20 万亩，五大风沙危害区完成造林 4 万亩，年末公共绿地面积达到 7907 公顷，全市林木覆盖率和市区绿化覆盖率分别达到 45.5%和 40.2%，分别比上年提高 6.2 个和 6.8 个百分点。

城市水系环境治理初步实现了“水清、岸绿、流畅、通航”。玉渊潭、南护城河、通惠河—高碑店湖的水系综合整治任务完成并实现通航。北环水系综合整治工程正式开工，清河和凉水河污水截流工程加快建设。肖家河污水处理厂和清河污水处理厂一期工程投入运行，城市污水日处理能力达到 180.6 万吨，比上年增长 25.9%。全市污水处理率超过 45%。

全市在 250 个居民小区开展生活垃圾分类收集试点，高安屯垃圾卫生填埋场一期工程投入使用，市区垃圾日产日清，且全部实现无害化处理。全年城市垃圾无害化处理率达到 86.5%。

旅游业

北京具有丰富的旅游资源，对外开放的旅游景点达 200 多处，有世界上最大的皇宫紫禁城、祭天神庙天坛、皇家花园北海、皇家园林颐和园、八达岭、慕田峪、司马台长城以及世界上最大的四合院恭王府等名胜古迹。北京共有旅游定点饭店 622 家（其中星级饭店 572 家），客房 10.3 万间，国际旅行社 151 家，有 21 个主要语种的导游人员 5000 多人，业务遍及全球市场。2002 年接待海外游客 310.4 万人次，旅游创汇 31 亿美元。北京市被国家旅游局评为“中国优秀旅游城市”。

商业、饮食业

北京市商业总体布局和商业设施按照国际化、现代化大都市的要求发展，形成多处有较大规模、有良好购物环境和文化氛围的商业文化中心。2002 年实现社会消费品零售额 1744.8 亿元，比上年实际增长 11.3%。今天的北京，堪称是全国美味的荟萃之地，人们几乎可以品尝到中国任何一种菜系和世界各地的美味佳肴。

社会发展

作为当代中国的文化中心，北京既有深厚的传统文化，又有富于激情与活力的文化氛围。如今，高科技已经渗透在北京人的生活之中。“科技奥运”成为城市发展的主题，为人民的生产造福。

科学技术

北京是全国最大的科学技术研究基地。全市开展科技活动的单位为 3847 个，其中科研院所 360 个；北京地区拥有科技活动人员 25.7 万人，其中科学家和工程师（指大学本科及以上学历或有中高级技术职称的人员）20.9 万人，占科技活动人员总数的 78.8%。创业创新体系建设取得进展。年末，拥有孵化器 53 家，居全国之首，在孵企业约 1150 家。北京在提高服务水平，加速科技成果转化方面取得很大进展，全年技术合同登记 27038 项，合同成交总金额 221.1 亿元，其中技术交易额 181.0 亿元，保持全国领先地位。近年来，北京吸收本地区技术商品和辐射全国各地的技术商品，其金额和项数大致各占一半，技术市场呈现持续稳定发展的局面。

软件产业基地、北方微电子基地、生物医药基地、新材料基地建设初具规模。到 2002 年末，认定软件企业突破 1000 家，累计登记软件产品达到 3605 个，全国约有 70%的自主软件产品在北京开发。以中关村开发区为主，生物医药制造产业群渐成规模。在微电子领域，研制出一批具有自主知识产权的产品，如“星光 1 号”、“星光 2 号”、“中国芯”等。

教　育

北京是全国教育最发达的地区。在率先普及九年制义务教育的基础上，北京全面修订了面向 21 世纪的教育教学计划，优化教育资源配置，提高规模效益。至 2002 年北京有高等院校 62 所，其中包括北京大学、清华大学、中国人民大学、北京师范大学等全国最著名的学府，在校研究生 9.8 万人，本科和专科在校生 39.9 万人。目前全市 18—22 岁人口的高等教育毛入学率已达 40%以上。

文　化

北京拥有包括亚洲最大的图书馆——北京图书馆在内的 26 家公共图书馆，门类众多的博物馆已超过百家。广播和电视节目实现 24 小时、多种语种播出。全市各主要剧场文艺演出 1.3 万余场，引进国外及港、澳、台地区来京交流项目 131 批，来京的涉外演出 201 台、3290 场次。

医疗卫生

卫生事业迅速发展，服务体系逐步完善，医疗卫生力量不断增强。全市卫生技术人员保持稳定，全市共有执业医师 4.7 万人；全市有各类医院 466 个，医院床位 6.9 万张。2002 年末，全市平均每千人拥有医生 4.18 人、拥有医院床位 6.46 张。医院硬件设施逐步接近国际先进水平，一般医疗设备的普及率达到 100%。

体　育

群众性体育蓬勃发展。2002 年，全市经常参加体育锻炼的人数达到 543.79 万人，占全市常住人口的比重达到 41.83%；大中小学生体育锻炼达标率达到 95%以上。全民健身晨、晚练活动场所近 3000 个。全民健身工程的配建力度加强，全年总投资 1.8 亿元。

竞技体育水平稳步提高。年末，全市有优秀体育运动员 791 人。2002 年举办国际国内体育比赛 37 个项目 106 项次；市级竞技系列体育比赛（奥运会项目）21 个项目 49 项次；群众系列体育比赛 28 个项目 120 项次。共获得国际和全国性比赛奖牌 110 枚，其中金牌 45 枚，银牌 36 枚。在釜山亚运会上，北京市共有 52 名运动员和 17 名教练员入选中国体育代表团，参加了 24 个项目的角逐，其中有 12 人在 7 个项目的比赛中夺得 20 枚金牌、8 枚银牌和 5 枚铜牌，实现了北京市参加亚运会夺取金牌数的历史性突破。年末全市共有各类体育场馆 4674 个。

百姓生活

伴随着经济的腾飞，北京人民生活总体上实现了小康，开始向富裕的目标迈进。2002 年城镇居民人均可支配收入 12463.9 元，生活费支出 10286 元，近几年来消费结构变化明显，生存性消费比重下降，享受性和发展性消费比重上升，城镇居民恩格尔系数 33.8%。城镇居民人均住房使用面积 18. 2 平方米。2002 年农民人均纯收入 5880 元。农村居民人均住房面积 32.6 平方米。

对外关系

北京与世界各国及各地区的经济、贸易、科技、教育、文化等领域的交流日益加强，政府、民间和社会团体之间的友好往来十分活跃，已形成了全方位、多层次、宽领域的对外开放格局。北京市已与

72个国家和124个首都和大城市建立了友好往来关系，其中已与24个国家的27个城市建立了友好城市。北京现有外国驻华大使馆144个，国际组织和地区代表机构18个，外国新闻机构185个。在北京设立的国外驻京代表机构已超过7000家，有外国留学生13000多人。北京曾成功地举办了第11届亚运会、第四届世界妇女大会、第21届世界大学生运动会等大型国际活动。1998年以来，每年都成功地举办以高新技术产业为主题的大型国际活动——北京高新技术产业国际周。

2002年，北京地区外贸进出口总值525.1亿美元，其中出口总值126.1亿美元。2002年，实际利用外资51亿美元。全球最大的500家跨国公司已有160多家来京投资。

1400多万热情友善的北京人民，愿意与世界各国人民和睦相处，友好交往，热情地张开双臂欢迎每一位远道而来的朋友。

奥运北京

奥运将带给北京新的契机和深远的影响，中华文化与各国文化交流。奥林匹克精神将植根于960万平方公里的土地上，在13亿人民的心中迅速传播。北京这座充满魅力的古城，将在奥运的旗帜下加快迈向现代化的脚步。

“新北京、新奥运”，北京飞速发展的经济和社会进步令人瞩目，北京奉献给世界的新奥运，将围绕“绿色奥运、科技奥运、人文奥运”三大主题进行。为了迎接奥运，北京正加快建设步伐，在现有场馆的基础上，将为2008年奥运会改建、扩建和新建37个比赛场馆和59个配套训练场地。

2002年8月30日，北京奥运会组委会通过电视会议系统，向远在瑞士洛桑的国际奥委会执委会介绍了2008年奥运会筹办工作的进展情况。北京奥组委主席、北京市市长刘淇在汇报中说，北京在2008年奥运会的总体规划、场馆建设和市场开发等方面的筹办工作正在顺利推进。刘淇说，北京市政府与北京奥组委联合编制了《北京奥运行动规划》，奥林匹克公园和五棵松文化体育中心总体规划方案的国际招标工作已于2002年7月完成。北京奥组委将在9月初提出最后规划设计方案。北京奥组委一直将市场开发工作当做一项重点来抓。中国政府也已于2002年4月1日公布实施了保护奥林匹克标志的行政法规。在认真听取了北京奥组委的汇报后，国际奥委会主席罗格对北京奥运筹备工作表示满意。罗格说，北京奥运会的筹备工作在过去半年多的时间里取得了快速的进展，国际奥委会对此十分满意，并将对北京奥组委的工作给予全面的支持。

数字解读

2003年上半年北京和全国经济增长对比简析

北京经济增速在全国(30个省市，因资料所限，未包括西藏及港、澳、台地区)居第23位。上半年，全国国内生产总值50053亿元，比去年同期增长8.2%。北京地区生产总值为1516.1亿元，增长9.6%。北京地区生产总值占全国的3%，居第14位。广东第一（5822亿元），山东第二（5610.1亿元），江苏第三（5470亿元）。北京地区生产总值增速居全国第23位，增速最快的地区为内蒙古（15.7%）、天津（13.7%）和江苏（13%）。京、津、沪、渝四个直辖市中，地区生产总值排在第一位的是上海，为2825.7亿元，北京排在第二位。四个直辖市中天津、上海、重庆的地区生产总值增速分别为13.7%、11.4%和11.1%，北京居末位。

工业增速在全国居第26位。上半年，全国规模以上工业企业实现增加值18363亿元，比去年同期增长16.2%。北京规模以上工业企业实现增加值444.5亿元，增长12.5%，增幅比全国低3.7个百分点，居第26位，增速最快的是海南省，为29.1%。在四个直辖市中，上海、天津、重庆的增长速度分别为24.3%、20.2%和19.4%，北京居末位。

固定资产投资增速在全国居末位。上半年，全国固定资产投资（全国及各省市均不包括集体和个人）15073亿元，比去年同期增长32.8%。北京的固定资产投资653.5亿元，增长14.8%。固定资产投资增速最快的为内蒙古（1.2倍），最慢的为北京。四个直辖市中投资总量上海居首位，为1028.8亿元；天津、重庆、上海投资增速分别为48.9%、32%和21.2%。

社会消费品零售额增速在全国居首位。上半年，全国社会消费品零售总额21556亿元，增长8%；北京为894.6亿元，增长13.7%，增速高于全国5.7个百分点，增速在全国居首位。在四个直辖市中，天津的增速为9.5%，上海和重庆相同，为8.8%。

出口总值增速在全国居第12位。上半年，全国海关出口总值1903亿美元，增长34%。北京地区出口78.1亿美元，增长40.9%，增速高于全国6.9个百分点。增速最快的是新疆，为63.9%，北京在全国居第12位。在四个直辖市中，北京出口总量居第2位，增速居第3位。

地方财政收入增幅在全国居第16位。上半年，全国地方财政收入为4792亿元，比去年同期增长16%；北京地方财政收入302亿元，增长19.5%，占全国财政收入的比重为6.3%，增幅高于全国3.5个百分点；地方财政收入增幅在全国居第16位。财政收入最多的地区是广东（627.4亿元），增速最快的地区是上海（38.2%）。在四个直辖市中财政收入总量上海居首位，为459.1亿元，北京居第二位；上海、重庆、天津的增长速度分别为38.2%、33.7%和26.3%，北京居末位。

居民消费价格指数在全国居第17位。上半年北京居民消费价格指数和全国相同，为100.6%。居民消费价格指数最高的地区是内蒙古，为103.1%，上海最低，为99.6%，北京排第17位。在四个直辖市中，天津的居民消费价格指数最高，为101.8%；北京居第二位。

城镇居民可支配收入增长在全国居第2位。上半年，全国城镇居民人均可支配收入为4301元，增长8.4%；北京为7039.7元，增长12.6%，高于全国63.7%。最高的地区是上海（7409元），北京居第2位。增长最快的地区为内蒙古（12.9%），北京居第2位。在四个直辖市中，城镇居民人均可支配收入上海最高，北京居第2位，比第一位的上海低369.3元，增长速度北京居首位。

1-1 气　　象

月　份	降水量（毫米）	平均气温（℃）	日照时数（时）	平均风速（米／秒）	平均气压（百帕）	大风日数（日）
全 年	370.4	13.2	2588.4	2.3	1012.7	15
1	0	0.1	206.7	2.0	1020.7	1
2	0.5	3.4	207.6	2.1	1020.5	1
3	6	9.8	259.9	3.2	1012.7	3
4	37.7	14.1	218.8	3.2	1009.4	5
5	12.3	21.9	267.1	2.4	1007.6	0
6	103.5	23.6	181.8	2.3	1002.0	3
7	54.9	27.5	249.4	2.1	999.7	0
8	74.3	25.7	206.9	2.0	1004.4	0
9	50.7	20.5	231.2	2.0	1012.4	0
10	22.6	10.7	225.8	2.1	1016.1	1
11	0	3.4	220.4	2.6	1020.0	1
12	7.9	-2.9	112.8	1.8	1026.6	0

附：1.无霜期199天。

2.年极端最高气温41.1℃，出现日期7月14日。

3.年极端最低气温-12.8℃，出现日期12月31日。

1-2 北京与全国主要指标对比

——经济指标

指标	单位	北 京	全 国	北京占全国%
国内生产总值	亿元	3212.7	104790.6	3.1
第一产业	亿元	98.1	16117.3	0.6
第二产业	亿元	1116.5	53540.7	2.1
第三产业	亿元	1998.1	35132.6	5.7
财政收入(一般预算)	亿元	534.0	8515.0	6.3
财政支出(一般预算)	亿元	628.3	15281.5	4.1
工业总产值（现价）	亿元	3173.5	110776.5	2.9
全社会固定资产投资	亿元	1814.3	43499.9	4.2
社会消费品零售总额	亿元	1744.8	40910.5	4.3
海关出口总额	亿美元	126.1	3256.0	3.9
海关进口总额	亿美元	398.9	2951.7	13.5
利用外资签约项目数	项	1377.0	34171.0	4.0
协议外资金额	亿美元	55.3	847.5	6.5
实际利用外资	亿美元	51.0	550.1	9.3
金融机构存款余额	亿元	15276.0	170917.0	8.9
金融机构贷款余额	亿元	9224.8	131294.0	7.0

表1-2至表1-5的相关数据来源于《北京统计年鉴》及《中国统计年鉴》。

1-3 北京与全国主要指标对比

——社会指标

指标	单位	北　京	全　国	北京占全国%
户籍人口	万人	1136.3	128453	0.9
农业	万人	329.4	78241	0.4
非农业	万人	806.9	50212	1.6
从业人员	万人	679.2	73740	0.9
登记结婚对数	万对	7.6	786.2	1.0
登记离婚数	万对	0.6	117.7	0.5
普通高等学校在校学生数	万人	39.9	903.4	4.4
普通中等学校在校学生数	万人	98.8	9415.2	1.0
小学在校学生数	万人	59.4	12156.7	0.5

1-4 北京与全国主要指标对比

——人民生活及城市公用事业指标

指标	单位	北　京	全　国	北京占全国%
城乡居民储蓄存款余额	亿元	4389.7	86910.6	5.1
建成区面积	平方公里	654.5	25973	2.5
煤气管道长度	公里	394.7	53383	0.7
城市桥梁	座	1051	47341	2.2
城市路灯	盏	243111	7067479	3.4
出租汽车	辆	66759	884195	7.6
清运垃圾	万吨	321.4	13650	2.4

相关链接

——津、沪、渝、穗概况

天津概况

天津的由来

天津简称津， 又称津沽、津门、三津等。

远古时代，天津所在的大部分地区曾是一片汪洋大海，后来海水退落， 海河入海口三次北移， 带来大量泥沙淤积，使海岸线东移，逐步成为平坦陆地。早在 5000 多年前，天津平原就有人类活动，而天津的形成则始于隋朝大运河的开通和漕运的发展。唐朝中叶，这里成为南方粮、绸北运的水码头。宋金时称“直沽寨”，元朝时改称津海镇。

天津这个名称最早出现于明朝永乐初年，意为天子渡过的地方。明朝永乐二年(1404 年)，作为军事要地，天津开始筑城设卫，称天津卫。1860 年，天津被辟为通商口岸，在很长时间内工业生产和口岸贸易额仅次于上海， 成为中国第二大工商业城市和北方最大的金融商贸中心。新中国成立后，天津成为中央直辖市。

地理位置

天津市位于北纬 38° 34'至 40° 15'，东经 116° 43'至 118° 04'之间，地处我国华北平原的东北部， 海河流域下游。它东临渤海，北依燕山。海拔高度从蓟县北山区向南部平原逐级下降，西从武清区永定河冲积扇尾部向东缓缓倾斜，形成北高南低，西高东低的地貌特征。天津最高处为蓟县九山顶，海拔 1085.5 米，最低处为塘沽区大沽口，海拔为零。地貌类型可划分为山地、丘陵、平原、海岸四类，主要是平原。从市中心计算，天津距北京 137 公里，为首都之门户。

经济实力

新中国成立后，天津的经济建设突飞猛进。特别是改革开放以来，天津人民坚持以经济建设为中心，大力推进改革，扩大开放，国民经济持续、快速、健康地发展，经济实力显著增强。1992 年到 2002 年 10 年间，地区生产总值年均增长 12.2%，财政收入年均增长 19.5%，社会消费品零售额年均增长 17.9%，全社会固定资产投资年均增长 19.5%，“九五”计划圆满完成，“十五”计划进展顺利。天津经济已经形成跨越发展的新局面。

2002 年是新世纪的第 2 年，天津经济在高增长平台上稳步加快。各项社会事业全面进步，人民生活质量继续提高，较好地完成了全年经济和社会发展的主要任务。全年实现地区生产总值 2051.2 亿元，比上年增长 12.5%；财政收入完成 375.9 亿元，增长 18.4%；全社会固定资产投资完成 811.3 亿元，增长 15.1%；社会消费品零售总额完成 941.4 亿元，增长 13.1%；城市居民人均可支配收入 9338 元，增长 11.6%。

区位优势

天津地理区位优越。交通便捷发达，已基本形成以港口为中心的海陆空相结合的立体交通网络。铁路和公路辐射华北、西北、东北广大地区。天津港是中国北方最大的综合性国际贸易港，对内拥有 200 万平方公里的辽阔腹地，对外与 170 多个国家和地区的 300 多个港口通航，2002 年港口货物吞吐量达 1.29 亿吨，集装箱运量 240.8 万标箱。天津滨海国际机场是目前北方最大的货物空运中心，目前已开通国内外航线 40 多条。

天津市制定的国民经济和社会发展总体目标

到 2010 年，努力把天津建设成为全国率先基本实现现代化的地区之一，成为中国北方的商贸金融中心、技术先进的综合性工业基地、全方位开放的现代化国际港口大都市。

上 海 概 况

“申”、“沪”的由来

上海，简称“沪”，别称“申”。

公元 751 年（唐天宝 10 年），在现今的松江区设置了华亭县，范围北到今天的虹口一带，南到海边，东到下沙。公元 991 年（宋淳化二年）在上海浦西岸设置市镇，定名为上海镇，公元 1260-1274 年（南宋景定、咸淳年间），上海镇已是一个重要的商港。上海这一名称就渊源于上海浦。公元 1292 年（元至元 29 年），元朝中央政府批准上海设立上海县，标志着上海建城之始。16 世纪（明代中叶）上海成为全国棉纺织手工业的中心。公元 1685 年（清康熙 24 年）上海设立海关。此时，上海已是拥有 20 万人口的城市。鸦片战争以后，上海成为重要的通商口岸之一。从此，外国列强入侵上海，使上海逐渐由一个东南名邑变成一个工商业畸形发展的半殖民地半封建性质的城市。

1949 年 5 月 27 日，上海这个具有光荣革命传统的城市获得解放，开始了新生。上海的解放揭开了上海发展新的历史篇章。在中国共产党的领导下，上海人民经过 50 年的艰苦奋斗，从根本上改造了在半殖民地半封建条件下畸形发展起来的旧上海，使上海的经济和社会面貌发生了深刻的变化。特别是 1978 年改革开放以来，上海经济和社会发展的各个领域发生了历史性的大变革，综合实力显著增强，城市面貌日新月异，上海已成为我国最大的经济中心和国家历史文化名城，正逐步成为国际经济、金融、贸易和航运中心之一。

经济实力

20 世纪 90 年代以后，上海积极探索具有“中国特色、时代特征、上海特点”的发展新路，紧紧抓住浦东开发开放这一历史性的发展机遇，以体制创新和科技进步为动力，以经济结构的优化和升级为基础，使国民经济实现了持续快速健康发展，经济运行的稳定性和抗波动能力不断增强。1992 年以来，上海经济已连续 11 年保持两位数增长。2002 年，地区生产总值 5408.76 亿元，按可比价格计算，比 1990 年增长 2.9 倍，平均每年增长 11.9%。

社会生产力水平稳步提高，综合经济实力不断增强。按当年汇率折算的上海人均 GDP，1993 年首次突破 2000 美元，1997 年跃上 3000 美元的台阶，2000 年再上 4000 美元的新台阶，2002 年已接近 5000 美元，达到 4912 美元，继续居全国除港、澳、台地区外各省级地区之首。

上海中长期的发展目标

面对充满机遇而又富有挑战的 21 世纪，上海已经确定了新的中长期发展目标：把上海基本建成国际经济、金融、贸易 、航运中心之一，初步确立社会主义现代化国际大都市的地位。

上海“十五”发展的奋斗目标：

调整优化经济结构，不断提高城市的信息化、市场化、法治化水平，发挥国际性大都市的综合优势，增强城市的综合竞争力。

具体是：

——增强城市的综合经济实力，力争成为国内外经济规模大、产业能级高、资源配置能力强的城市。

——强化城市的综合服务功能，力争成为国内外商业机会多、比较成本低的城市。

——优化城市的综合发展环境，力争成为适宜国内外人士发展创业和生活居住的城市。

——增强城市的综合创新能力，力争构筑起具有持续创新能力的综合创新体系。

——提高城市的综合管理水平，力争走出一条政府管理、社会管理、市场管理和市民参与管理有机结合的现代化城市管理新路。

——提高城市市民的综合素质，力争形成现代化国际大都市的精神风貌。

上海第十个五年计划主要预期指标

——到2005年，按2000年价格计算的地区生产总值达到7300亿元左右，平均每年增长9－11%；人均地区生产总值达到54000元左右；

——到2005年，三、二、一产业结构比例为55:43.8:1.2；

——到2005年，外贸进出口总额850亿美元，其中出口超过400亿美元；

——到2005年，社会消费品零售总额达到2500亿元，平均每年增长7.8%；

——到2005年，国际标准集装箱吞吐量1000万标箱左右，年均每年增长9-13%；

——到2005年，全社会研究与发展（R&D）经费支出相当于国内生产总值的比例2.2－2.5%；

——到2005年，国际互联网普及率50%左右；

——城市居民和农村居民家庭人均年可支配收入分别达到15000元和7100元；

——到2005年，新增劳动力平均受教育年限达到14年，高等教育毛入学率达到55%左右；

——到2005年，城镇居民住房人均使用面积18－20平方米，市区绿化覆盖率28－30%。

重庆概况

重庆简称“渝”，1997年3月14日，八届全国人大五次会议批准设立重庆直辖市，使重庆成为共和国最年轻的直辖市。也是全国面积最大、行政管辖最宽、人口最多的直辖市。

重庆的由来

重庆具有3000多年历史，是著名的历史文化名城。城市因水而起，因商而兴，因工而强。1891年被辟为对外通商口岸，抗日战争时期为国民政府的陪都，是当时全国抗日战争和反法西斯的最高指挥部，国民政府还都南京后仍为直辖市。新中国成立后是中共中央西南局和西南军政委员会驻地，是西南地区政治、经济文化中心，为中央直辖市。经过长期的发展，特别是经过抗日战争和“三线”建设时期大规模的迁建、扩建，奠定了现代工业的基础，改革开放以来，经济得到进一步发展，成为全国重要的工业基地和西部地区最大的工商业城市。

地理位置

重庆市位于青藏高原与长江中下游平原的过渡地带，长江上游三峡库区及四川盆地东南部，中国经济发达的东部地区与资源富集的西部地区的结合部，中心城区为长江、嘉陵江所环抱，鳞次栉比，依山傍水，故有“山城”和“水城”之称。地跨东经105°17′－110°11′，北纬28°10′－32°13′之间，纵横幅度东西长470公里，南北宽450公里。地界东邻湖北省、湖南省，南靠贵州省，西连四川省泸州市、内江市、遂宁市，北接四川省广安地区、达川地区和陕西省。

经济发展与战略任务

世纪之交，国家做出西部大开发的重大战略决策，重庆迎来了新的历史性发展机遇。随着三峡工程的逐步建成，其尾部的四川、重庆、湖北西部及其周边辐射地区赫然有机地构成了西南三角(西三角)经济带，至此，中国经济明显地呈现出五大经济带的格局，即长江三角洲、珠江三角洲、京津冀、东北老工业基地、西南三角经济带。而西南三角以其特有的资源优势正成为一片极具潜力的开发热土。

历史表明，一个经济增长带的兴起，往往要靠一个或几个中心城市的带动。重庆作为中西部惟一的直辖市和长江上游最大的中心城市，在西三角应该担当起集聚和辐射中心的角色。聪明而火辣的重庆人不会看不到这一点，势必会抓住机遇不放。重庆的目标是，到 2020 年建成长江上游经济的“三中心”、“两枢纽”、“一基地”：即商贸流通中心、金融中心、科教文化信息中心；综合交通枢纽和通信枢纽；以高新技术产业为基础的现代产业基地。

在加快自身发展的同时，根据中央的重托，重庆将发挥出更大的作用。

广州概况

“广州”的由来

广州是一座有 2200 多年悠久历史的文化名城。早在公元前 9 世纪的周代，这里的“百越”人和长江中游的楚国人已有来往，特建“楚庭”，这是广州最早的名称。从秦始皇 33 年（公元前 214 年）统一岭南后建南海郡（郡治设在“番禺”，即今天的广州），到公元 226 年，孙权为了便于统治，由原交州分出交州和广州两部分，“广州”由此得名。直到 1921 年成立市政厅，才特指广州这个城市。

广州又称为“羊城”、“穗城”，因四季花开不败故称花城。相传周朝时，广州连年灾荒，民不聊生。一天，南海天空飘来五朵彩色祥云，五仙人骑着五只羊，各携带一串谷穗降临此处，赠谷穗给居民，祝福此地五谷丰登、永无饥荒，后仙人飘然而去，留下五羊化为石头，今越秀公园建有以此传说为题材的“五羊石像”。

行政演变

中华人民共和国成立后，广州市的行政隶属关系和行政区划设置，有过几次较大的变动和调整。

1949 年 10 月 14 日广州解放，一度为中央直辖市；1950 年改为中南军政委员会领导；1954 年划归广东省领导，改为省辖市。

解放初期，广州市划分为 28 个区，其中城区 20 个，郊区 7 个，水上区 1 个（珠江区）。区以下设有 121 条行政街（段）、4 个乡、2 个镇。1950 年调整行政区划设置，把 28 个区合并为 16 个区，其中城区 8 个、水上区 1 个（珠江区）、郊区 7 个。1952 年 10 月后再次调整，把原来 8 个城区合并为 5 个，仍保留珠江区；把原来 7 个郊区合并为 3 个。全市区以下的行政单位合并为 86 条行政街、1 个乡。1958 年，成立政、社合一的城市人民公社，曾决定将全市划分为 8 个人民公社，其中城区和郊区各 4 个，公社以下设置分社。但这一改变行政体制的决定没有全面实行。1960 年 8 月恢复市以下设区的建制。4 个市区定名为：越秀区、东山区、海珠区、荔湾区；3 个郊区为：黄埔区、芳村区、江村区。这一年，把原属佛山专区的花县、从化县划归广州市。1961 年，把原属韶关地区的佛冈县划归广州市（1963 年又划归韶关地区管辖）。1962 年 5 月，3 个郊区合并为 1 个郊区。1973 年重新从郊区划分出黄浦区。1975 年，把原属佛山地区的番禺县、惠阳地区的增城县和龙门县、韶关地区的新丰县划归广州市。1983 年，把韶关地区的清远县、佛冈县划归广州市。1985 年从广州市郊区划出部分区域设置天河区、芳村区。1987 年 1 月广州市郊区改称白云区。1988 年，广州市行政区划作了较大变动，1 月 7 日经国务院同意，把广州市的龙门县划归惠州市管辖，新丰县划归韶关市管辖，撤销清远县，成立清远市，将广州市的佛冈县划归清远市管辖。1992 年 5 月，经国务院批准，撤销番禺县，设立番禺市（县级）。1993 年 6 月和 1993 年 12 月经国务院批准，先后撤销花县和增城县，设立花都市和增城市（县级）。1994 年 3 月，经国务院批准，撤销从化县，设立从化市（县级）。2000 年 6 月番禺、花都撤市设区。至此，广州市共辖 10 区 2 市（县级）。

2002 年，广州市继续坚持“开拓进取、稳中求快、加强管理、有效增长”的经济发展思路，大力推进现代化中心城市建设，城市竞争力不断提升，社会各项事业蓬勃发展，人民物质文化生活不断改善，为率先基本实现现代化迈出了坚实的步伐。2002年，广州市生产总值达到3001.48亿元，按可比价格计算，比上年增长13.2%，成为国内GDP总量超3000亿元的三大城市之一。人均地区生产总值达到4.19万元，增长11.7%，按当年平均汇率计算，突破5000美元。全年完成工业总产值3788.91亿元、农业总产值175.06亿元，分别比上年增长15.0%和9.1%。实现社会消费品零售总额1370.68亿元，完成固定资产投资1009.24亿元，分别比上年增长9.8%和3.2%；海关进口总值达141.49亿美元，海关出口总值达137.79亿美元，分别比上年增长24.0%和18.6%。城镇居民年人均可支配收入13380元，农村居民年人均纯收入6857元，分别比上年增长4.9%和6.4%。

广州每天创造的财富不断增多。2002年，平均每天创造地区生产总值8.22亿元、工农业总产值10.86亿元。为社会提供的服务量不断增加。平均每天售电量、售水量、液化气销售量分别为6527万千瓦·时、365万吨和785吨；平均每天港口货物吞吐量、汽（电）车客运量、邮电业务总收入分别为45.96万吨、541万人次和4798万元。每天的消费量不断增长。平均每天城乡居民消费总额为2.25亿元。

按人口平均，广州市经济和社会发展水平逐年提高。2002年，人均工业总产值52873元、人均社会消费品零售总额19127元、人均固定资产投资14084元、人均城乡居民储蓄存款余额43473元，分别比上年增加4855元、1462元、241元和6981元；市区居民人均居住面积15.67平方米，市区人均占有公共绿地8.59平方米，分别比上年增加1.8平方米和0.54平方米。每万人拥有在校大学生415人，比上年增加72人；每万人拥有医院床位49张。

数字解读

2002年京津沪渝穗五市经济运行情况简析

内容提要： 2002年，京津沪渝穗五市经济发展保持了良好势头，均实现两位数增长。内需增速进一步提高的同时，外需形势也逐步好转。财政收入快速增长，存贷款规模不断扩大。市场物价低位运行，居民收入有不同程度提高。北京经济总量突破3000亿元；天津工业增幅居全国前列；上海经济连续11年两位数增长；重庆乘西部大开发之风固定资产投资快速增长；广州经济增速在国内十大城市居首位，总量逼近北京。但经济发展中也存在一些问题，主要表现在工业结构性矛盾有待调整，价格水平持续低位运行等方面。

2002年，京津沪渝穗五市经济快速发展，GDP均实现两位数增长；社会消费需求稳中趋旺；固定资产投资增势强劲；出口和利用外资稳步发展；财政收入快速增长；人民生活水平稳步提高。

一、五市经济稳步发展，北京经济增速略有回落

从总量和速度上看：2002年，五市经济均实现两位数增长。北京经济总量突破3000亿元，在五市中居第二位，增速为10.2%，在五市中居第五位。五市比较，经济增长速度最快的是广州，为13.2%（近年广州发展速度不断加快，经济总量与我市差距缩小到128.3亿元）；上海经济增长10.9%，自1992年以来连续11年两位数快速增长。

与2001年相比，多数城市经济继续保持快速增长势头。其中重庆经济增长速度比上年提高1.3个百分点，广州、上海、天津经济增长速度也略有提高，北京经济增速下降1个百分点。

2002年五市GDP情况

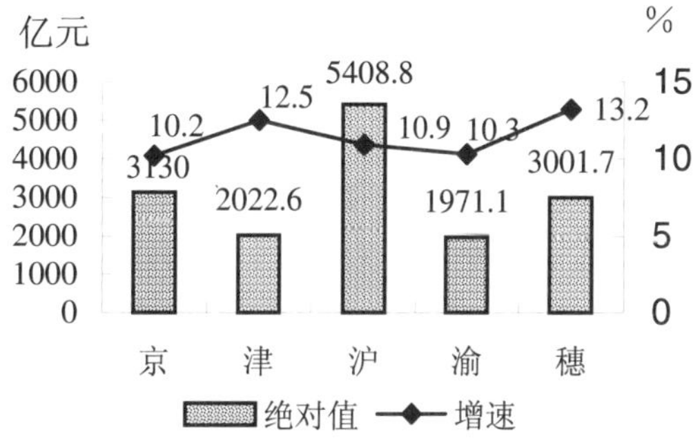

从二、三产业发展情况看：

1. 北京第二产业和第三产业增速回落。2002年，北京第二产业增长8.8%，增幅同比下降0.6个百分点。第三产业增长11.4%，增幅同比下降1.4个百分点。第二产业实现增加值1114.4亿元，不到上海的二分之一。2002年，工业增速下降也成为第二产业增速下降的主要原因。

2. 津沪渝穗四市第二产业均实现两位数增长，三产增幅两降两升。2002年，天津、重庆、上海第二产业分别增长14.3%、13.8%和12.1%，增幅略有上升。广州第二产业增长12.5%，增幅同比下降2.2个百分点。

天津、广州第三产业分别增长11.2%和14.1%，增幅同比分别下降0.5个和1个百分点；上海第三产业增长10%，增幅同比上升1.3个百分点；重庆第三产业增长9.2%，增幅略有上升。

从工业发展情况看：

1. 北京规模以上工业总产值增长6.9%，增幅下降12.3个百分点。2002年，北京规模以上工业企业总产值同比增长6.9%，增幅下降12.3个百分点。工业增长结构单一是造成工业增速降至近5年最低水平，也低于全国平均水平的主要因素。2002年北京重点监测的13个工业行业中，医药制造业增长21.7%，交通运输设备制造业增长43.1%，电

气机械及器材制造业增长 21.4%，而工业第一大行业——电子及通讯设备制造业下降 8.3%。电子及通讯设备制造业的波动对工业发展造成较大冲击。

2001 年，年产值超过 100 亿元的工业行业，北京有 5 个，天津有 7 个，上海有 17 个，重庆有 1 个。这也说明我市工业增长结构单一，工业行业发展规模有待提高。

2. 天津工业高速发展。2002 年，天津工业生产增速加快，重点行业优势得到充分发挥，电子及通信设备制造、交通运输设备制造业、石油及天然气开采业比上年增长 36.9%，对天津工业增长贡献率达 58.3%，拉动工业总产值增长 13.3 个百分点。另外，2002 年天津工业企业出口形势良好，外销比重明显提高，其中电子及通信设备制造业完成出口交货值 420.3 亿元，增长 40.8%，成为天津工业出口的重要力量。

3. 广州工业支柱产业快速发展，工业出口增势强劲。2002 年，广州规模以上工业企业工业出口产值增长 19%，拉动工业增长 5 个百分点。电子通信设备制造业、电气机械及器材制造业、塑料制品业、金属制品业、纺织五大行业出口占工业出口总量的 43.6%，成为拉动工业经济增长的重要力量。电子产业、汽车制造业、石油化工业三大支柱产业合计完成工业总产值 1062 亿元，比上年增长 23%。

五市工业总产值情况对比

	2001 年		2002 年	
	产值（亿元）	增速（%）	产值（亿元）	增速（%）
北京	2940.4	17.7	3083.1	6.9
天津	2908.8	12.9	3323.1	22.8
上海	7003.9		7740.6	14.7
重庆	1072.8	15.5	1277.9	19.8
广州	2829.2	16.2	3173.6	15.9

二、内需增速进一步提高，外需形势逐步好转

1. 五市消费市场发展大体一致。2002 年，天津、上海、重庆社会消费品零售额分别增长 13.1%、9.3%和 9.1%，增幅比上年分别上升 0.1 个、1.2 个和 0.4 个百分点。北京、广州社会销售品零售额增长 9.5%和 9.8%，增速比上年下降了 0.9 和 1.2 个百分点。

五市社会消费品零售额情况对比

	2001 年		2002 年	
	绝对值	增速	绝对值	增速
北京	1593.5	10.4	1744.8	9.5
天津	832.7	13	941.4	13.1
上海	1861.3	8.1	2035.2	9.3
重庆	699.3	8.7	763.1	9.1
广州	1248.3	11	1370.7	9.8

北京消费热点主要是汽车、通讯器材、家具和建筑装璜材料，2002 年汽车销售量同比增长 13.7%，通讯器材、家具和建筑装璜材料零售额增幅均在 20%以上。重庆汽车消费、家具类消费、通讯器材类消费也异军突起。上海消费热点集中在汽车、通信器材以及与住房相关的新型建材。

2. 京津渝三市投资保持两位数增速。全年，三市全社会固定资产投资分别增长 18.5%、15.1%和 24.2%；广州固定资产投资增长 2.4%，同比下降 3.5 个百分点；上海固定资产投资增长 8.2%，同比上升 1.5 个百分点。

2002 年五市季度固定资产投资情况对比

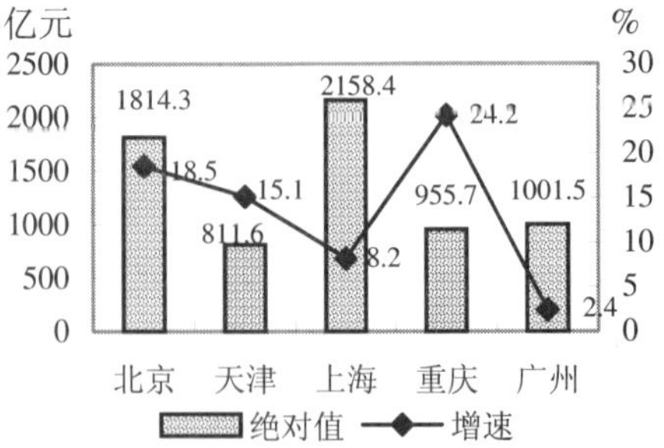

北京、广州房地产投资比重较高。2002 年五市继续加大房地产投资力度，除天津以外的四市房地产投资占总投资比重都有增加趋势。北京和广州房地产投资占总投资比重比较高，分别为 54.5%和 42.4%，比重同比提高了 3.3 个和 2.8 个百分点。天

津、上海和重庆比重分别为21.7%、33.4%和24.7%。

五市房地产投资情况对比

	2001年		2002年	
	绝对值（亿元）	增速（%）	绝对值（亿元）	增速（%）
北京	783.8	50.1	989.4	26.2
天津	161.3	9	175.8	9
上海	630.7	11.4	720.2	14.2
重庆	196.7	40.9	245.9	25
广州	387	8.8	424.2	9.6

北京、上海更新改造投资呈现负增长，比重下降。2002年，天津、重庆、广州三市分别完成更新改造投资166亿元、158.5亿元和182.6亿元，增长17.1%、10.3%和4%，更新改造投资占总投资比重都呈上升趋势。北京、上海分别完成更新改造投资169.6亿元和422.6亿元，同比下降9.1%和3.3%，比重分别下降2.9个和2.3个百分点。

3. 多数城市出口形势较好。2002年，北京、天津、上海、广州海关出口总值分别增长7.2%、22%、16%和18.6%，重庆海关出口总值下降1%。增幅与上年相比，除重庆下降了11.8个百分点外，北京、天津、上海、广州出口分别上升了8.7、2.9、13和20个百分点。

五市海关出口情况对比

	2001年		2002年	
	绝对值（亿美元）	增速（%）	绝对值（亿美元）	增速（%）
北京	117.9	-1.5	126.1	7.2
天津	95	10.1	116	22
上海	276.3	9	320.6	16
重庆	11	10.8	10.9	-1
广州	116.2	-1.4	137.8	18.6

2002年，京津沪渝穗实际利用外资中的客商直接投资金额分别为17.9亿美元、38.1亿美元、50.3亿美元、2.8亿美元和22.8亿美元。与上年相比，分别增长了1.4%、18.2%、14.5%、9.5%和10.2%。与其他四市相比，北京客商直接投资增长缓慢，总量是天津的二分之一左右，是上海的三分之一左右，吸引外资的能力有待提高。

三、财政收入增长快于经济增长，存贷款规模明显扩大

1. 财政收入快速增长。2002年，京津沪渝穗五市财政收入均实现两位数增长。其中上海增30%；重庆增25.8%；北京增25.9%；天津增19.8%；广州增17.5%。

2002年五市地方财政收入情况对比

	北京	天津	上海	重庆	广州
绝对值（亿元）	534	171.8	719.9	126	245.9
增速（%）	25.9	19.8	30	25.8	17.5

2. 金融形势平稳。2002年，京津沪渝穗五市金融机构存贷款平稳增长，金融机构存款余额分别为15392.7亿元、3018.3亿元、14035.8亿元、2821亿元和7498.4亿元，贷款余额分别为9230.8亿元、2519亿元、10550.9亿元、2244.7亿元和5257.2亿元。

与上年同期相比，五市金融机构存款增量分别增长27.7%、62.2%、46.3%、35.7%和82.5%，贷款增量分别增长42.8%、14.3%、37.5%、23.2%和96.6%。

2002年五市金融机构存贷款情况

	北京	天津	上海	重庆	广州
金融机构存款余额（亿元）	15392.7	3018.3	14035.8	2821	7498.4
比年初增加（亿元）	3161.3	455.7	2776.4	527.5	1270.5
金融机构贷款余额（亿元）	9230.8	2519	10550.9	2244.7	5257.2
比年初增加（亿元）	1724.4	337.7	1771.7	311.3	901.6

四、市场物价低位运行，居民收入有不同程度提高

1. 多数城市居民消费价格指数持续走低，上海略有上升。2002 年，北京、天津、重庆、广州四市的价格指数分别为 98.2%、99.6%、99.6%和 97.6%，与上年同期相比，分别回落 4.9、1.6、2.1 和 1.3 个百分点。上海市居民消费价格指数为 100.5%，同比上升 0.5 个百分点。

2. 居民收入有不同程度提高。2002 年京津沪渝穗五市城镇居民人均可支配收入分别为 12463.9 元、9337.5 元、13250 元、7238 元和 15117.1 元，分别比上年同期增长 13.4%、11.6%、11.5%、13.7%和 4.9%，扣除物价因素，实际增长 15.5%、12%、10.9 %、14.2%和 7.5%。

2002 年，京津沪渝穗五市经济运行保持了良好势头，各有亮点。北京经济总量突破 3000 亿元；天津工业持续快速发展，增幅居全国前列；上海经济连续 11 年两位数增长；重庆乘西部大开发之风固定资产投资快速增长；广州经济增速在国内十大城市居首位，总量逼近北京。但经济发展中也存在一些问题，面临诸多挑战，主要表现在工业结构性矛盾有待调整，价格水平持续低位运行等方面。

注：文中数据出自各地统计公报，系年度初步统计数据，与年鉴数据有所出入，特此说明。

1-5 京津沪渝穗主要指标比较

——自然情况及城市公用事业指标比较

指标	单位	北京	天津	上海	重庆	广州
土地面积	平方公里	16807.8	11919.7	6340.5	82403.0	7434.4
水域面积	平方公里		3147.4	121.9	2670.0	
耕地面积	千公顷	249.2	422.8	270.4	246.6	108.9
森林覆盖率	%	45.5			23.1	
平均气温	度	13.2	14.2	17.8	18.8	22.9
平均相对湿度	%		61.0		81.0	77.0
降水量	毫米	370.4	340.1	1427.9	1430.6	1703.5
日照时数	小时/年	2588.4		1686.5	1117.1	1555.7
建成区面积	平方公里	654.5	454.0	550.0	559.9	553.5
煤气管道长度	公里	394.7	1384.0	7851.0		1665.0
城市桥梁	座	1051	486	7035	814	934
城市路灯	盏	243111	139194		186589	
出租汽车	辆	66759	31939	47509	18157	
清运垃圾	万吨	321.4	163.0	760.0		260.0

表1-5至表1-7参照相应直辖市统计年鉴及广州统计年鉴。

1-6 京津沪渝穗主要指标比较

——经济指标

指标	单位	北京	天津	上海	重庆	广州
地区生产总值	亿元	3212.7	2051.2	5408.8	1971.3	3001.5
第一产业	亿元	98.1	84.0	88.2	315.8	103.1
第二产业	亿元	1116.5	1001.9	2564.7	827.6	1227.14
第三产业	亿元	1998.1	965.3	2755.9	828.0	1671.3
地区生产总值构成	%	100.0	100.0	100.0	100.0	100.0
第一产业	%	3.1	4.1	1.6	16.0	3.4
第二产业	%	34.8	48.8	47.4	42.0	40.9
第三产业	%	62.2	47.1	51.0	42.0	55.7
人均地区生产总值	元	28449.0	22380.0	40646.0	6347.0	41884.0
全社会固定资产投资	亿元	1814.3	811.3	2187.1	995.7	1009.2
固定资产投资	亿元	1688.2	703.7	1955.6	810.8	893.7
基本建设	亿元	414.7	361.9	784.1	456.9	284.3
更新改造	亿元	169.6	166.0	422.6	108.0	183.0
房地产开发	亿元	989.4	175.8	748.9	245.9	426.4
财政收入(一般预算)	亿元	534.0	171.8	719.8	126.1	245.9
财政支出(一般预算)	亿元	628.3	265.2	877.8	305.9	326.7
居民消费价格总指数	%	98.2	99.6	100.5	99.6	97.6
在岗职工工资总额	亿元	950.9		733.3	230.8	453.5
在岗职工平均工资	元	21852.0		19473.0	9863.0	25583
社会消费品零售额	亿元	1744.8	941.4	2035.2	763.1	1370.7
进出口总额	亿美元	525.1	228.3	726.6	17.9	279.3
实际利用外资	亿美元	51.0	38.7	50.3	4.5	26.5
接待入境旅游人数	万人次	310.4	20.5	128.4	46.1	474.0
银行存款余额	亿元	14591.3			2284.6	

注：广州在岗职工工资总额及在岗职工平均工资为全部职工数。

1-7 京津沪渝穗主要指标比较

——社会指标

指标	单位	北京	天津	上海	重庆	广州
户籍人口	万人	1136.3	919.1	1334.2	3113.8	720.6
常住人口	万人	1423.2	1007.2			
人口自然增长率	‰	0.9	1.5	-2.6	3.4	3.1
从业人员	万人	679.2	492.6	792.0	1710.5	514.1
第一产业	万人	67.6	82.3	84.2	908.8	94.9
第二产业	万人	235.3	205.4	320.9	287.6	198.2
第三产业	万人	376.3	205.0	386.9	514.1	221.1
在校学生数	万人	208.4	161.7	204.5		182.1
# 普通高等学校	万人	39.9	19.7	33.2	21.1	29.9
普通中等学校	万人	98.8	60.5	103.6	157.4	70.0
小　学	万人	59.4	62.7	67.2	279.8	81.7
科技活动人员	万人	25.7		15.2	6.6	1.2或1.9
研究与试验发展经费支出	亿元	219.5	10.6	102.4	10.1	45.0
图书总藏量	万册.张	3248.2	822.0	1744.5	678.0	779.0
杂志总印数	万册.份	82291.0	4469.0	18007.2		20034.0
报纸总印数	万份	3364.0	80782.0	164607.7	49297.0	282161.0
故事影片产量	部	30		10		2
电视节目制作时间	小时		1178.0	33190.0	28430.0	
城镇居民平均每户家庭人口	人	3.0	3.0	2.9	3.1	3.2
农村居民平均每户家庭人口	人	3.5	3.6	3.3	3.7	4.5
结婚登记总数	万对	76136	5.4	9.1	17.3	4.9
离婚数	万对	5810	1.1	3.0	2.6	1.0
城市人均住房使用面积	平方米	18.2	16.7	18.1	19.6	
农村居民人均居住面积	平方米	32.6	24.3	57.1	31.0	31.4
城镇居民人均可支配收入	元	12463.9	9338.0	13250.0	7238.1	13380.5
农村居民人均纯收入	元	5880.1	5315.0	6212.0	2097.6	6856.6
医院个数	个	466	486	192	1717	196
医生人数	万人	4.7	2.4	4.4	3.8	2.2
医院床位数	万张	6.9	3.9	6.4	6.2	3.5
平均每千人拥有医生人数	人	4.2		3.3		

注：1.重庆市的城市人均住房使用面积为建筑面积。

2.天津市、重庆市的医院个数及医院床位数包括卫生院的情况;医生人数包括助理医师数。

3.上海市农村居民人均纯收入为农村居民人均可支配收入。

北京区县概览

统计图

北京市土地面积分布图
（单位：平方公里）

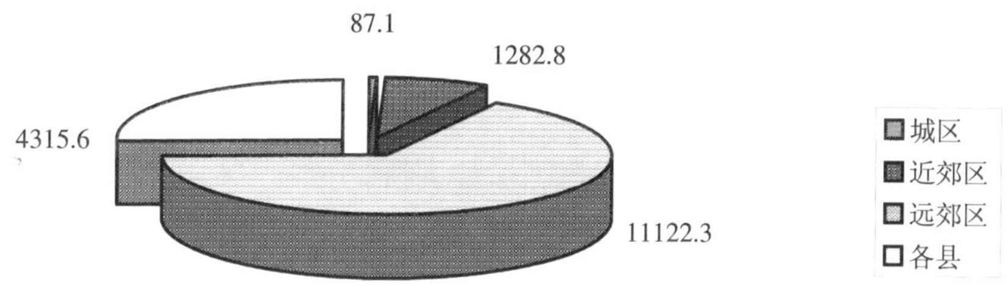

北京地区生产总值
（单位：亿元）

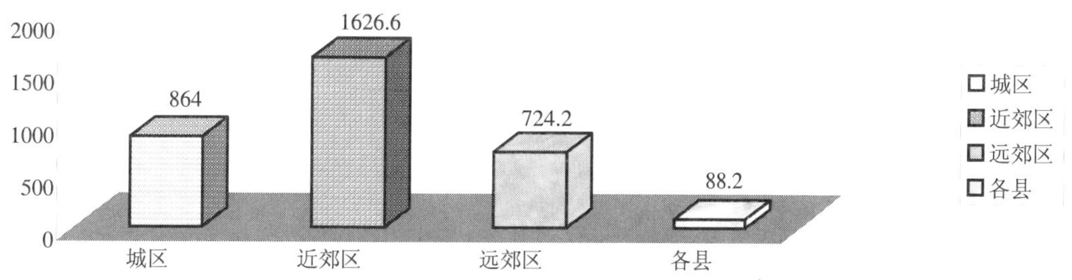

北京市户籍常住人口地区分布情况

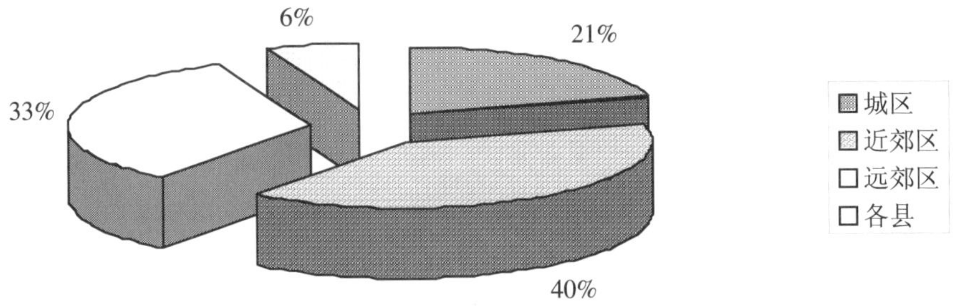

北京市固定资产投资情况（单位：万元）

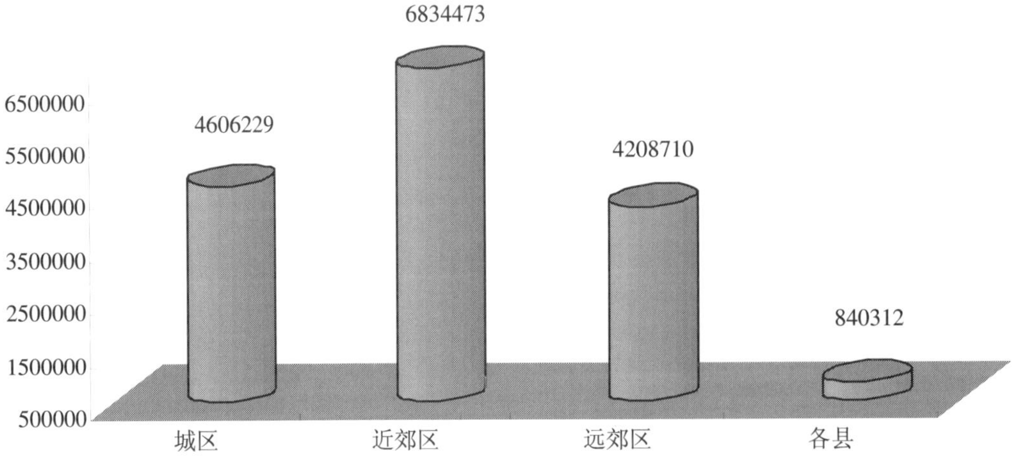

2-1 全部法人单位数(按所在地分)

单位：个

年份 地区	法人单位数合计	单产业法人	多产业法人	# 企业法人
1997	99397	93384	6013	79532
1998	86805	83408	3397	68590
1999	93702	90383	3319	75361
2000	95950	92926	3024	78378
2001	166417	161185	5232	142220
2002	170181	165054	5128	145571
东 城 区	12049	11610	439	10479
西 城 区	13734	13126	608	11589
崇 文 区	5218	4979	239	4513
宣 武 区	6481	6169	312	4440
朝 阳 区	30727	30085	642	27646
丰 台 区	16827	16366	461	15007
石景山区	4346	4203	143	3679
海 淀 区	34588	33718	870	31390
门头沟区	3112	2883	229	2101
房 山 区	7133	6967	166	4838
通 州 区	5181	5074	107	4071
顺 义 区	4983	4899	84	4040
昌 平 区	6337	6125	212	5010
大 兴 区	8118	7981	137	6973
平 谷 区	2887	2804	83	1878
怀 柔 区	3487	3366	121	2477
密 云 县	2756	2611	145	1936
延 庆 县	2217	2087	130	1404

2-2 地方财政收入

单位：万元

年份 地区	地方财政收入		一般预算财政收入		# 增值税		# 营业税	
	绝对值	为上年的(%)	绝对值	为上年的(%)	绝对值	为上年的(%)	绝对值	为上年的(%)
1997	2099055.0	125.5	1893913.0		326680.0	110.6	975355.0	119.5
1998	2620068.0	124.8	2273313.0	120.0	375807.0	115.0	1129996.0	115.9
1999	3204406.0	122.3	2813661.0	123.8	397193.0	105.7	1288567.0	114.0
2000	3983895.0	124.3	3449968.0	122.6	459557.0	115.7	1490539.0	115.7
2001	5076799.0	127.4	4541676.0	131.6	589957.0	128.4	1813472.0	121.7
2002	6009594.0	125.8	5339900.0	125.9	666884.0	113.0	2277893.0	125.6
东 城 区	272873.0	116.6	271223.0	116.5	16599.0	117.1	115449.0	130.7
西 城 区	315380.0	114.1	312637.0	113.3	28058.0	111.0	150978.0	109.6
崇 文 区	65261.0	112.9	64654.0	113.6	7267.0	108.5	24322.0	114.7
宣 武 区	135406.0	115.1	135195.0	115.1	25207.0	104.5	62781.0	121.5
朝 阳 区	528356.0	115.1	525946.0	114.7	68472.0	115.6	224622.0	111.8
丰 台 区	111860.0	121.7	109542.0	122.2	18346.0	113.4	44272.0	124.7
石景山区	90839.0	118.3	90390.0	117.8	20589.0	106.7	15967.0	115.2
海 淀 区	421419.0	120.0	418879.0	120.6	52457.0	106.4	201828.0	121.8
门头沟区	47426.0	130.5	46476.0	129.2	7161.0	125.6	17730.0	133.7
房 山 区	82202.0	133.3	82041.0	133.4	14339.0	139.6	31196.0	138.9
通 州 区	69424.0	146.0			7616.0	111.8	29400.0	142.6
顺 义 区	79528.0	125.0	53779.0	128.0	12221.0	95.0	17516.0	117.0
昌 平 区	73000.0	158.9	67091.0	152.3	10196.0	133.7	29049.0	174.1
大 兴 区	82492.0	157.7	82396.0	157.8	6807.0	118.3	32289.0	157.9
平 谷 区	44225.0	124.2	44075.0	124.2	3857.0	110.0	19774.0	132.1
怀 柔 区	54792.0	131.2	54262.0	131.2	6777.0	120.9	25119.0	136.9
密 云 县	73339.0	205.1	73228.0	204.8	5693.0	122.9	47521.0	492.9
延 庆 县	23255.0	125.8	23109.0	125.7	1798.0	109.2	9931.0	127.9

2-3 地方财政支出

单位：万元

年份 地区	地方财政支出		一般预算财政支出		# 基本建设支出	
	绝对值	为上年的(%)	绝对值	为上年的(%)	绝对值	为上年的(%)
1997	2621984.0	124.1	2445761.0		248948.0	114.9
1998	3078329.0	117.4	2810718.0	114.9	326077.0	131.0
1999	3985328.0	129.5	3551932.0	126.4	454629.0	139.4
2000	4903419.0	123.0	4429969.0	124.7	574884.0	126.5
2001	6149230.0	125.4	5591063.0	126.2	929621.0	161.7
2002	6839751.0	111.2	6283496.0	112.4	643100.0	69.2
东 城 区	223776.0	128.2	221755.0	128.2	27115.0	255.2
西 城 区	252964.0	106.1	251948.0	107.6	35704.0	94.3
崇 文 区	123403.0	116.7	122356.0	117.4	18415.0	268.7
宣 武 区	166534.0	113.3	166454.0	113.9	24284.0	67.8
朝 阳 区	371288.0	111.3	352799.0	111.5	11456.0	51.1
丰 台 区	208686.0	132.2	185477.0	125.7	11550.0	170.9
石景山区	108563.0	116.3	107567.0	116.8	18845.0	171.6
海 淀 区	515384.0	117.2	464719.0	117.9	55369.0	96.9
门头沟区	102794.0	110.2	102388.0	111.5	5104.0	103.5
房 山 区	148033.0	117.1	146528.0	118.1	6327.0	108.9
通 州 区	146461.0	130.0			6968.0	106.4
顺 义 区	163590.0	123.0	158401.0	121.0	11772.0	79.0
昌 平 区	116959.0	116.5	122315.0	122.3	4100.0	100.0
大 兴 区	153347.0	131.6			6910.0	139.8
平 谷 区	126899.0	119.6	125716.0	119.1	13389.0	446.3
怀 柔 区	149195.0	116.3	148105.0	116.3	14616.0	76.3
密 云 县	152758.0	138.9	151157.0	139.6	12590.0	119.5
延 庆 县	100774.0	114.8	100042.0	116.7	2997.0	61.9

2-4 地区生产总值

单位：亿元

年份 地区	地区生产总值		第一产业		第二产业		# 工业	
	绝对值	为上年的(%)	绝对值	为上年的(%)	绝对值	为上年的(%)	绝对值	为上年的(%)
1997	1810.1	109.6	84.9	101.0	738.6	108.1	588.4	108.7
1998	2011.3	109.8	86.6	101.5	786.9	109.6	610.7	108.7
1999	2174.5	110.2	87.5	102.5	840.2	112.0	649.3	112.8
2000	2478.8	111.0	90.0	104.0	943.5	111.4	745.3	113.2
2001	2845.7	111.2	93.1	104.5	1030.6	109.4	816.2	110.2
2002	3212.7	110.4	98.1	105.0	1116.5	108.5	874.2	107.8
东 城 区	294.1	113.5			19.8	99.0	10.9	81.8
西 城 区	310.0	111.1			42.8	105.7	27.9	109.8
崇 文 区	75.1	112.0			19.2	107.5	12.0	107.9
宣 武 区	184.9	109.4			66.2	107.9	57.8	106.0
朝 阳 区	592.0	115.9	2.6	99.8	165.3	100.9	129.1	105.9
丰 台 区	206.1	113.6	1.6	97.6	62.0	106.7	43.5	110.5
石景山区	118.8	107.3	0.1	86.9	82.2	98.9	76.1	97.8
海 淀 区	709.8	117.6	2.2	110.9	253.6	115.7	223.5	116.0
门头沟区	40.6	121.3	0.5	100.9	19.4	120.3	16.3	117.4
房 山 区	166.3	121.4	11.2	113.6	98.1	132.9	74.8	146.2
通 州 区	90.1	117.7	13.2	115.1	39.8	118.8	31.4	122.1
顺 义 区	132.8	114.5	21.4	110.8	57.7	103.5	48.4	100.3
昌 平 区	111.9	130.9	5.3	103.1	57.6	146.5	45.3	137.2
大 兴 区	87.9	123.6	13.6	104.2	34.3	125.0	25.6	119.6
平 谷 区	42.4	114.2	9.1	104.9	18.0	118.7	13.9	119.9
怀 柔 区	52.2	116.3	4.5	107.5	29.1	116.4	23.8	118.3
密 云 县	56.6	127.3	8.9	113.7	27.9	129.3	23.0	127.2
延 庆 县	31.6	114.1	8.8	109.3	10.5	116.3	5.7	113.8

全市 1997-2002 年的地区生产总值的绝对值为现价，速度为不变价；分区县生产总值的绝对值及速度均为现价。

2-4-1

单位：亿元

年份 地区	第三产业		# 运输、仓储、邮电业		# 批发、零售、餐饮		# 金融保险	
	绝对值	为上年的(%)	绝对值	为上年的(%)	绝对值	为上年的(%)	绝对值	为上年的(%)
1997	986.7	111.8	135.8	112.8	202.5	105.2	246.9	128.5
1998	1137.9	110.8	154.5	110.0	207.3	104.0	277.6	109.4
1999	1246.8	109.1	167.5	108.9	210.4	102.7	316.4	113.7
2000	1445.3	111.1	190.1	110.9	218.5	105.0	378.9	116.4
2001	1722.0	112.8	218.5	107.3	237.8	109.9	441.2	113.1
2002	1998.1	112.0	235.6	107.1	256.3	107.1	469.4	105.8
东城区	274.2	114.7	101.3	120.2	47.4	115.5	29.6	108.9
西城区	267.2	112.0	25.1	109.6	37.2	111.0	103.2	112.1
崇文区	55.9	113.6	3.0	88.1	14.3	105.3	9.6	117.4
宣武区	118.6	109.8	6.4	102.6	28.9	107.6	22.8	151.6
朝阳区	424.0	123.2	57.7	106.1	51.4	144.0	91.9	129.4
丰台区	142.4	116.2	13.1	96.8	14.4	114.6	21.3	99.8
石景山区	36.4	132.7	2.7	96.5	4.4	115.0	4.8	152.6
海淀区	454.0	118.8	15.3	103.3	30.7	106.1	54.8	125.1
门头沟区	20.7	122.8	2.5		5.1	108.9	0.8	120.1
房山区	56.9	107.0	10.2	107.0	12.8	105.3	2.9	140.8
通州区	37.0	117.5	4.9	105.6	7.4	115.8	3.8	154.3
顺义区	53.7	131.2	14.8	240.2	9.2	131.1	6.2	147.2
昌平区	49.0	119.4	7.9	104.3	8.3	107.4	3.3	104.6
大兴区	40.0	130.7	4.1	119.2	5.3	114.9	3.3	159.9
平谷区	15.3	115.0	1.0	109.0	2.5	111.4	1.0	112.4
怀柔区	18.6	118.4	3.6	122.7	3.4	103.4	1.2	99.4
密云县	19.8	131.6	2.0	116.2	4.5	116.9	0.4	59.7
延庆县	12.3	115.9	1.6	110.6	2.6	117.1	0.9	76.7

2-4-2

单位：亿元

年份 地区	# 房地产业		# 其他	
	绝对值	为上年的(%)	绝对值	为上年的(%)
1997	41.2	106.4	10.3	116.4
1998	68.3	161.3	14.1	125.6
1999	69.5	101.7	15.7	111.9
2000	77.4	109.5	17.1	105.3
2001	111.0	140.8	17.8	94.9
2002	163.1	136.8	19.6	105.2
东 城 区	7.7	149.0	88.2	108.3
西 城 区	9.2	113.6	92.5	112.9
崇 文 区	7.5	104.0	21.6	127.7
宣 武 区	5.8	85.3	54.8	103.1
朝 阳 区	38.9	119.1	184.0	122.4
丰 台 区	7.9	111.2	85.8	127.7
石景山区	2.3	318.1	22.2	130.9
海 淀 区	20.3	162.8	332.8	102.1
门头沟区	2.8	160.0	9.5	115.5
房 山 区	10.2	79.8	0.7	119.5
通 州 区	7.4	118.9	13.6	114.6
顺 义 区	7.7	111.8	15.8	94.7
昌 平 区	7.2	141.8	22.2	127.7
大 兴 区	10.8	142.3	16.6	127.9
平 谷 区	2.2	98.4	8.6	121.9
怀 柔 区	2.8	129.0	7.7	124.2
密 云 县	5.6	221.1	7.2	116.6
延 庆 县	1.9	130.3	5.3	122.7

2-5 户数及人口数(户籍统计)

年份 地区	户籍人口						暂住人口 (万人)
	户　数(万户)			人口数(万人)			
	合　计	非农业户	农业户	合　计	非农业户	农业户	
1997	375.7	250.9	124.8	1085.5	722.7	362.8	131.2
1998	383.4	259.2	124.2	1091.5	733.7	357.8	131.9
1999	390.3	267.5	122.8	1099.8	747.2	352.6	150.1
2000	397.9	275.5	122.4	1107.5	760.7	346.8	170.5
2001	405.3	283.7	121.6	1122.3	780.1	342.2	244.3
2002	416.2	296.7	119.5	1136.3	806.9	329.4	358.9
东城区	23.4	23.4		63.8	63.8		13.8
西城区	28.2	28.2	…	79.2	79.2	…	12.9
崇文区	15.2	15.2	…	40.7	40.7	…	6.9
宣武区	20.6	20.6	…	56.9	56.9	…	11.7
朝阳区	59.7	52.0	7.7	157.4	140.1	17.3	97.2
丰台区	32.9	26.9	6.0	84.8	70.4	14.4	35.9
石景山区	11.9	11.7	0.2	33.8	33.4	0.4	13.4
海淀区	55.3	50.2	5.1	172.6	160.9	11.7	63.8
门头沟区	9.6	6.5	3.1	23.5	16.1	7.4	4.0
房山区	27.4	11.9	15.5	74.8	29.7	45.1	10.2
通州区	24.9	10.4	14.5	60.7	21.8	38.9	14.6
顺义区	20.0	6.7	13.3	54.4	14.7	39.7	15.7
昌平区	17.1	8.2	8.9	44.5	20.5	24.0	26.2
大兴区	18.5	7.5	11.0	54.1	18.5	35.6	23.0
平谷区	13.7	4.9	8.8	39.1	11.6	27.5	2.2
怀柔区	10.7	3.9	6.8	26.7	9.2	17.5	4.1
密云县	16.3	5.1	11.2	42.2	12.0	30.2	1.7
延庆县	10.8	3.4	7.4	27.1	7.4	19.7	1.6

注：暂住人口指不具有本市常住户口，来自北京市行政区划以外的省、直辖市、自治区，在京暂住三日以上，并向公安机关申报暂住登记以及领取暂住证件的人员。

2-6 人　口　密　度(户籍统计)

年份 地区	户籍人口 (万人)	土地面积 (平方公里)	人口密度 (人／平方公里)
1997	1085.5	16807.8	644
1998	1091.5	16807.8	647
1999	1099.8	16807.8	654
2000	1107.5	16807.8	658
2001	1122.3	16807.8	668
2002	1136.3	16807.8	675
东 城 区	63.8	24.7	25847
西 城 区	79.2	30.0	26415
崇 文 区	40.7	15.9	25625
宣 武 区	56.9	16.5	34027
朝 阳 区	157.4	470.8	3343
丰 台 区	84.8	304.2	2787
石景山区	33.8	81.8	3988
海 淀 区	172.6	426.0	4051
门头沟区	23.5	1331.3	177
房 山 区	74.8	1866.7	401
通 州 区	60.7	870.0	698
顺 义 区	54.4	980.0	555
昌 平 区	44.5	1430.0	311
大 兴 区	54.1	1012.0	534
平 谷 区	39.1	1075.0	364
怀 柔 区	26.7	2557.3	104
密 云 县	42.2	2335.6	180
延 庆 县	27.1	1980.0	137

2-7 外来人口在京分布及状况

单位：万人

年份 地区	总　计	# 居住半年以上	# 务工经商
2001	328.1	262.8	256.1
2002	386.6	286.9	296.5
东 城 区	13.3	9.5	10.2
西 城 区	14.9	10.7	12.1
崇 文 区	7.5	5.4	5.9
宣 武 区	10.8	7.8	8.5
朝 阳 区	87.4	65.3	69.4
丰 台 区	43.2	32.5	35.7
石景山区	16.5	12.3	12.8
海 淀 区	76.8	55.8	51.5
门头沟区	4.3	3.2	2.7
房 山 区	11.8	8.6	9.5
通 州 区	15.6	12.2	13.1
顺 义 区	16.5	12.3	12.8
昌 平 区	31.1	23.5	24.0
大 兴 区	23.2	17.4	18.8
平 谷 区	2.4	2.0	2.2
怀 柔 区	5.5	4.0	4.0
密 云 县	3.2	2.5	2.6
延 庆 县	2.6	1.9	1.8

资料来源：根据北京市外来人口动态监测调查资料推算。

2-8 城镇单位劳动就业及劳动工资情况

年份 地区	从业人员(人)		从业人员劳动报酬(万元)	
	绝对值	为上年的(%)	绝对值	为上年的(%)
1997	4775443	101.0	5331682	107.4
1998	4431547	92.8	5695014	106.8
1999	4323128	97.6	6246634	109.7
2000	4318343	99.9	7207130	115.4
2001	4393910	101.7	8526825	118.3
2002	4804801	109.4	10499904	123.1
东 城 区	403772	101.5	1022862	114.9
西 城 区	488478	95.0	1342263	119.0
崇 文 区	137035	104.4	246923	112.2
宣 武 区	258638	95.7	512253	112.4
朝 阳 区	835233	105.8	2150727	121.8
丰 台 区	521859	111.7	816665	117.1
石景山区	166778	97.3	339953	101.8
海 淀 区	951012	114.3	2427361	135.5
门头沟区	63512	107.2	107518	121.0
房 山 区	144190	113.0	249533	110.4
通 州 区	122288	155.6	167003	149.6
顺 义 区	157151	188.9	223179	165.3
昌 平 区	152777	129.1	235262	139.3
大 兴 区	163942	105.0	299260	120.7
平 谷 区	55913	142.1	74039	132.9
怀 柔 区	51870	145.3	94983	159.6
密 云 县	61220	125.7	92691	131.0
延 庆 县	40241	101.0	70546	116.4

2-8-1

年份 地区	在岗职工(人)		在岗职工工资总额(万元)		在岗职工平均工资(元)	
	绝对值	为上年的(%)	绝对值	为上年的(%)	绝对值	为上年的(%)
1997	4653489	101.0	5017353	113.4	10740	112.1
1998	4187600	90.0	5302905	105.7	12451	115.9
1999	4029540	96.2	5773301	108.9	14054	112.9
2000	3979251	98.8	6639343	115.0	16350	116.3
2001	4003165	100.6	7772635	117.1	19155	117.2
2002	4341771	108.5	9508796	122.3	21852	114.1
东城区	354973	100.1	936469	114.7	26545	115.1
西城区	426619	91.8	1239154	118.6	28943	130.1
崇文区	124465	102.2	230178	110.5	18403	112.1
宣武区	236200	100.0	482891	113.8	21362	120.5
朝阳区	736504	104.1	1865572	119.8	25363	116.1
丰台区	485176	112.7	761964	117.5	16203	105.5
石景山区	155275	95.4	324363	100.6	20061	107.2
海淀区	819793	111.8	2124071	135.5	25865	122.3
门头沟区	60425	105.2	103822	119.3	17088	114.8
房山区	138133	113.3	235449	111.7	15905	100.4
通州区	118858	155.1	161227	148.3	13418	97.2
顺义区	154018	188.8	207263	164.6	13356	87.5
昌平区	144243	128.2	220077	137.3	14857	107.7
大兴区	153039	104.1	271840	119.4	17784	111
平谷区	55404	141.8	73163	132.7	12787	95.6
怀柔区	51018	144.6	85665	146.7	15990	98.9
密云县	59227	123.6	89326	128.2	15010	105.7
延庆县	39560	101.2	69453	117.1	15334	110.4

2-9 固定资产投资额

单位：万元

年份 地区	全社会固定资产投资	# 区县属	基本建设投资	# 区县属
1997	961.2		374.3	
1998	1155.6		429.6	
1999	1170.6		432.7	
2000	1297.4		447.0	
2001	1530.5		387.3	
2002	1814.3		414.7	
东城区	1457000	782567	280993	119701
西城区	1605736	408530	454155	37390
崇文区	605273	360728	119082	19792
宣武区	938220	204496	161753	34132
朝阳区	3302274	1967751	487422	346873
丰台区	544382	375800	251704	108562
石景山区	298755	108174	69754	28883
海淀区	2689062	1528495	704337	191653
门头沟区	361289	83967	19931	17604
房山区	1052527	537306.5	176552	165921
通州区	534977	410320	53482	39292
顺义区	601738	601738	95443	95443
昌平区	587235	502003	478833	468543
大兴区	825272	796496	45325	26462
平谷区	335121	335121	47130	
怀柔区	378000	378000	25012	25012
密云县	636502	636502	109641	109641
延庆县	203810	203810	50099	50099

注：1.全市分年度投资数据以亿元为单位。

2.分区县全社会固定资产投资不包含城镇私营、个体投资、零星固定资产投资。

2-9-1

单位：万元

年份 地区	更新改造投资	# 区县属	国有其他
1997	191.2		16.6
1998	211.5		29.9
1999	175.2		30.5
2000	185.9		31.3
2001	186.5		52.7
2002	169.6		107.9
东 城 区	9760	3120	
西 城 区	40975		
崇 文 区	2622	1	
宣 武 区	78349	13845	
朝 阳 区	303668	263475	1153781
丰 台 区	29649	19608	
石景山区	95944		3059
海 淀 区	211029	78893	
门头沟区	12246	2707	806
房 山 区	33921	2480	
通 州 区	26886		
顺 义 区	51431	51431	
昌 平 区	50335	50335	64589
大 兴 区	1855	1749	
平 谷 区	10427	10427	
怀 柔 区	33492	33492	
密 云 县	5439	5439	
延 庆 县	7674	7674	

2-9-2

单位：万元

年份 地区	城镇集体	房地产开发投资	# 区县属
1997	1.9	330.3	
1998	12.0	377.4	
1999	13.0	421.5	
2000	6.3	522.1	
2001	6.8	783.8	
2002	6.6	989.4	
东 城 区	3081	1148166	658438
西 城 区		1110493	371109
崇 文 区	2000	483569	340935
宣 武 区		698118	156519
朝 阳 区	2627	1351507	1351507
丰 台 区	853	262176	247215
石景山区	5244	120326	69619
海 淀 区	15987	1757461	1241793
门头沟区	1258	300148	34898
房 山 区	163644	573873	567073
通 州 区		342434	342434
顺 义 区	16748	228989	228989
昌 平 区	186008	317950	317950
大 兴 区		638682	
平 谷 区	2650	216657	216657
怀 柔 区	33492	33492	
密 云 县	2322	480004	480004
延 庆 县	1044	106958	11897

2-10 房地产开发基本情况

年份 地区	房地产投资总额(万元)		商品房屋施工面积(万平方米)		# 本年新开工面积(万平方米)	
	绝对值	为上年的(%)	绝对值	为上年的(%)	绝对值	为上年的(%)
1997	330.3	100.6	2869.6	101.6	848.4	146.6
1998	377.4	114.3	3499.1	121.9	1193.4	140.7
1999	421.5	111.7	3784.0	108.1	1061.8	89.0
2000	522.1	123.9	4455.0	117.7	1676.9	157.9
2001	783.8	150.1	5966.7	133.9	2789.8	166.4
2002	989.4	126.2	7510.7	125.9	3206.0	114.9
东 城 区	1148166.0		861.8		397.1	
西 城 区	1110493.0	118.0	742.0	113.7	255.3	
崇 文 区	483569.0	102.4	339.6	124.3	144.0	103.1
宣 武 区	698118.0	132.5	405.2	132.2	37.0	28.7
朝 阳 区	1351507.0	123.4	1212.5	127.9	427.0	132.3
丰 台 区	262176.0	125.2	272.8	114.1	140.3	150.0
石景山区	120326.0	115.1	72.1	93.9	13.6	
海 淀 区	1757461.0	110.4	857.4	110.2	301.3	106.0
门头沟区	300148.0	180.3	170.0	155.0	91.0	455.0
房 山 区	573873.0	96.8	483.6	116.1	218.9	70.3
通 州 区	342434.0	103.1	299.3	112.6	154.9	237.9
顺 义 区	228989.0	103.4	172.7	144.6	67.8	109.0
昌 平 区	317950.0	168.6	236.9	109.4	122.4	
大 兴 区	638682.0	182.8	444.1	156.2	230.4	131.9
平 谷 区	216657.0	93.0	118.0	86.1		
怀 柔 区	70212.0	187.3	62.3	149.0	34.7	113.0
密 云 县	480004.0	110.6	444.1	119.6	214.6	129.1
延 庆 县	106958.0	115.3	102.7	106.7	32.5	51.7

注：分年度房地产投资总额以亿元为单位。

2-10-1

年份 地区	商品房竣工面积(万平方米)		商品房销售建筑面积(万平方米)	
	绝对值	为上年的(%)	绝对值	为上年的(%)
1997	682.3	102.8	290.9	135.1
1998	842.8	123.5	409.2	140.7
1999	1208.5	143.4	544.4	133.0
2000	1365.6	113.0	956.9	175.8
2001	1707.4	125.0	1205.0	125.9
2002	2384.4	139.7	1708.3	141.8
东城区	144.0		101.8	
西城区	235.1	98.0	165.0	124.1
崇文区	114.1	223.6	48.7	112.9
宣武区	117.9	189.2	100.9	215.1
朝阳区	263.2	119.4	163.5	102.9
丰台区	97.6	100.4	46.4	83.9
石景山区	55.0	317.2	42.5	614.0
海淀区	263.2	115.8	149.1	98.8
门头沟区	33.0	113.1	26.0	85.6
房山区	264.8	113.0	209.6	124.0
通州区	149.9	124.8	127.3	166.2
顺义区	83.4	138.3	85.7	217.5
昌平区	64.1	100.0	52.4	135.7
大兴区	175.2	244.7	129.5	198.3
平谷区	50.4	78.6	40.5	89.6
怀柔区	13.8	197.1	15.5	175.6
密云县	138.6	192.5	114.8	222.1
延庆县	29.1	206.9	52.6	194.0

2-11 经济适用房

年份 地区	完成投资(万元)		施工面积(万平方米)		竣工面积(万平方米)		竣工套数(套)	
	绝对值	为上年的(%)	绝对值	为上年的(%)	绝对值	为上年的(%)	绝对值	为上年的(%)
1999	370959.0		350.3		129.1		12901.0	
2000	479707.0	129.3	358.7	102.4	195.7	151.6	16575.0	128.5
2001	718025.0	149.7	633.0	176.5	258.2	131.9	21662.0	130.7
2002	898289.0	125.1	795.1	125.6	316.4	122.5	20593.0	95.1
东 城 区	181462.0		194.3		61.5		4494.0	
西 城 区	37847.0	213.5	56.9	110.0	17.6	166.8	1412.0	123.4
崇 文 区	26836.0	99.9	28.1	87.5				
宣 武 区	47994.0	266.3	27.8	147.9	11.9	195.1	1106.0	231.4
朝 阳 区	42162.0	160.5	69.5	215.4	9.5	46.5	1829.0	58.9
丰 台 区	30747.0		24.3	79.1				
石景山区								
海 淀 区	16836.0	17.6	10.4	19.0	10.4	26.0	997.0	25.0
门头沟区								
房 山 区	432283.0	107.2	337.6	115.7	185.0	151.1	10452.0	113.2
通 州 区								
顺 义 区								
昌 平 区	12916.0		12.3		7.1		409.0	
大 兴 区								
平 谷 区								
怀 柔 区								
密 云 县	9622.0	1180.6	7.7	179.1				
延 庆 县								

2-11-1

年份 地区	销售面积(万平方米)		销售套数(套)		预售面积(万平方米)		预售套数(套)	
	绝对值	为上年的(%)	绝对值	为上年的(%)	绝对值	为上年的(%)	绝对值	为上年的(%)
1999	45.8		4995.0		53.8		5101.0	
2000	168.2	367.2	14924.0	298.8	108.2	201.1	10964.0	214.9
2001	185.2	110.1	16630.0	111.4	48.3	44.6	4134.0	37.7
2002	220.7	119.2	19810.0	119.1	114.2	236.4	10349.0	250.3
东城区	35.8				60.3			
西城区	16.0				15.8			
崇文区								
宣武区	14.9	232.8	1426.0	245.9	13.8	153.3	1290.0	157.1
朝阳区	11.0	70.3			11.9	761.2		
丰台区					16.8			
石景山区								
海淀区	12.0	64.0						
门头沟区								
房山区	115.5	104.8			5.9	107.3		
通州区								
顺义区								
昌平区	6.1							
大兴区								
平谷区								
怀柔区								
密云县								
延庆县								

2-12 城镇居民家庭基本情况

年份 地区	平均每一就业者负担人数(人)		平均每人年可支配收入(元)	
	绝对值	为上年的(%)	绝对值	为上年的(%)
1997	1.4	101.4	7813.1	113.5
1998	1.4	97.9	8472.0	108.4
1999	1.4	100.7	9182.8	108.4
2000	1.4	100.0	10349.7	112.7
2001	1.4	98.6	11577.8	111.9
2002	1.4	101.4	12463.9	113.5
东 城 区	1.8	102.8	13117.2	117.1
西 城 区	1.4	100.1	12916.0	104.9
崇 文 区	1.4	97.2	11744.7	118.1
宣 武 区	1.4	107.6	11092.5	112.7
朝 阳 区	1.4		12626.0	114.4
丰 台 区	1.5	104.3	10861.8	111.9
石景山区	1.7	127.1	11018.1	138.3
海 淀 区	1.4	102.9	13778.7	107.8
门头沟区	2.5	109.0	10209.7	114.0
房 山 区	2.7	101.1	9791.6	112.5
通 州 区	1.9	104.7	10081.0	118.5
顺 义 区	1.7	113.5	11735.9	117.3
昌 平 区	2.0	133.0	9424.9	112.2
大 兴 区	1.9	119.0	9684.8	109.4
平 谷 区	1.9	114.2	10972.8	113.8
怀 柔 区	2.1	110.5	11509.5	108.8
密 云 县	2.2	104.8	10551.2	115.1
延 庆 县	1.8	105.8	11368.6	113.4

2-12-1

年份 地区	平均每人年消费性支出(元)		城镇居民家庭恩格尔系数(%)	城镇居民平均每人住宅使用面积(平方米)	
	绝对值	为上年的(%)		绝对值	为上年的(%)
1997	6531.8	114.0	43.7	14.0	101.5
1998	6970.8	106.7	41.1	14.9	106.1
1999	7498.5	107.6	39.5	15.4	103.9
2000	8493.5	113.3	36.3	16.2	104.9
2001	8922.7	105.1	36.2	17.6	108.8
2002	10285.8	115.3	33.8	18.2	103.3
东 城 区	10363.4	108.4	34.2	11.5	88.7
西 城 区	10955.0	113.6	32.5	16.0	111.8
崇 文 区	9819.3	111.0	36.8	15.5	140.0
宣 武 区	9393.6	112.9	36.4	11.0	95.6
朝 阳 区	11036.0	117.0	35.1	15.5	107.6
丰 台 区	9574.7	117.3	32.2	15.8	94.0
石景山区	9123.7	135.6	35.4	13.8	86.6
海 淀 区	10434.6	116.0	31.7	15.4	86.2
门头沟区	8075.3	106.0	37.0	16.9	142.0
房 山 区	7300.1	105.6	33.3	18.3	95.7
通 州 区	7691.0	121.6	42.5	16.3	114.0
顺 义 区	7748.6	117.5	37.0	15.7	102.6
昌 平 区	7613.8	116.0	35.1	16.9	95.5
大 兴 区	8864.2	123.2	30.0	16.0	145.5
平 谷 区	8068.1	112.2	32.6	19.9	115.7
怀 柔 区	8403.1	109.3	26.7	18.4	129.6
密 云 县	7006.0	115.1	34.8	21.3	107.0
延 庆 县	8262.6	109.3	26.7	20.1	116.2

2-13 城镇居民家庭每人每年现金收入与支出

单位：元

地 区	人均家庭现金收入			人均家庭现金支出		
	2002	2001	2002年为2001年%	2002	2001	2002年为2001年%
东城区	13915.5	11831.9	117.6	12363.2	12277.6	100.7
西城区	13917.0	12416.3	112.1	14194.0	11572.3	122.7
崇文区	12528.9	10576.8	118.5	12127.5	10660.1	113.8
宣武区	13576.6	11984.2	113.3	12091.5	11260.7	107.4
朝阳区	13473.0	11749.0	114.7	12916.0	10793.0	119.7
丰台区	11588.6	10339.4	112.1	11438.4	11379.7	100.5
石景山区	12294.8	9706.7	126.7	11179.7	9551.6	117.0
海淀区	14353.0	13301.0	107.9	12182.0	10637.4	114.5
门头沟区	10972.3	9514.2	115.0	9851.8	9395.2	104.0
房山区	10065.3	8764.9	114.8	8885.4	8114.5	109.5
通州区	10376.3	8812.0	117.8	8472.8	8473.8	100.0
顺义区	12002.8	10199.1	117.7	11739.5	7306.4	160.7
昌平区	9832.5	8767.3	112.1	9089.4	7775.0	116.9
大兴区	9881.4	9057.4	109.1	10374.7	7746.3	133.9
平谷区	11114.5	9722.7	114.3	9166.2	8073.6	113.5
怀柔区	11219.0	10298.0	108.9	12131.0	11528.0	105.2
密云县	10794.4	9373.1	115.2	7987.7	6992.8	114.2
延庆县	11548.2	10107.4	114.3	12754.5	18508.5	168.9

2-14 城镇居民家庭平均每百户耐用消费品年拥有量

地 区	组合音响(套)	影碟机(台)	摄像机(台)	彩色电视机(台)	钢 琴(台)	其他中高档乐器(件)	照相机(架)	家用空调(台)	淋浴热水器(台)
东城区	36.2	64.6	7.7	156.9	1.5	13.9	105.4	106.2	70.0
西城区	38.0	61.0	9.0	161.0	4.0	12.0	116.0	122.0	86.0
崇文区	18.2	43.3	6.3	150.1	1.9	9.3	89.2	103.2	72.0
宣武区	34.0	62.0	9.0	136.0		13.0	94.0	92.0	63.0
朝阳区	45.0	47.0	13.0	146.0	6.0	14.0	108.0	124.0	87.0
丰台区	25.9	38.0	7.7	136.7	0.7	7.2	72.7	87.4	80.3
石景山区	33.0	45.0	4.0	141.0	4.0	7.0	90.0	106.0	91.0
海淀区	34.7	59.4	11.1	156.8	4.7	18.5	107.5	104.8	91.2
门头沟区	22.0	46.0		138.0		2.0	54.0	84.0	90.0
房山区	28.3	33.3	1.7	120.0			55.0	80.0	91.7
通州区	25.3	44.2	4.0	124.0	2.7	2.7	78.2	93.9	86.4
顺义区	16.0	36.0		134.0		6.0	58.0	78.0	94.0
昌平区	23.0	47.0		115.0		5.0	59.0	64.0	75.0
大兴区	16.0	42.0		114.0			76.0	70.0	93.0
平谷区	25.0	60.0	5.0	118.0		1.0	48.0	86.0	61.0
怀柔区	15.0	29.0	2.0	109.0	2.0	5.0	51.0	67.0	94.0
密云县	25.0	32.5	2.5	130.0			42.5	70.0	45.0
延庆县	19.8	49.2	2.5	124.4	2.5	15.0	55.6	22.5	91.7

2-14-1

地　区	健身器材 (件)	家用电脑 (台)	移动电话 (台)	电冰箱 (台)	洗衣机 (台)	脱排油烟机 (台)
东 城 区	6.9	53.9	99.2	98.5	98.5	65.4
西 城 区	11.0	66.0	114.0	107.0	101.0	73.0
崇 文 区	11.9	61.1	94.6	103.5	105.1	70.2
宣 武 区	11.0	48.0	105.0	103.0	100.0	55.0
朝 阳 区	11.0	58.0	91.0	104.0	104.0	80.0
丰 台 区	5.0	43.7	78.9	92.9	88.1	81.9
石景山区	12.0	33.0	124.0	98.0	94.0	92.0
海 淀 区	10.0	66.3	100.9	103.4	98.9	86.1
门头沟区	6.0	38.0	74.0	102.0	102.0	82.0
房 山 区	15.0	20.0	78.3	103.3		91.7
通 州 区	5.0	39.2	74.2	104.9	98.7	84.0
顺 义 区	4.0	38.0	78.0	104.0	92.0	92.0
昌 平 区		35.0	67.0	99.0	85.0	73.0
大 兴 区	8.0	33.0	67.0	98.0	98.0	92.0
平 谷 区	10.0	37.0	67.0	95.0	100.0	93.0
怀 柔 区	7.0	28.0	63.0	94.0	85.0	90.0
密 云 县	2.5	10.0	67.5	97.5	90.0	77.5
延 庆 县	2.5	11.9	71.0	102.5	99.2	99.8

2-15 农民家庭基本情况

年份 地区	平均每一劳动力负担人数(人)		人均纯收入(元)		人均生活消费支出(元)	
	绝对值	为上年的(%)	绝对值	为上年的(%)	绝对值	为上年的(%)
1997	1.5	102.1	3762.4	105.6	2795.4	105.3
1998	1.4	97.3	4028.9	107.1	2945.5	105.4
1999	1.4	99.3	4316.4	107.1	3132.5	106.3
2000	1.5	105.6	4687.0	108.6	3441.4	109.9
2001	1.5	100.7	5274.3	112.5	3871.5	112.5
2002	1.5	97.4	5880.1	111.5	4206.0	108.6
朝 阳 区	1.5	97.3	8259.0	112.5	6326.0	107.4
丰 台 区	1.4	94.6	6954.0	109.2	5872.0	114.5
石景山区			6574.5	110.8	5929.3	121.9
海 淀 区	1.5		7945.4	109.1	6670.5	112.3
门头沟区	1.4	99.4	5095.4	113.1	4461.0	109.3
房 山 区	1.6		5492.0	108.8	3627.2	110.0
通 州 区	2.1	100.9	5835.0	108.5	3592.6	106.6
顺 义 区	1.6	92.0	5850.0	108.0	4420.0	112.5
昌 平 区	1.5	100.0	5751.3	111.6	5306.0	112.0
大 兴 区	1.4	70.0	5538.3	110.6	3668.5	96.0
平 谷 区	1.5	93.7	5102.3	115.0	3026.1	112.7
怀 柔 区	1.5	100.0	5302.8	115.7	3172.0	109.2
密 云 县	1.4	100.0	5171.2	113.6	3264.0	104.5
延 庆 县	1.5	94.0	5042.7	115.1	3158.1	105.3

2-15-1

年份 地区	人均住房使用面积(平方米)		恩格尔系数 (%)
	绝对值	为上年的(%)	
1997	27.4	106.4	44.7
1998	27.6	100.9	42.2
1999	28.7	103.7	40.0
2000	28.9	100.9	36.7
2001	31.0	107.3	35.0
2002	32.6	105.1	33.0
朝 阳 区	45.8	106.0	32.7
丰 台 区	32.0	110.3	32.7
石景山区	31.5	113.0	27.0
海 淀 区	40.4	110.0	34.6
门头沟区	21.7	103.9	34.8
房 山 区	28.6	100.1	31.2
通 州 区	29.9	97.1	34.3
顺 义 区	32.6	107.6	33.2
昌 平 区	40.0	109.9	32.5
大 兴 区	36.9	106.6	33.1
平 谷 区	28.3	108.8	30.5
怀 柔 区	21.7	107.0	33.7
密 云 县	24.6	100.0	38.7
延 庆 县	31.3	99.1	34.3

2-16 农民家庭平均每人年纯收入

单位：元

地区	合计	生产性收入	工资性收入	家庭经营纯收入	非生产性收入	# 转移性净收入	财产性净收入
朝阳区	8259.0	6156.0	5681.0	475.0	2103.0	579.0	1524.0
丰台区	6954.0	5860.1	5445.5	414.6	1093.9	569.0	524.9
石景山区	6574.5	6103.3	6103.3		471.2	263.4	207.8
海淀区	7945.4	6857.9	6797.5	60.4	1087.5	447.1	640.4
门头沟区	5807.9	4838.8	3257.9	1581.0	969.1	374.5	594.6
房山区	5492.0	4998.7	3617.6	1381.1	493.4	275.0	218.4
通州区	6694.3	6152.3	3478.3	2674.0	514.9	371.0	171.0
顺义区	5850.0	5494.0	3442.0	2052.0	356.0	284.0	72.0
昌平区	7436.3	6398.8	3929.3	2469.5	1037.5	565.7	471.8
大兴区	5538.3	4634.5	2830.2	1804.3	903.8	107.0	796.8
平谷区	5102.3	4581.9	2167.6	2414.3	520.4	159.0	361.4
怀柔区	5302.8	5008.6	3087.2	1921.4	294.1	110.3	183.8
密云县	5171.0	4516.0	2453.0	2063.0	655.0	271.0	384.0
延庆县	5042.7	4550.9	2736.0	1814.9	491.8	410.4	177.0

2-17 农民家庭平均每百户耐用消费品拥有量

地 区	空调(台)	电风扇(台)	洗衣机(台)	电冰箱(台)	摩托车(辆)	彩色电视机(台)	收录机(台)	照相机(架)	录相机(台)	抽油烟机(台)	淋浴热水器(台)	移动电话(部)
朝阳区	81.0	187.0	102.0	115.0	45.0	141.0	50.0	63.0	35.0	73.0	56.0	84.0
丰台区	68.0	140.0	94.0	105.0	54.0	126.0	29.0	56.0	31.0	54.0	58.0	88.0
石景山区	95.0	137.5	102.5	105.0	15.0	140.0	37.5	70.0	37.5	77.5	75.0	102.5
海淀区	77.0	167.4	95.6	101.5	45.2	139.3	29.6	69.6	35.6	70.4	39.3	105.2
门头沟区	12.8	102.4	91.2	97.6	12.8	116.0	24.0	25.6	16.8	12.0	19.2	41.6
房山区	26.0	147.0	93.0	92.0	35.0	105.0	33.0	30.0	16.0	28.0	24.0	49.0
通州区	40.0	180.0	100.0	105.0	45.0	114.0	34.0	24.0	16.0	24.0	19.0	47.0
顺义区	33.5	184.0	108.5	97.0	58.0	125.5	24.5	30.0	9.5	25.0	25.5	53.0
昌平区	38.0	138.0	84.0	96.0	35.0	114.0	25.0	32.0		29.0		57.0
大兴区	32.0	178.0	103.0	82.0	45.0	113.0	35.0	37.0	11.0	26.0		47.0
平谷区	16.0	194.0	89.0	81.0	46.0	117.0		17.0	4.0	12.0	40.0	31.0
怀柔区	21.0	113.0	86.0	80.0	38.0	98.0	25.0	18.0	12.0	28.0	28.0	31.0
密云县	16.0	149.0	84.0	77.0	34.0	99.0	22.0	14.0	8.0	17.0	20.0	33.0
延庆县	4.0	84.4	81.2	66.4	10.8	107.2	22.0	21.6	10.0	32.0	14.0	40.0

2-18 乡 村 从 业 人 员

单位：人

地 区	乡 村 从业人员	# 农 业	林 业	牧 业	渔 业
朝 阳 区	107178	12770	6599	1386	1103
丰 台 区	72593	16086	2753	951	181
石景山区	6623	807	93	137	
海 淀 区	49726	6201	5401	820	205
门头沟区	39920	6861	1781	2225	54
房 山 区	220801	49714	7347	13712	640
通 州 区	189200	61545	4968	8839	2195
顺 义 区	184434	36386	3930	13519	1730
昌 平 区	121301	29071	7306	5479	669
大 兴 区	193677	73614	6654	13670	418
平 谷 区	145296	55756	3054	7979	2200
怀 柔 区	80117	20575	10256	3568	394
密 云 县	149769	46534	13901	14499	1105
延 庆 县	95390	42926	4277	5755	481

2-18-1

单位：人

地 区	乡 村 从业人员	农村工业	乡镇工业	村及村以下工业	农 村 建筑业	农 村 运输业	农村商业、饮 食 业
朝 阳 区	107178	26563	8848	17715	6507	11936	15873
丰 台 区	72593	22325	5342	16983	2970	4150	6270
石景山区	6623	2246	619	1627	116	348	931
海 淀 区	49726	14824	6948	7876	3025	4065	5788
门头沟区	39920	6338	1648	4690	2495	7913	5176
房 山 区	220801	46917	7231	39686	31802	32489	24424
通 州 区	189200	43127	12941	30186	18693	14625	13313
顺 义 区	184434	51926	24907	27019	15836	15372	15630
昌 平 区	121301	19384	5693	13691	10418	14834	10777
大 兴 区	193677	27494	10734	16760	10472	13814	17037
平 谷 区	145296	34765	13415	21350	15734	7376	7091
怀 柔 区	80117	9699	3057	6642	6666	7516	7011
密 云 县	149769	19319	6918	12401	18776	11543	10643
延 庆 县	95390	4720	2182	2536	13990	6980	5326

2-19 农业总产值(现价)

单位：万元

年份 地区	农业总产值		# 种植业		# 林业		# 牧业		# 渔业	
	绝对值	为上年的(%)	绝对值	为上年的(%)	绝对值	为上年的(%)	绝对值	为上年的(%)	绝对值	为上年的(%)
1997	170.9	101.2	87.0	97.5	2.9	103.6	74.8	105.2	6.2	106.9
1998	176.6	103.3	89.2	102.5	3.2	110.3	76.6	102.4	7.6	122.6
1999	184.3	104.4	91.2	102.2	4.2	131.3	81.1	105.9	7.8	102.6
2000	195.2	105.9	91.1	99.9	5.4	128.6	90.6	111.7	8.1	103.8
2001	214.1	109.7	89.7	98.5	9.5	175.9	105.2	116.1	9.6	118.4
2002	230.4	107.6	90.1	100.4	12.8	134.7	117.2	111.4	10.3	107.1
朝阳区	58166.2	90.7	27333.2	100.5	6748.3	66.5	14824.0	80.3	9260.7	111.0
丰台区	34599.4	97.8	21922.6	89.5	6020.0	238.5	5162.8	75.9	1493.9	97.0
石景山区	1800.7	73.3	656.4	124.6			1120.3	58.8	24.0	
海淀区	39468.8	104.8	18345.9	85.4	8305.1	154.0	8480.1	114.4	4337.7	129.0
门头沟区	18453.0	131.1	6249.5	134.3	2515.3	184.8	9076.2	125.5	612.0	73.4
房山区	267111.0	110.4	77333.3	111.7	21371.1	144.6	162996.1	108.8	5410.5	67.5
通州区	290582.0	118.8	142409.1	113.2	11663.2	228.6	116109.5	119.9	20400.2	120.1
顺义区	568736.2	110.2	208802.5	103.7	19725.2	142.4	322716.2	113.6	17492.3	102.1
昌平区	127861.8	104.1	48712.5	93.3	14798.9	225.4	57750.0	100.7	6600.3	98.9
大兴区	323684.5	116.9	162400.6	100.3	4778.6	115.2	152983.6	143.0	3521.7	92.3
平谷区	160032.4	105.2	69044.0	99.2	6498.2	140.1	72924.6	109.5	11263.3	102.7
怀柔区	96023.9	108.3	24856.8	89.3	12466.6	112.5	51049.0	118.8	7651.5	112.7
密云县	189848.2	117.8	55562.2	137.7	11441.2	119.9	107806.4	106.8	12038.4	130.9
延庆县	136072.1	108.5	56580.4	100.1	9682.9	156.6	58362.6	117.5	2530.4	115.1

注：分年度农业总产值及各业产值的单位为亿元。

2-20 耕 地 面 积

单位: 公顷

地 区	耕地面积			# 粮食作物			# 经济作物		
	2002	2001	2002年为2001年%	2002	2001	2002年为2001年%	2002	2001	2002年为2001年%
朝 阳 区	4266.1	5558.1	76.8	1221.5	2434.3	50.2	21.6	45.1	47.9
丰 台 区	4664.7	5322.1	87.6	1349.4	1709.7	78.9			
石景山区	334.4	350.9	76.7						
海 淀 区	4412.3	5823.5	75.8	1644.0	2151.2	76.4			
门头沟区	2604.3	3036.0	85.8	1715.9	2047.4	83.8	20.9	2.5	848.6
房 山 区	32446.7	39776.3	81.6	15112.4	17106.2	88.3	1477.1	2278.4	64.8
通 州 区	38596.5	42612.1	90.6	16387.2	18353.5	89.3	3393.2	3250.6	104.4
顺 义 区	35984.9	37733.5	95.4	16206.0	18481.8	87.7	923.1	1710.1	54.0
昌 平 区	18024.0	22323.0	80.7	8443.6	11493.7	73.5	64.7	84.3	76.7
大 兴 区	42189.9	46010.0	91.7	15753.5	19207.0	82.0	5071.0	4658.0	108.9
平 谷 区	12721.0	14571.0	87.3	6520.0	7672.0	85.0	839.0	955.0	87.9
怀 柔 区	11994.1	14937.2	80.3	5567.5	6896.6	80.7	1589.7	1662.6	95.6
密 云 县	20724.3	18804.2	110.2	5183.3	9101.5	57.0	3500.1	3741.7	93.5
延 庆 县	31773.7	32076.4	99.1	19286.9	20645.0	93.4	170.4	131.1	130.0

2-21 主要农作物产量

单位: 吨

地　区	粮　食			棉　花	油　料	药　材	蔬　菜	瓜　类	
		夏　粮	秋　粮						# 西　瓜
朝阳区	6931	2290	4641		9	65	139973		
丰台区	5439	1342	4097				89978		
石景山区							6785		
海淀区	8239	34	8205				58005		
门头沟区	2717	250	2467		11	9	22881		
房山区	109395	47570	68825	47	3387	1482	247131	19432	18869
通州区	135430	54026	81404	2492	3407		991119		46780
顺义区	125610	43132	82478	191	1928	254	1185677	95685	92902
昌平区	48889	11883	37006	40	141	83	130447	1025	978
大兴区	138333	52761	85572		15825	465	1263579	254750	234941
平谷区	49950	19535	30415	355	159	12	419821	6683	6593
怀柔区	51434	11662	39772		4470	1029	43141	226	180
密云县	34991	4689	30302		16391	96	339819	500	500
延庆县	110761	914	109847		140	138	517745	542	542

2-21-1

单位：吨

地 区	干鲜果品	肉类	牛奶	鲜蛋	淡水鱼
朝阳区	668	10877	21362	381	3676
丰台区	3720	3547	4596	2791	486
石景山区	474	431	1550	1166	
海淀区	8207	5822	2771	1287	1799
门头沟区	6074		7250	1000	334
房山区	78990	59937	23731	11333	2200
通州区	48722	62833	32145	13069	11610
顺义区	57204	242538	68621	21095	16362
昌平区	57173	37594	20740	4404	7066
大兴区	104664	114050	99726	34345	3729
平谷区	191042	45728	3297	24950	14949
怀柔区	43486	32048	31813	3523	2460
密云县	56216	75092	51238	20000	5500
延庆县	42376	28546	41953	12540	2954

2-22 工业企业产值情况

单位：万元

年份 地区	工业总产值 (当年价格)	# 新产品 产　值	工业总产值 (1990年 不变价格)	工业增加值 (生产法)	工业中间 投入合计	本年应交 增 值 税	全部从业人员 年平均人数 (人)
1997	17161951		14540316	5257549	12661171	756769	1575228
1998	19886587	3733090	19234923	6052363	14740297	906073	1671140
1999	21446119	3538698	20810067	6352167	16002568	908616	1610811
2000	27074083	5892487	27227811	7452255	20647252	1025424	1456026
2001	29088152	7944233	29186596	7691583	22560735	1164166	1080216
2002	31734762	8373018	32002701	8404344	24605282	1211949	1075640
东 城 区	616646	23954	557154	221008	428342	32705	21090
西 城 区	626920	14963	423517	200011	460134	33224	36522
崇 文 区	208532	1915	194508	110975	118193	20637	18302
宣 武 区	1155999	21297	708516	597934	642460	84394	37564
朝 阳 区	4588891	1136485	5452587	1368531	3430618	210258	190940
丰 台 区	1461430	227300	1435137	488316	1039841	66726	82873
石景山区	3329332	497257	2350857	764841	2709210	144720	102148
海 淀 区	4975958	3602811	5812423	1283588	3870799	178429	105918
门头沟区	281546	600	178202	120825	175096	14376	34307
房 山 区	2921999	133738	1662901	576245	2450546	104792	63674
通 州 区	800688	29986	823054	267498	563340	30150	62352
顺 义 区	1947958	4048	1904159	394542	1622610	69194	80215
昌 平 区	1975152	793018	1672570	442536	1594742	62125	66205
大 兴 区	938372	15675	955029	270765	700473	32866	50326
平 谷 区	418486	9079	486675	114782	315193	11489	31507
怀 柔 区	1007294		1077824	251644	793033	37382	26602
密 云 县	590183		590369	166468	443104	19388	33611
延 庆 县	78104	2005	86611	27389	56505	5790	7364

注：工业企业的统计范围均为全部国有及年销售收入在500万元及以上非国有工业企业。

2-23 工业企业主要财务指标

单位：万元

地区	企业单位个数(个)	# 亏损企业	资产总计	负债合计	所有者权益	产品销售收入	利润总额	利税总额
东城区	106	45	1379329	455237	924092	821275	32389	67224
西城区	152	63	2237216	1029509	1207707	655086	25923	61348
崇文区	84	32	735538	350997	384542	270139	50481	72836
宣武区	110	50	4338322	3991334	346988	1211664	62498	156303
朝阳区	889	314	10101406	4977545	5123861	4685252	335991	620930
丰台区	405	165	2128828	1230588	898241	1434319	91741	162382
石景山区	135	52	4946439	2121224	2825215	2641716	42969	203057
海淀区	499	173	6744685	3503199	3241486	5127069	366235	554409
门头沟区	78	27	630032	255975	374057	277319	8788	25096
房山区	211	68	2920541	1562526	1358015	3276794	64841	251823
通州区	289	68	1263738	685484	578255	766993	37758	69100
顺义区	289	95	2622885	1264247	1358638	2047881	88961	186148
昌平区	265	85	1827033	1025125	801908	1948999	72494	141419
大兴区	402	108	1242600	672017	570584	882738	30925	65805
平谷区	158	24	384890	230378	154512	369046	24004	37539
怀柔区	212	31	1000796	584402	416394	999976	42850	82007
密云县	124	41	545838	323986	221852	579186	39936	64486
延庆县	54	24	111262	74163	37099	73990	753	6866

2-24 工业企业主要经济分析指标

单位：%

年份 地区	工业经济效益综合指数	总资产贡献率	资产保值增值率	资产负债率	流动资产周转率(次)	成本费用利润率	全员劳动生产率	产品销售率	增加值率	人均销售收入
1997		6.19	117.80	60.14	1.21	2.37	28220	97.96	26.55	108371
1998		6.21	123.63	61.90	1.12	2.37	35033	97.55	26.28	121746
1999		5.91	109.08	60.80	1.23	3.17	36347	97.05	25.26	137734
2000		6.82	116.10	58.02	1.38	4.65	51469	96.01	24.91	193771
2001		7.38	108.57	55.29	1.48	4.63	71204	98.17	22.70	278361
2002	136.13	7.84	111.39	53.30	1.51	5.37	78133	99.27	22.79	295896
东 城 区	137.05	5.44	110.92	33.00	1.34	4.00	104792	100.93	31.89	389414
西 城 区	96.43	3.23	91.36	46.02	0.86	3.62	54765	100.92	27.67	179368
崇 文 区	172.81	11.08	113.53	47.72	0.75	18.65	60636	95.16	44.49	147601
宣 武 区	169.87	4.17	77.69	92.00	1.81	5.65	159177	100.91	45.37	322560
朝 阳 区	131.47	7.12	102.69	49.28	1.05	7.22	71673	100.18	25.71	245378
丰 台 区	127.53	8.48	112.47	57.81	1.12	6.66	58923	97.70	29.29	173074
石景山区	114.59	5.51	105.68	42.88	1.67	1.65	74876	99.95	18.40	258616
海 淀 区	170.17	9.11	116.63	51.94	1.25	7.40	121187	99.70	21.78	484060
门头沟区	97.69	5.05	163.39	40.63	1.14	3.16	35219	102.06	38.23	80835
房 山 区	149.92	10.00	110.04	53.50	3.01	2.07	90499	99.64	16.85	514620
通 州 区	113.19	6.77	131.71	54.24	1.42	5.06	42901	96.14	29.41	123010
顺 义 区	116.91	8.52	124.02	48.20	1.49	4.54	49186	97.18	18.28	255299
昌 平 区	132.86	9.10	117.42	56.11	2.10	3.81	66843	98.64	18.65	294388
大 兴 区	112.65	6.60	120.04	54.08	1.47	3.57	53802	95.28	25.15	175404
平 谷 区	122.63	9.08	119.90	59.86	1.70	6.95	36431	93.21	24.58	117132
怀 柔 区	157.20	9.80	136.49	58.39	2.12	4.47	94596	102.52	21.84	375903
密 云 县	145.40	14.58	131.63	59.36	1.77	7.34	49528	100.02	24.67	172320
延 庆 县	100.92	8.18	171.32	66.66	1.20	1.02	37194	107.48	30.73	100476

2-25 建筑业分区县完成情况

年份 地区	企业个数(个)		总产值(亿元)		从业人员(人)	
	绝对值	为上年的(%)	绝对值	为上年的(%)	绝对值	为上年的(%)
1997	1297	100.4	519.2	110.9	803362.0	97.4
1998	1482	114.3	624.7	120.3	755591.0	94.1
1999	1588	107.2	681.4	109.1	619574.0	82.0
2000	1697	106.9	727.5	106.8	566023.0	91.4
2001	1811	106.7	887.9	122.1	577853.0	102.1
2002	2122	117.2	1055.1	118.8	570401.0	98.7
东城区	154		51.6		33204.0	
西城区	159		90.0		49895.0	
崇文区	66		35.6		15564.0	
宣武区	109		41.0		15270.0	
朝阳区	359		189.5		84602.0	
丰台区	143		91.2		48132.0	
石景山区	62		22.8		22033.0	
海淀区	271		178.0		86224.0	
门头沟区	76		13.0		8350.0	
房山区	54		54.8		39542.0	
通州区	140		42.3		37043.0	
顺义区	97		27.9		22042.0	
昌平区	80		61.4		15509.0	
大兴区	141		55.2		27373.0	
平谷区	36		15.1		12706.0	
怀柔区	50		25.4		17174.0	
密云县	70		30.3		14543.0	
延庆县	45		25.4		18565.0	

注：1997－2001年统计范围为具有资质等级四级及四级以上的建筑业企业；2002年统计范围为具有新资质等级的建筑业企业及未有新资质、原资质等级为四级及四级以上的建筑企业。故分区县的两年资料不可比。

2-26 社会消费品零售额

单位：亿元

年份 地区	社会消费品零售额		# 吃的商品		# 穿的商品		# 用的商品	
	绝对值	为上年的(%)	绝对值	为上年的(%)	绝对值	为上年的(%)	绝对值	为上年的(%)
1997	1051.5	113.8	389.7	104.8	140.6	106.0	492.2	122.5
1998	1195.2	113.7	347.9	89.3	145.5	103.5	664.9	135.1
1999	1313.3	109.9	374.5	107.6	155.6	106.9	742.1	111.6
2000	1443.3	109.9	410.2	109.5	173.0	111.2	810.9	109.3
2001	1593.5	110.4	460.0	112.1	193.1	111.6	884.8	109.1
2002	1744.8	109.5	470.0	102.2	191.3	99.1	1015.9	114.8
东 城 区	144.8	106.8	41.8	99.3	28.8	95.3	73.0	117.1
西 城 区	154.1	104.5	31.6	106.7	38.8	99.5	83.7	106.3
崇 文 区	58.8	108.9	20.0	102.4	8.1	104.3	30.6	115.1
宣 武 区	70.1	106.6	16.4	104.9	10.4	101.9	41.8	108.2
朝 阳 区	269.0	110.5	91.4	109.8	45.9	110.2	117.4	110.6
丰 台 区	145.2	136.6	43.7	104.2	11.4	126.9	80.9	264.1
石景山区	66.6	126.6	20.0	94.9	2.1	117.0	43.8	150.0
海 淀 区	343.6	106.7	46.6	121.7	25.6	103.9	265.4	103.6
门头沟区	22.1	109.6	10.6	113.0	1.8	105.8	7.7	105.1
房 山 区	53.5	108.4	14.8	104.5	8.4	103.2	20.9	106.9
通 州 区	40.7	114.2	17.8	99.2	5.5	103.2	14.1	133.2
顺 义 区	45.4	114.1	11.1	92.6	6.7	99.2	23.1	145.3
昌 平 区	31.2	108.2	10.6	94.8	2.8	144.4	13.5	116.3
大 兴 区	35.8	109.3	17.1	108.4	4.0	117.3	10.5	106.1
平 谷 区	16.5	111.5	5.3	102.3	3.5	118.2	5.3	116.3
怀 柔 区	17.5	113.7	5.4	117.3	3.7	115.5	6.9	108.8
密 云 县	22.2	112.0	9.3	103.3	4.5	128.6	6.7	109.8
延 庆 县	28.5	111.3	12.1	114.0	5.1	93.4	10.0	120.0

2-27 大中型批发零售贸易业商品购、销、存总值

单位：万元

地区	东 城	西 城	崇 文	宣 武	朝 阳	丰 台	石景山	海 淀	门头沟
商品购进总额	**5080209.0**	**8625945.0**	**977550.0**	**2674977.0**	**5248514.2**	**2345679.0**	**919718.0**	**4168121.0**	**391240.0**
从生产者购进	2988646.0	2325900.0	557098.0	1701565.0	2909532.4	1440622.0	419129.0	2272373.2	132785.0
# 农副产品	123853.0	6504.0	2520.0	15200.0	9649.8	5736.0		25544.3	207.3
市外购进	1888071.0	1181698.0	172729.0	1122082.0	1170876.3	563418.0	215355.0	1348821.8	82679.0
从批发零售贸易业购进	1074026.0	3026124.0	344565.0	493151.0	1786061.2	871436.0	321835.0	1272800.9	253724.9
# 市外购进	568306.0	2126438.0	80878.8	160415.0	383682.1	60225.0	6633.0	207180.4	14796.1
进口额	1008038.0	3270851.0	74756.0	478842.0	544063.3	32609.0	175531.0	607694.2	4518.3
其 他	9499.0	3070.0	1130.7	1419.0	8857.3	1012.0	3227.0	15252.9	211.8
商品销售总额	**5992610.0**	**8228838.0**	**1186972.0**	**3010299.0**	**5375327.0**	**2499182.0**	**978348.0**	**4672227.4**	388037.0
对生产经营单位销售额	1579600.0	1815441.0	80908.6	1289308.0	1324485.0	731929.0	192965.0	1350631.4	**167038.3**
# 生产资料销售	709.0	22.0	0.0	3121.0	4626.5	63.0		6917.0	106316.3
市外销售	1204761.0	541946.0	13491.8	1029239.0	420956.9	37536.0	2178.0	961951.0	1038.8
对批发零售贸易业批发	1988876.0	4415948.0	634341.1	696104.0	1460408.7	572311.0	158372.0	1652812.5	74496.3
# 市外批发	1216715.0	3049433.0	89097.6	242071.0	95883.9	44252.0	32760.0	492367.5	60722.0
出口额	1546880.0	982739.0	59225.0	462821.0	915857.7	43926.0	44538.0	414693.2	8156.3
对居民的商品零售额	550161.0	840312.0	261466.3	454236.0	1363680.5	780298.0	487098.0	934157.4	191085.0
对集团的商品零售额	327093.0	174398.0	151031.0	107830.0	310895.1	370717.0	95380.0	319932.9	29913.7
年末库存	**6396305.0**	**1339548.0**	**174616.0**	**436215.0**	**9764494.4**	**161270.0**	**166802.0**	**4030854.8**	**46822.0**

地区	房 山	通 州	顺 义	昌 平	大 兴	平 谷	怀 柔	密 云	延 庆
商品购进总额	**587946.0**	**259434.0**	**467428.0**	**172041.0**	**616913.0**	**65849.0**	**108894.0**	**62631.9**	**68029.0**
从生产者购进	318418.0	120795.0	131713.0	72035.0	306475.0	55870.0	42806.0	23692.9	27367.0
# 农副产品	321.0	62.0	1355.0	11.0	5370.0		623.0	29.3	2616.0
市外购进	33343.0	38978.0	27724.0	3206.0	35932.0	4581.0	14516.0	5151.7	9177.0
从批发零售贸易业购进	261100.0	138585.0	331333.0	98707.0	305351.0	9752.0		38939.0	
# 市外购进	8062.0	9812.0	20414.0	4249.0	28753.0	3.0	2009.0	1033.0	877.0
进口额	1160.0		2672.0		1526.0				
其 他	7268.0	51.0	1710.0	1299.0	3561.0	228.0			653.0
商品销售总额	**648091.0**	**292318.0**	**487062.0**	**181031.0**	**646974.0**	**70804.0**	**126652.0**	**79676.6**	**78112.0**
对生产经营单位销售额	258636.0	91893.0	38786.0	66262.0	152158.0	1017.0	12523.0	12547.2	8190.0
# 生产资料销售	4602.0	1442.0	1867.0	349.0	3789.0	80.0	2221.0	3846.5	2831.0
市外销售	8083.0	11575.0	2476.0	178.0	10822.0		238.0	427.5	88.0
对批发零售贸易业批发	250977.0	72322.0	230008.0	41337.0	353215.0	55378.0	48594.0	25663.8	23229.0
# 市外批发	9282.0	2022.0	779.0	-640.0	37600.0	666.0	8010.0		73.0
出口额	9682.0			187.0	59.0				
对居民的商品零售额	91802.0	97743.0	160107.0	58149.0	106544.0	10838.0	54690.0	20644.0	36190.0
对集团的商品零售额	36994.0	30363.0	58161.0	15098.0	31268.0	3655.0	10845.0	20821.6	10502.0
年末库存	**74199.0**	**19998.0**	**32807.0**	**27184.0**	**36221.0**	**10650.0**	**11962.0**	**7022.7**	**5534.0**

2-28 商业、饮食业、服务业人员

单位：人

地区	总计	商业	# 批发业	# 零售业
东城区	194277	64803	20201	44602
西城区	202177	60563	19873	28031
崇文区	99068	55292	18727	36565
宣武区	115083	39604	18533	21071
朝阳区	198681	39885	12867	27018
丰台区	178493	140643	69759	70884
石景山区	62505	29477	8548	20929
海淀区	526690	61847	17177	44670
门头沟区	31360	26191	8197	17994
房山区	50552	26017	11826	14191
通州区	30849	24063	8358	15705
顺义区	60004	35951	6411	29540
昌平区	20014			
大兴区	47677	35702	11991	23711
平谷区	11009	6501	930	5571
怀柔区	51684	17583	4740	12843
密云县	32447	14545	2181	12364
延庆县	6633	1750	682	1068

2-28-1

单位：人

地区	饮食业	服务业
东城区	25872	103602
西城区	12659	128955
崇文区	8979	34797
宣武区	6023	69456
朝阳区	8282	190399
丰台区	21063	16787
石景山区	6328	26700
海淀区	12684	452159
门头沟区	2790	2199
房山区	3892	20643
通州区	3742	3044
顺义区	7025	17028
昌平区	3883	
大兴区	7336	4639
平谷区	1530	2978
怀柔区	6881	9637
密云县	3752	14150
延庆县	1023	3860

2-29 涉外饭店(公寓)基本情况

地　区	企业个数(个)		出租率(%)		平均房价(元/间天)		营业收入(万元)	
	2002	2001	2002	2001	2002	2001	2002	2001
东城区	51	46	69.3	67.8	511	484	288491.4	224653.8
西城区	42	40	64	64.5	343	322	112405.9	110992.1
崇文区	19	17	68.4	67.2	218	254	22295.3	24783.4
宣武区	23	20	66.8	68.2	263	267	53116.9	52333.6
朝阳区	119	115	66.6	68.6	483	473	709505.8	699053.6
丰台区	26	27	48.9	49.2	179	166	19730.7	18667
石景山区	8	8	43.1	45	193	153	10181.9	7988.4
海淀区	82	71	64	61.9	326	330	220606.1	193862.4
门头沟区	4	4	44.8	49.2	224	278	8658.4	9476
房山区	7	5	32	31.6	222	189	4636	2531.1
通州区	5	5	35.9	28.3	277	275	8652.8	6743.7
顺义区	4	4	42.2	54.2	174	153	5793.5	4540.8
昌平区	17	15	43.1	40	177	179	27061.6	18365.6
大兴区	2	1	45.3	43.9	261	249	5344.6	3279
平谷区	7	7	44.6	43.4	156	151	6737.8	6299.7
怀柔区	23	23	36.3	34.5	217	225	14981.3	14912.3
密云县	7	7	36.2	36	264	244	4819.7	5894.3
延庆县	8	6	30.3	29.9	251	270	11692.8	11556.1

2-29-1

地 区	利润总额(万元)		职工人数(人)		工资总额(万元)	
	2002	2001	2002	2001	2002	2001
东城区	8977.0	7405.5	19109	20386	45550.4	38920.2
西城区	-5553.4	1475.0	10566	10943	21247.0	20647.1
崇文区	-8125.4	-11586	3103	3901	4618.8	5184.0
宣武区	6386.5	5691.0	5175	6689	8827.7	8502.7
朝阳区	83383.6	72037.1	38189	42149	93817.3	95684.6
丰台区	-3520.9	-3714.5	4044	5328	4819.5	4363.2
石景山区	-403.9	-1074.5	1066	1934	1603.6	1431.3
海淀区	-4044.8	-1414.6	22730	24947	40646.3	35729.0
门头沟区	-685.4	-481.3	1138	1115	1529.3	1334.9
房山区	-979.9	-230.7	883	2316	1035.3	515.1
通州区	-227.3	-86.4	1246	1308	1549.0	1366.7
顺义区	-467.3	-1467.4	873	1573	1386.3	920.6
昌平区	-4577.9	-1989.0	3824	4613	4518.1	3508.8
大兴区	-114.1	357.0	490	957	604.4	272.0
平谷区	-278.5	-430.7	1555	2167	1672.3	1721.2
怀柔区	-2767.0	-1141.4	2448	4038	2880.5	2586.3
密云县	-744.3	-908.7	585	2119	824.1	1067.5
延庆县	-1830.0	-987.3	1629	2171	1595.0	1476.4

2-30 北京地区金融机构存、贷款情况

单位：万元

年份 地区	金融机构存款		#银行存款		# 居民储蓄存款余额	
	本年余额	比年初增加额	本年余额	比年初增加额	本年余额	比年初增加额
1997	52280001	8628264	48916653	8205398	19752621	2614806
1998	66668368	12631644	62740154	12067272	22871883	3120266
1999	82671615	14289313	78223288	13769050	26806646	3900456
2000	97049590	14347357	91898097	13644084	29232063	2425421
2001	121314687	24391389	115332949	23434919	35363232	6131167
2002	152760305	31321542	145912679	30455654	43896899	8533709
东 城 区	15045661		15045661		3328869	
西 城 区	39389557		39389557		5731832	
崇 文 区	4564798		4564798		1877696	
宣 武 区	11762813		11762813		2414202	
朝 阳 区	24538336		23618547		8116712	
丰 台 区	8782573		7912531		4364795	
石景山区	2865646		2697679		1295575	
海 淀 区	31831094		30654820		9446677	
门头沟区	587338		467100		315098	
房 山 区	1763032		1378271		1092863	
通 州 区	1971118		1460915		1188449	
顺 义 区	1938202		1355529		1001901	
昌 平 区	2098640		1558586		969499	
大 兴 区	2614072		2080694		1117581	
平 谷 区	785661		467075		450474	
怀 柔 区	822512		545733		425853	
密 云 县	748675		533321		446413	
延 庆 县	550396		419050		312411	

2-30-1

单位：万元

年份 地区	金融机构贷款		# 银行贷款余额		# 短期贷款		中长期贷款	
	本年余额	比年初增加额	本年余额	比年初增加额	本年余额	比年初增加额	本年余额	比年初增加额
1997	27206832	5079986	25444738	4897112	18353500	3353206	5524730	1396996
1998	33265705	6107967	31261511	5860469	20985647	3164450	7281840	1395971
1999	40077590	5595885	37612522	5134199	25601364	3604745	8229492	853048
2000	59446110	11161284	56667403	10847645	32138281	6305772	21569860	5322734
2001	72029099	12078739	68844214	11539770	29897095	1579402	32435549	6464278
2002	92248166	17415918	88528427	16881064	33244769		42971190	
东 城 区	6656641		6656641		3758733		2321505	
西 城 区	35130119		35130119		8136153		19689468	
崇 文 区	2608624		2608624		1230918		1051049	
宣 武 区	5104647		5104647		2050472		2253851	
朝 阳 区	12567901		12162863		6910139		3861962	
丰 台 区	7198192		6877994		1885842		4871990	
石景山区	993915		921223		493345		319611	
海 淀 区	13960189		13156967		5583008		6267829	
门头沟区	206706		175640		93631		72893	
房 山 区	954570		738345		551880		154236	
通 州 区	1007172		700778		284176		408620	
顺 义 区	1171588		833482		637427		186054	
昌 平 区	1356316		1103264		373405		648804	
大 兴 区	1286420		1026486		429066		517878	
平 谷 区	477540		280728		151701		116315	
怀 柔 区	507887		362894		279592		58739	
密 云 县	609327		445177		201084		122329	
延 庆 县	343237		242555		194197		48058	

2-31 银行、保险系统机构及人员

地 区	银行系统		保险系统	
	机构（个）	人员(人)	机构（个）	人员(人)
东城区	186	4965	44	434
西城区	236	15101	30	3745
崇文区	103	2164	7	91
宣武区	128	3941	10	205
朝阳区	396	8619	27	1102
丰台区	273	3956	13	921
石景山区	103	1257	6	60
海淀区	446	9400	15	425
门头沟区	48	584	4	45
房山区	114	1551	14	119
通州区	129	1703	11	114
顺义区	94	1459	12	111
昌平区	104	1357	11	87
大兴区	121	1549	9	72
平谷区	85	1066	6	82
怀柔区	95	1032	6	57
密云县	81	954	6	67
延庆县	60	764	5	47

2-32 教师基本情况

单位：人

地区	普通中学						小学					
	教职工人数			专任教师人数			教职工人数			专任教师人数		
	2002	2001	2002年为2001年%	2002	2001	2002年为2001年%	2002	2001	2002年为2001年%	2002	2001	2002年为2001年%
东城区	5050	5273	95.8	3154	3256	96.9	3278	3460	94.7	2285	2395	95.4
西城区	6491	6505	99.8	4144	4049	102.3	3632	3831	94.8	2818	3023	93.2
崇文区	2334	2264	103.1	1483	1429	103.8	2080	2226	93.4	1522	1612	94.4
宣武区	3497	3478	100.5	2227	2158	103.2	2459	2632	93.4	1877	2000	93.9
朝阳区	7244	7415	97.7	4789	4838	99.0	6561	6754	97.1	5392	5455	98.8
丰台区	5343	5386	99.2	3217	3209	100.2	4837	4868	99.4	3876	3898	99.4
石景山区	2213	2204	100.4	1357	1321	102.7	1909	1984	96.2	1514	1546	97.9
海淀区	9436	9364	100.8	6397	6314	101.3	7103	7209	98.5	5970	6032	99.0
门头沟区	1928	1904	101.3	1148	1144	100.3	2178	2228	97.8	1578	1590	99.2
房山区	5770	5784	99.8	4176	4020	103.9	5188	5491	94.5	3895	4045	96.3
通州区	3581	3354	106.8	2713	2556	106.1	3724	3936	94.6	3342	3491	95.7
顺义区	4360	4244	102.7	3461	3306	104.7	4051	4338	93.4	3248	3599	90.2
昌平区	4190	4048	103.5	3188	3036	105.0	3745	3834	97.7	3124	3190	97.9
大兴区	3504	3374	103.9	2322	2256	102.9	3684	3778	97.5	2987	3043	98.2
平谷区	3733	3673	101.6	2561	2570	99.6	3366	3465	97.1	2853	2952	96.6
怀柔区	2243	2180	102.9	1482	1495	99.1	2491	2564	97.2	1783	1905	93.6
密云县	2959	2985	99.1	1955	1999	97.8	3549	3672	96.7	3119	3241	96.2
延庆县	2542	2501	101.6	1590	1551	102.5	2400	2528	94.9	1657	1755	94.4

2-33 普通中等学校基本情况

单位：人

地区	普通中学学校数(所)			普通中学学校毕业生数			普通中学学校招生数			普通中学学校在校学生数		
	2002	2001	2002年为2001年%	2002	2001	2002年为2001年%	2002	2001	2002年为2001年%	2002	2001	2002年为2001年%
东城区	37	40	92.5	14111	14157	99.7	15720	14843	105.9	47007	46130	101.9
西城区	47	49	95.9	16467	15498	106.3	16984	16839	100.9	51609	51682	99.9
崇文区	24	23	104.3	8256	7835	105.4	7495	7824	95.8	24927	24738	100.8
宣武区	30	31	96.8	9623	9410	102.3	9691	9575	101.2	29959	30554	98.1
朝阳区	90	88	102.3	20701	18756	110.4	20501	20841	98.4	64712	65496	98.8
丰台区	55	57	96.5	12813	11127	115.2	11927	12288	97.1	38993	40183	97.0
石景山区	22	22	100.0	5840	5347	109.2	5129	5473	93.7	16558	17417	95.1
海淀区	85	83	102.4	27373	26595	102.9	32342	31860	101.5	95686	94073	101.7
门头沟区	21	25	84.0	4219	4226	99.8	3837	4023	95.4	12895	13817	93.3
房山区	68	69	98.6	16468	14374	114.6	19963	20925	95.4	63538	61351	103.6
通州区	48	45	106.7	12610	10902	115.7	17409	15297	113.8	47713	43128	110.6
顺义区	43	42	102.4	16318	13579	120.2	19468	18419	105.7	57099	54450	104.9
昌平区	49	50	98.0	13193	11147	118.4	14356	13965	102.8	43715	43407	100.7
大兴区	40	41	97.6	8249	8008	103.0	8003	8525	93.9	26199	26849	97.6
平谷区	33	33	100.0	12248	9887	123.9	12746	12055	105.7	38894	38583	100.8
怀柔区	31	29	106.9	5960	5750	103.7	6538	5752	113.7	19044	18677	102.0
密云县	29	31	93.5	8900	7556	117.8	10166	9117	111.5	29247	28196	103.7
延庆县	34	33	103.0	6639	6551	101.3	8405	7748	108.5	22927	21396	107.2

2-34 小学教育基本情况

单位：人

地 区	小学校数(所)			小学毕业生数			小学招生数			小学在校学生数		
	2002	2001	2002年为2001年%	2002	2001	2002年为2001年%	2002	2001	2002年为2001年%	2002	2001	2002年为2001年%
东城区	54	58	93.1	7563	7692	98.3	4242	4151	102.2	29195	31446	92.8
西城区	63	69	91.3	8457	8865	95.4	4199	4356	96.4	30126	33283	90.5
崇文区	35	36	97.2	4539	5378	84.4	2012	2371	84.9	16273	18536	87.8
宣武区	40	43	93.0	5234	5892	88.8	2344	2509	93.4	18709	21466	87.2
朝阳区	205	203	101.0	13489	15063	89.6	8640	9345	92.5	57874	64402	89.9
丰台区	106	111	95.5	9035	10365	87.2	6531	6873	95.0	41828	45543	91.8
石景山区	40	41	97.6	3443	3983	86.4	2305	2440	94.5	15026	16399	91.6
海淀区	146	150	97.3	17579	18477	95.1	13670	13680	99.9	85951	89339	96.2
门头沟区	58	68	85.3	2712	3122	86.9	1900	2017	94.2	12527	13290	94.3
房山区	211	223	94.6	14928	17068	87.5	7112	7404	96.1	48576	56480	86.0
通州区	136	141	96.5	12577	12091	104.0	5093	5505	92.5	39911	47336	84.3
顺义区	104	120	86.7	14168	14558	97.3	4613	5047	91.4	35755	45115	79.3
昌平区	142	151	94.0	11288	11839	95.3	5359	5482	97.8	38599	44448	86.8
大兴区	114	126	90.5	5054	6099	82.9	3668	3862	95.0	23021	24421	94.3
平谷区	121	131	92.4	8449	9219	91.6	4228	4515	93.6	31775	35697	89.0
怀柔区	57	66	86.4	4519	4352	103.8	3194	3450	92.6	20529	21684	94.7
密云县	90	111	81.1	7472	7147	104.5	4443	5056	87.9	29464	32722	90.0
延庆县	102	112	91.1	6177	5866	105.3	2853	3167	90.1	19102	22836	83.6

2-35 公共图书馆情况

地　区	个　数(个)			总藏数(万册、万件)			总流通人次(万人次)			书刊外借册次(万册次)		
	2002	2001	2002年为2001年%	2002	2001	2002年为2001年%	2002	2001	2002年为2001年%	2002	2001	2002年为2001年%
东城区	2	3	66.7	95.4	387.7	24.6	43.3	152.0	28.5	51.2	95.8	53.4
西城区	2	2	100.0	51.6	46.0	112.2	57.0	196.1	29.1	74.7	148.7	50.2
崇文区	1	1	100.0	44.5	42.6	104.4	22.3	21.8	102.3	27.6	25.6	107.8
宣武区	1	1	100.0	26.5	24.6	107.6	17.1	14.2	120.4	15.9	14.2	112.0
朝阳区	3	2	150.0	378.3	57.3	660.0	187.8	34.6	542.8	118.3	39.9	296.5
丰台区	2	2	100.0	23.0	26.9	85.5	0.8	10.3	7.8	1.9	13.9	313.9
石景山区	2	2	100.0	48.7	45.8	106.3	28.3	27.0	104.8	39.8	36.0	110.6
海淀区	2	2	100.0	2408.5	2339.9	102.9	507.8	460.4	110.3	300.7	263.1	114.3
门头沟区	1	1	100.0	24.6	23.7	103.9	16.6	12.0	138.3	10.3	12.2	84.4
房山区	2	2	100.0	27.6	26.1	105.8	16.3	16.4	99.4	32.1	29.6	108.5
通州区	1	1	100.0	18.3	17.4	105.3	9.9	9.7	102.1	4.3	6.3	68.3
顺义区	1	1	100.0	18.1	16.9	106.9	12.4	11.4	108.8	22.3	19.3	115.5
昌平区	1	1	100.0	18.9	16.3	115.6	27.6	2.1	1314.3	32.6	30.3	107.6
大兴区	1	1	100.0	14.0	12.6	111.3	16.1	4.1	392.7	12.8	14.3	89.5
平谷区	1	1	100.0	16.2	14.2	114.1	12.1	10.4	116.4	11.6	15.6	74.4
怀柔区	1	1	100.0	13.3	12.5	106.7	15.0	13.5	111.1	14.0	15.0	93.3
密云县	1	1	100.0	7.6	10.1	76.0	3.9	1.8	216.7	5.2	1.5	346.7
延庆县	1	1	100.0	13.2	12.6	104.1	2.7	1.0	270.0	4.3	1.4	307.1

注：首都图书馆于2002年从东城区迁至朝阳区。

2-36 卫生机构情况

单位：个

地 区	卫生事业机构	# 医院	社区卫生服务中心	卫生院	门诊部	妇 幼 保健院	疾病预防控制中心	专科疾病防 治 院	诊所、卫生所、医务室
东 城 区	405	25	10		24		2	2	316
西 城 区	509	23				2	1	2	481
崇 文 区	176	18	5		3	1	1	2	144
宣 武 区	274	11	8		10	1	1	1	242
朝 阳 区	851	99	27	12	38	1	1	2	553
丰 台 区	533	47		6	15	1	1	3	455
石景山区	200	20	6	1	9	1	1	1	156
海 淀 区	629	71		11	60	1	2	2	484
门头沟区	152	14		10	7	1	2	1	112
房 山 区	307	18		26	10	1	2		24
通 州 区	150	13		15	9	1	1	1	107
顺 义 区	121	14	22			1	1	6	74
昌 平 区	310	36		25	14	1	1		233
大 兴 区	189	14	4	27	2	1	1	1	139
平 谷 区	85	6	10	16	3	1	1	1	47
怀 柔 区	478	10	10	10	21	1	1	1	150
密 云 县	335	6		17		1	1	2	308
延 庆 县	25	5	1	13		1	1	1	

2-37 医院、卫生院工作情况

地区	诊疗人次数(千人次)	# 医院	健康检查人数(千人)	平均开放病床数(张)	入院人数(千人)
东城区	6372	5874	132	6729	115
西城区	9454	9335	82	1694	18
崇文区	1938	1767	12	1912	18
宣武区	3915	3476	111	849	56
朝阳区	12855	8460	506	11081	135
丰台区	5886	5163	186	6292	64
石景山区	1814	1593	98	3223	30
海淀区	9147	8288	484	7074	103
门头沟区	1052	921	25	2237	14
房山区	4178	4027	934	4065	53311
通州区	1721	1507	138	1341	34
顺义区	2876	2812	96	2038	42
昌平区	1953	1600	57	3266	40
大兴区	268	2200	76	2649	61
平谷区	1251	1046	53	1027	25
怀柔区	1240	1010	100	1030	20
密云县	1321	98	80	1325	19
延庆县	805	716	15	877	13

2-38 卫生机构人员及人均卫生条件

单位：人

地区	卫生技术人员	#医师	#护师(士)	平均每千人拥有医生	平均每千人拥有护士	平均每千人拥有医院床位(张)
东城区	13596	5071	5180	7.9	8.1	12.7
西城区	13549	5347	5479	6.8	6.9	9.4
崇文区	4329	1917	1566	4.7	3.8	4.7
宣武区	7321	2815	2616	5.2	4.8	7.4
朝阳区	17160	7473	6281	5.0	4.0	7.2
丰台区	8777	3628	2936	4.3	3.5	7.4
石景山区	3987	1555	1577	4.6	4.7	9.8
海淀区	13066	5868	4604	3.5	2.7	5.7
门头沟区	2562	965	915	4.1	3.9	9.5
房山区	4677	1670	1608	2.2	2.1	5.4
通州区	3201	1315	1020	2.2	1.7	3.7
顺义区	2806	1317	748	2.4	1.4	3.7
昌平区	3861	1760	1403	4.0	3.0	13.0
大兴区	2893	1404	1489	2.6	1.7	4.9
平谷区	1373	876	497	2.2	1.3	3.0
怀柔区	1510	847	427	3.4	1.6	3.7
密云县	1962	967	580	2.3	1.4	3.2
延庆县	1315	613	381	2.2	1.4	3.2

2-39 优抚及主要救济对象情况

单位：人

地区	东城	西城	崇文	宣武	朝阳	丰台	石景山	海淀	门头沟
享受伤残保健金人数	672	906	281	570	1453	684	433	1581	198
享受伤残抚恤金人数	12	8	5	8	41	71	6	90	94
享受定期抚恤金人数	72	84	57	43	107	55	35	136	141
# 城镇享受人数	72	51	57		60	46	31	94	
烈　　属	57	73	38	31	79	40	17	108	127
牺牲、病故军人家属	15	11	19	12	28	15	18	28	14
享受定期补助人数	51	57	15	20	328	172	52	356	205
# 在乡复员军人	46	47	13	19	307	165	44	323	198
在乡退伍军人	4	10	2	1	21	7	8	32	7
在乡红军老战士等	1							1	
社会救济总人数	**12482**	**9047**	**12509**	**13822**	**9668**	**12206**	**8235**	**10026**	**13878**
# 城镇居民最低生活保障人数	12401	9008	12454	13748	8276	11068	8207	8244	11801
城镇居民最低生活保障家庭数	5832	4439	5201	6108	4134	4782	3507	3967	4804
城镇临时救济人数	176	1193		13027	288	15	22	190	56
农村居民最低生活保障和传统救济总人数					1146	936		1510	1350

地区	房山	通州	顺义	昌平	大兴	平谷	怀柔	密云	延庆
享受伤残保健金人数	380	346	290	237	240	198	159	272	179
享受伤残抚恤金人数	220	119	274	120	229	204	307	258	218
享受定期抚恤金人数	194	116	280	96	211	287	222	260	165
# 城镇享受人数	46	28	21	17	33	27	9	20	2
烈　　属	129	65	133	48	111	241	197	213	123
牺牲、病故军人家属	65	51	147	48	100	46	25	47	42
享受定期补助人数	986	1096	1646	861	952	899	1340	988	1351
# 在乡复员军人	940	1055	1562	794	930	868	1333	911	1328
在乡退伍军人	45	41	84	66	22	31	7	77	23
在乡红军老战士等	1			1					
社会救济总人数	16786	10693	8603	7327	5411	8279	8283	6487	9663
# 城镇居民最低生活保障人数	6389	3495	1161	1570	1673	2459	2387	974	2370
城镇居民最低生活保障家庭数	2483	1609	523	749	863	1102	1088	457	945
城镇临时救济人数	117	113		320	54	64	21		44
农村居民最低生活保障和传统救济总人数	9505	6323	6551	4523	3110	4581	5065	5080	6672

2-40 婚姻登记情况

地区		东 城	西 城	崇 文	宣 武	朝 阳	丰 台	石景山	海 淀	门头沟
登记结婚对数	(对)	4209	5364	2131	2904	10575	5694	2193	13244	1681
内地居民登记结婚		4209	5364	2131	2904	10575	5694	2193	13244	1681
初婚人数	(人)	6864	8731	3253	4575	17480	9439	3550	22661	2730
再婚人数	(人)	1554	1997	1009	1233	3670	1949	836	3827	632
# 男 性	(人)	840	1081	547	667	1742	1047	836	1943	323
# 恢复结婚	(人)	125	165	116	91	223	124	72	192	45
离婚登记	(对)	583	508	164	563	144	587	91	1029	169
内地居民登记离婚	(对)	583	508	164	563	144	587	91	1029	169

地区		房 山	通 州	顺 义	昌 平	大 兴	平 谷	怀 柔	密 云	延 庆
登记结婚对数	(对)	4803	3758	3611	3620	3528	2373	1539	2509	1794
内地居民登记结婚		4803	3758	3611	3620	3528	2373	1539	2509	1794
初婚人数	(人)	8161	6573	6255	6343	5857	4150	2544	4159	3046
再婚人数	(人)	1445	943	967	897	1199	596	534	859	542
# 男 性	(人)	211	496	463	436	603	297	257	401	250
# 恢复结婚	(人)	33	55	23	39	67	27	29	17	19
离婚登记	(对)	450	176	189	270	301	117	140	159	168
内地居民登记离婚	(对)	450	176	189	270	301	117	140	159	168

注：离婚对数不含法院判离数。

2-41 部分基层法律服务所主要工作情况

地 区	担任常年法律顾问(家)	民事代理(件)	代写法律文书(份)	协办公证(件)	解答法律咨询(人次)
东城区	21	217	291	3	2998
西城区	152	715	1291	8	7621
崇文区	70	468	578	2	4518
宣武区	46	277	402	20	3068
朝阳区	157	614	966	88	9496
丰台区	303	877	2174	22	6787
石景山区	26	524	778	14	1886
海淀区	186	1287	1293	75	6270
门头沟区	13	20	60	0	427
房山区	123	1111	2050	0	9894
通州区	838	773	1144	212	5482
顺义区	204	804	1097	182	5924
昌平区	500	524	1048	75	3102
大兴区	29	154	654	2	2265
平谷区	48	412	858	10	2895
怀柔区	13	105	78	6	2346
密云县	184	723	1060	14	6237
延庆县	69	312	565	3	2853

2-42 全市公证处总办证量情况

单位：件

地 区	总办证量	# 国内民事	# 国内经济
东城区	12066	11054	1012
西城区	4652	4651	1
崇文区	2460	2432	28
宣武区	4937	4750	187
朝阳区	6993	6613	380
丰台区	2173	1821	352
石景山区	1650	1644	6
海淀区	20546	18573	1973
门头沟区	634	615	19
房山区	1640	1452	188
通州区	2995	2805	190
顺义区	1260	966	294
昌平区	907	900	7
大兴区	3457	3307	150
平谷区	177	177	0
怀柔区	666	581	85
密云县	374	332	42
延庆县	263	232	31

相关链接

——十八区县概况

东城区概况

东城区是首都北京的中心城区之一，是重要的政治活动区、繁华的商贸服务区和资源丰富的文化旅游区。有着得天独厚的政治优势、文化优势、资源优势和人才优势。

一、自然地理简述

东城区位于北京城中轴线东侧，东西最宽 5.2 公里，南北最长 8.3 公里，地域总面积 25.38 平方公里，全区下设十个街道办事处和一个北京站地区管理处。

东城区街道构成为棋盘格状。东长安街、平安大街等 6 条主要干道横贯东西，北起安定门外，南接前门东大街；北起雍和宫，南抵崇文门；北起和平里，南至北京站等 5 条干道纵贯南北。

东城区是北京重要的政治活动中心区。中华人民共和国的象征——天安门坐落在这里，全国重大的政治活动和庆祝活动都在这里举行。中共中央、国务院机关 10 多个和北京市委、市政府及所属机关单位 20 多个都设在东城，在这里指挥着全国和北京市的工作。东城区还处于国际、国内交往的中心，是国内外宾客和旅游者工作、活动的重要区域。

二、旅游资源

东城区旅游资源丰富，得天独厚。东城区拥有众多名胜古迹和旅游景点，是首都著名的文化旅游区，如天安门、故宫、中山公园、劳动人民文化宫、国家博物馆、王府井、国子监、地坛等。有元、明、清三代祭祀儒家学派创始人孔子的场所——北京孔庙；有明清两代皇室祖庙——太庙；有建于元代的钟楼、鼓楼；有北京规模最大，保存最完好的藏传佛教寺庙——雍和宫；有经历了 500 多年历史的北京古观象台；还有五四运动的发源地北大红楼等。东城区拥有丰富的文化内涵，以皇室文化为代表的中华民族文化精华，在东城得以充分体现，是北京城文物古迹最为集中的区域，拥有区级以上重点文物保护单位 122 处，其中：国家级 19 处，市级 55 处，区级 48 处。此外，还有毛泽东、茅盾、老舍等一些名人故居也坐落在东城。

东城区还拥有北京饭店、王府饭店、王府井大饭店、港澳中心、天伦王朝、华侨大厦、贵宾楼、亚洲大酒店、和平宾馆、国际艺苑、国际饭店、台湾饭店、东方君悦大酒店等一批高档宾馆、饭店。全区的文化、艺术、娱乐服务企业达 304 家，旅馆 245 家。丰富的文化旅游资源，齐备的服务设施，展现了东城区旅游业发展的广阔前景。

三、国民经济概况

2002 年全区生产总值 294.1 亿元，比上年增长 13.5%，其中第二产业增加值 19.8 亿元，下降 1%；第三产业增加值 274.2 亿元，增长 14.7%。地方财政收入 27.3 亿元，比上年增长 16.6 %。全区从业人员人均收入达到 27004 元，比上年增长 15%。

1. 人口、劳动力情况

2002 年全区总人口为 77 万人。其中：户籍人口 63.84 万人。暂住人口 13.2 万人。按常住人口计算的人口出生率为 3.85‰。死亡率为 3.86‰ 。自然增长率为-0.01‰。在常住人口中男性人口 31.7 万人，女性人口 32.1 万人。按常住人口计算的人口密度为每平方公里 2.52 万人。居民中汉族占 93.6%，少数民族有回、满、蒙、朝鲜等 43 个民族。全区从业人员期末数为 34 万人，其中：在岗职工人数为29.5万人，专业技术人员为12.4万人。

2. 工业基本情况

2002年全区共有工业企业415个，职工26709人，完成现价工业总产值63.44亿元。工业企业涉及82个行业，占国民经济工业中类行业目录总数的42.1%。主要行业是：食品制造业、服装制造业、塑料制品业、印刷业、通信设备制造业、仪器仪表制造业、煤气供应业。主要产品有：糕点、服装、塑料制品、程控交换机等。

3. 固定资产投资及城市建设

2002年全社会固定资产投资145.7亿元，其中：基本建设投资28.1亿元，更新改造投资1亿元。房地产开发投资114.8亿元，其他1.8亿元。

2002年是东城区城市现代化建设取得重大成就的一年。三个经济功能区建设步伐加快，投资力度加强，投入“三区”建设资金共计58.15亿元，占区属固定资产投资额的74.3%。其中：王府井现代化商业区26.65亿元；东二环交通商务区30.05亿元；雍和宫、国子监和地坛传统文化旅游区投资1.45亿元。

城市道路建设取得突破性进展。完成了6条市政道路建设，总长度6.7公里。方巾巷至小街桥的南北小街市政道路拓宽工程仅用不到半年时间，实现了自上世纪50年代即开始规划拓宽的改造目标，并进行高标准绿化，成为一条“花街”。以皇城保护为重点，推进旧城改造与历史风貌保护结合，投资3.98亿元，建成了菖蒲河遗址公园，拆除了外金水河盖板，露出了水面。党和国家领导人亲临视察并给予高度评价。普度寺复建工程完工，建成普度寺公园，成为开放式休闲园林广场。改造后的南馆公园建成占地800平方米的“中水”处理站，成为全市第一个科技环保型水景公园。地坛周边整治及园外园建设、明城墙遗址公园东城段等重点工程都达到了较高水平。

截止到2002年底，东城区城市绿地面积627.4公顷。公园7个，其中：市属3个（中山公园、东单公园、劳动人民文化宫），区属4个（地坛公园、青年湖公园、柳荫公园、南馆公园）。公园面积127.76公顷。全年植树7.41万株，绿化覆盖率为27.12%，人均绿地面积9.89平方米。全年清运垃圾45.3万吨，每万人有公厕17座。

4. 商业

东城区是北京最繁华的商贸中心区。历来商贾云集，尤其是经过三期大规模改造的王府井，集购物、旅游、餐饮、娱乐、休闲为一体，既具有现代化的国际风格，又充满了深厚的东方文化底蕴，现已跻身世界著名商业街区之列。2002年，举办了“王府井国际著名商业街研讨会”，来自全世界14条著名商业街的代表会聚王府井，发布了“王府井宣言”，对于促进各国著名商业街的繁荣与发展具有极其深远的影响。投资1.39亿元，建成大型机械式停车楼，启动王府井升级战略，“数字王府井”骨干光纤网络系统建成投入使用。

全区社会消费品零售额144.8亿元，比上年增长6.8%。按商品用途分类：吃的商品41.8亿元，穿的商品28.8亿元，用的商品73亿元，烧的商品1.2亿元。

2002年底，全区共有大型商厦12座，分别是：王府井百货大楼、东安市场、隆福大厦、东方新天地、新东安商厦、世都百货商场、利生体育用品商厦、工美大厦、和平商业大厦、三利百货商场、王府井新华书店和丹耀大厦。

5. 外经、外贸

2002年批准利用外资项目62个，合同外资额10746.84万美元。实际利用外资16057.5万美元，比去年同期下降19.9%。出口商品交货额949.6万元。

2002年全区有各类“三资”企业419家，其中外商独资（含港澳台商独资）企业101家，中外合资（含与港澳台商合资）企业257家，中外合作经营（含与港澳台商合作）企业61家，外商投资领域主要涉及工业、餐饮业、房地产开发与经营业、居民服务业、娱乐业、信息咨询业、综合技术服务业。2002年全区“三资”企业产值达38.11亿元。

6. 财政金融

2002年全区财政收入27.3亿元，比上年增长16.6%，其中各项税收26.40亿元，增长17.7%。财政支出22.4亿元，增长28.2%，收支顺差4.9亿元。2002年末，全区居民储蓄存款余额268.5亿元，比上年末增长18.4%。

7. 文化、教育、卫生、体育

2002年东城区影视放映单位共7个，各类娱乐场所211个，其中：影剧院19个，放映电影、演出场次2.3万场；文化馆1个，举办各种文化活动530次。公共图书馆1个，馆藏图书40.9万册。档案馆1个。博物馆2个，文物机构1个。

东城区是教育发达的地区。拥有一批全市乃至全国著名的重点学校（如：景山学校、二中、五中等），有一批在教育界享有较高声望的著名校长和教师，教育水平居全市前列，特别是东城区初、中等教育在全市乃至全国都处于领先地位。

2002年东城区初等中等各类学校共99所，在校学生83438人，其中，少数民族学生5927人，占学生总数的7.1%；教职员工9448人。在各级各类学校中，普通中学43所（含职高校），在校生53949人，其中少数民族学生3766人，占学生总数的7%；教职员工6015人。小学校54所，在校生29195人，其中，少数民族学生2161人，占学生总数的7.4%；教职员工3278人。

东城区现有各类医疗卫生机构405个，其中：卫生部所属18个；市卫生局所属7个；区卫生局所属18个，区属全民所有制单位13个，集体所有制单位5个，企事业及社会办医344个。

全区共有卫生技术人员13596人。其中：卫生部所属5285人；市卫生局所属4046人；区卫生局所属3176人；全区共有医生5071人，护士5180人。平均每千人口拥有卫生技术人员23.3人，医生7.94人。全区卫生机构共有病床8133张，其中：区属医疗单位1718张，平均每千人口拥有病床12.7张。

2002年东城区拥有各类体育场、馆、厅、房共计331个，当年达到国家体育锻炼标准人数7.87万人。举办运动会860次，参加人数30万人，运动员获奖牌545.5块，其中：金牌240.5块、银牌167.5块、铜牌137.5块，发展等级裁判员66人。

8. 人民生活

2002年，东城区130户居民调查资料统计，居民年人均可支配收入13117元，年人均消费性支出10363元，每百户拥有空调106台、彩电157台、家用电脑54台、移动电话99.23部、汽车2.31辆。

西城区概况

西城区位于北京市中心西北部，辖区面积31.66平方公里，是北京首都中心城区之一，分别与东城区、海淀区、朝阳区、宣武区毗邻，交通便利，户籍人口79.2万。西城区作为党和国家首脑机关的所在地，全国政治中心、文化中心的重要载体，决定了全区社会经济发展的基本方向和格局。

西城区是展现北京作为文明古都和现代化名城的重要窗口，历史文化积淀深厚，文物古迹众多，旅游资源丰富。区内拥有国家级和市级文物保护单位58处，占全市文物保护单位的25%。历史文化保护区共12片，保护范围占全市一半。西城区独特的人文景观、丰富的文化底蕴构成了其特有的文化特色，阜景文化旅游区和什刹海旅游区的规划建设正是建立在此基础之上，什刹海的“胡同游”中外闻名，“水上游”别具特色，特别是民俗资源更具魅力，具有较强的旅游开发潜力。

北京申奥成功，为地处首都中心城区的西城带来无限商机。结合西城区的特点，形成了以金融业、商业、房地产业、文化旅游业和科技信息咨询业为重点，全面建设6个功能街区为主体的经济发展目标。6 个功能街区是经济功能和社会功能和城市功能的综合体现的地区，优势相对集中，战略地位十分突出。功能街区的建设，必将增强西城区的整体竞争力，提高城市现代化水平，为尽快建成国际化大都市中心城区奠定坚实的基础。

在 6 个功能街区中，西单现代商业中心区和北京金融街是两个重要的街区。西单商业区历经多年的改造，基本实现了由街向区的转变，已由传统的商业、餐饮业转变为以商业为主，餐饮、娱乐、健身、文化、旅游、金融、饭店、电信、房地产等多业并举的泛商业业态格局，商业区达到了空前的繁荣。现代化的建筑群体和交通体系初具规模，现代商业中心的地位已确定。在今后几年将拓宽改造宣内大街，带动道路两侧建设项目，加快西南工程建设，结合地铁 4 号线建设建成全部地下设施。2008 年以前全面实现商业区规划，总规模将达到 150 万平方米，建成具有国内一流水平的现代商业中心区。

北京金融街是建设中的国家级金融管理中心。处于市区的中心地带，地理位置极为优越，开发条件得天独厚。区内汇集了中国银行、中国建设银行等国家级银行总部等近 30 家金融机构，有 300 余家国内外企业纷纷入驻，纳税规模超过 3 亿元。目前，金融街主体项目、配套服务实施和综合环境建设的步伐正在加快，宽带数据传输网络建设已经全面启动，将金融街打造成国际一流的金融商务中心。

被列为中关村科技园政策区的“德胜科技园”，为西城区的发展增添了新的活力、新的内容和新的增长点，使西城区的西外地区和德外地区成为中关村延伸到中心城区的“特区”，成为中心城区发展高新技术产业最集中、政策最优惠的地区，提升了全区经济的科技含量。“德胜科技园”的建设，将有力促进西城区西北部的基础设施建设，加快危旧房的改造步伐，调整土地功能，调整产业结构，形成与中关村产业互补的格局。

西城区的经济发展具有明显的都市特色，按照北京市的经济发展要求，西城区大力发展商业、现代服务业、旅游文化业、科技信息业、金融保险业，西城区的经济资源与社会资源得到了充分的利用，形成了西城区特有的产业格局，经济实力不断加强，2002 年实现地区生产总值 310 亿元，其中第三产业占 86.2%，人均生产总值达到 4700 美元。

在全区的经济建设中对功能街区的建设给予了重点投入，2002 年仅西单、金融街和德胜科技园三个区的固定资产投资额就达 17 亿元。为实现城市交通的现代化、网络化，提高道路通行能力，西城区确立了以“八横八纵”为框架的城市网络建设体系，相继进行了西外大街、德外大街、安德北街、北太平桥大街、南北草场街等道路建设，通过“十五”期间的建设，西城区将完成骨干路网建设改造总长度达 82 公里。

西城区把改善居住环境，加大环境治理力度，营造一个“绿色奥运”的生态环境，与经济的发展同等对待，全面完成了锅炉改造任务，逐步解决平房地区居民煤改电问题，2007 年将基本实现无煤烟区的目标。进一步扩大绿地面积，将绿化覆盖率在 26.1%的基础上再提高一步，2008 年将达到 28%以上，人均绿地面积提高到 11 平方米以上，比现有水平又提高 8.2%，实现无裸露地面。

危旧房改造采取以房改带危改、以基础设施建设带危改、以功能街区建设带危改等多种方式，危改步伐大大加快。全年完成动迁居民 1.7 万户，开复工面积 209 万平方米，竣工 58 万平方米。

西城区正逐步建设成为设备完备、服务一流的中央办公区；资本活跃、市场繁荣的金融事业区；教育先进、特色鲜明的文化旅游区；社会安定、环境优美的生活区。2008 年以前，西城区将提前实现经济、社会和城市现代化。

崇文区概况

崇文区是北京市的 4 个中心城区之一，位于北京市区东南部。 区境南北长 4.65 公里，东西宽 4.51 公里，总面积 16.46 平方公里。区境北和东城区相交，东部、东北部与朝阳区相连，南同丰台区接壤，西与宣武区毗邻。西北部的前门西大街路口中心是东城区、西城区、崇文区与宣武四区交界点。前门城楼北面正对天安门广场，处于北京城的中轴线上。闻名世界的天坛屹立于区境之中。崇文区辖前门、崇文门外、东花市、体育馆路、龙潭、天坛和永定门外七个街道办事处，82 个社区居民委员会。2002 年末户籍人口为 40.74 万人，户籍人口密度为每平方公里 2.48 万人。另据第五次全国人口普查数据显示，崇文区实际居住人口为 34.62 万人。

崇文区交通十分便利。北京站和北京南站分别位于崇文区的东北角和西南角；南面紧邻京津塘高速公路，前门大街，二环路和地铁二号线沿区而过，正在修建中的地铁五号线贯穿区境中部。崇外大街、广安大街等城市主干道和新建、扩建的道路构成了四通八达的城市道路网络。

作为古都北京的一部分，崇文区有着 700 余年的漫长历史，积淀了许多闻名遐迩的历史古迹和丰富的旅游资源。闻名世界被列为世界自然与文化遗产和国家级文物保护单位的天坛公园就坐落于区境西部。正阳门、前门箭楼、东便门角楼都是北京市著名的标志性古典建筑。除此之外还有隆安寺、燕墩、金台书院、大戏楼、袁崇焕祠、药王庙、夕照寺等共 23 处国家、市、区级文物保护单位。前门大街作为全市最繁华的商业街之一，汇集了“全聚德”、“便宜坊”、“都一处”等多家驰誉京华的百年老店。位于永定门内大街东侧的北京自然博物馆是全国最大的自然博物馆。天坛公园、北京游乐园和龙潭湖公园形成了崇文区的游览区，以红桥市场和元隆丝绸为代表的购物场所在国内外旅游者中知名度很高。崇文区还拥有地热资源，境内的地下温泉水温在 40-60 摄氏度之间，有较高的开发利用价值。

崇文区医药资源比较富集，有中国医药（集团）公司、中国药材公司、中国医药保健品进出口公司等国家级大型医药销售企业和北京同仁堂股份有限公司这一享誉海内外的著名医药生产销售企业，以及万全堂、千芝堂等百年中药老店。

国家体育总局及其下属的中国足协等国家体育管理机关绝大部分均在崇文区境内办公，区境内的北京体育馆、天坛体育场、国际网球中心、中国棋院及部分国家专业训练场馆设备先进，环境优雅，集竞赛、健身、娱乐于一体，李宁、康威等国内体育名牌厂商均在崇文区设有地区性总部，作为北京乃至中国北方的体育用品集散地，崇文区具有得天独厚的优势。

作为北京市的中心城区之一，崇文区将自身的发展目标定位为现代城市服务经济较为发达，充分展现古都文化风貌和现代生态景观，环境优美、社会安定、生活舒适的商贸旅游居住区。为实现这一蓝图，近年来崇文区以“不求最大，但求最佳”为指导思想，以大规模危旧房改造为龙头，使全区的城市面貌和市政基础设施得到了极大改善，推动了全区各项事业的发展。

2002 年崇文区生产总值完成 75.1 亿元，比上年增长 12%，其中第二产业实现增加值 19.24 亿元，增长 7.5%，第三产业实现增加值 55.86 亿元，增长 13.6%。财政收入完成 6.53 亿元，增长 12.9%，其中非区属经济完成区级税收 5.19 亿元，占全区财政收入的 79.6%。固定资产投资实现 60.53 亿元，增长 17.1%，其中房地产开发完成投资 48.36 亿元，占 79.9%。社会消费品零售总额完成 58.82 亿元，增长 8.9%。实际利用外资 3082 万美元，完成年计划 154.1%。外贸进出口总额为 2926 万美元，其中出口 1524 万美元，进口 1402 万美元，外贸顺差为 122 万美元。居民年人均可支配收入为 11745 元，按可比口径计算比上年增长 18.1%；全年人均消费性支出9819元，增长11%。恩格尔系数为36.8%，比上年降低2.1个百分点。

经过数年建设，以新世界商场为核心的崇外商业街已成为北京市内有名的购物场所。其中的崇文门饭店、哈德门饭店、新世界一期综合大厦、新世界二期运动休闲大厦、新世界三期正仁大厦、青春动感城和在崇外大街延长线上的红桥市场已经成为北京市的名牌、标志性企业。广安大街两侧建设的北京大都市街东起崇文门外大街，西至前门大街，全长1.8公里，是亚洲第一条双向步行内藏式商业街，集现代商业购物、娱乐、休闲于一体，兼备办公、展示和展览功能。大都市街和它所连通的崇外商业街、前门商业街及正在建设的天坛国际演艺大道，共同构成了崇文区的“王”字形经济磁场，形成了既有吸引力，又有辐射力的大型经济圈。正在兴建的亚洲最大的现代化商品交易中心百荣世贸商城位于北京中轴线南端，总建筑面积达46万平方米，定位于以批发为主、批零兼营的综合性商品交易市场，在北京市制定的“大北京”发展思路中占有十分重要的战略地位。

在危旧房改造方面，崇文区更是取得了骄人成绩。以金鱼池小区为首，东花市南里、崇外1号、2号、5号地、左安西里等一大批危改项目相继开工，使全区居民居住条件大为改善。特别是备受社会瞩目的金鱼池危改一期工程实现了让居民一年之内喜迁新居的目标，创下了全市危旧房改造的记录。新建成的居住小区景观靓丽、配套齐全、管理到位，优美、舒适、便利的人居环境为全市危旧房改造增添了浓重的一笔。党中央、国务院和北京市领导多次视察崇文区的危旧房改造项目，并给予充分肯定。至2002年底，全区已经完成5年危改任务的56.8%。崇文区计划在2005年底前，完成全区二环路以内全部危旧房的改造任务。

为了创造更优美的城市，崇文区大力整治环境，新建城市绿地，改造原有公园。2002年国庆节前夕完工的明城墙遗址公园铺种草坪7万余平方米，栽植乔木、灌木、花卉共计12万株，是全市面积最大的环境整治和文物保护工程。江泽民、李岚清、丁关根、万里等党和国家领导人及部分十六大代表相继到该公园参观。重新改造一新的龙潭公园被评为北京市十大精品公园之一，并成为首都警察开放日、庆祝申奥成功两周年等多项大型活动的会场。

崇文区坚持经济建设和社会事业协调发展的战略。教育资源和结构进一步优化，示范校建设稳步推进，初步建立了优势互补、资源共享的职业、成人教育体系，组建了崇文社区学院。汇文中学、光明小学、一师附小等学校已具备“名校效应”，在社会上颇有影响。其中汇文中学被认定为北京市首批示范性普通高中学校。卫生事业得到发展，天坛医院、普仁医院等专业科技特色突出，医疗设备先进，达到了国内外先进水平。

宣武区概况

一、历史沿革、自然地理及旅游资源

1. 历史沿革

元、明、清以来，北京成为全国的政治、经济、文化中心。由于北京南部是平原，物产丰富，且处于进出京都的交通要道，故商贾云集，成为农、商、手工业产品集散的重要场所。明代嘉靖32年（1553年）北京外城建成，宣武区大部地区在外城之内。随着城市经济的发展，商品流通的扩大，逐步形成商业、文化繁荣的市区。留存至今的一些街巷名称，如菜市口、粮食店、煤市街、果子巷、珠宝市等，就是当时各种专业市场的名称，可见宣武区商业、饮食、服务业的历史渊源。

2. 自然地理

宣武区位于北京市中心西南部，东起前门大街、天桥南大街、永定门内大街，与崇文区毗邻；西至广安门外马连道北路、马连道路、马连道北

里、湾子街、太平里，与丰台区接壤；南从永定门以西，沿护城河至鸭子桥路及马连道仓库专用铁路线为界，与丰台区隔河相望；北至前门西大街、宣武门东西大街、天宁寺路及莲花池东路，与西城区、海淀区交界。区域面积19.04平方公里。广安门内外大街是一条连接内城与二环、三环的快速通道，交通便利。截至2002年末，全区有8个街道办事处，112个居（家）委会，有街巷胡同590条。

3. 旅游资源

截至2002年末，宣武区内有国家级重点文物保护单位4处，即天宁寺塔、牛街礼拜寺、法源寺、先农坛。市级文物保护单位23处，其中较为著名的有陶然亭慈悲庵、康有为故居、湖广会馆等。区级文物保护单位15处，其中较为著名的有纪晓岚故居、崇效寺、绍兴会馆等。全区有区级以上公园4个，其中比较著名的是：大观园和陶然亭公园。另有菜市口百货和庄胜崇光两家定点旅游商店。2002年共接待游客11700万人次。

二、国民经济概况

落实“十五”计划，重点地区建设实现新突破。“两街”开发取得积极进展。广安大街及延长线两侧过渡性商业用房全部建成并投入使用，沿街开发项目的规划招商工作正在积极开展。在北京第五届科博会上，首次全方位推出“国际传媒大道”整体区域概念，为大街两侧的进一步招商引资创造了条件。目前，北京移动通信枢纽楼结构封顶，国际新闻中心、北京通信大厦等重点项目已经启动，中信集团正式签署了大吉片开发协议，其他项目进入实质性运作之中。

“六区”建设加快了步伐。大栅栏地区保护改造作为北京市历史文化保护街区的试点项目列入《北京奥运行动规划》，规划方案已完成国际招标和专家论证。琉璃厂文化区拆迁工作已开始启动。马连道新兴商业区确立了采购中心的功能定位，规划调整工作正在进行，新华书店总店物流中心、北京医药物流中心等重点项目建设进展顺利。广安门办公商务区发展环境得到进一步整治，中环广场、广安大厦等一批办公商务设施即将启用。先农坛医学科学城开展了重点项目招商。菜市口商业中心区在“国际传媒大道”的带动下加紧开启重点项目建设。

1. 国民经济

2002年，宣武区生产总值184.9亿元，比上年增长9.4%；其中第二产业增加值66.2亿元，按可比口径计算比上年增长7.9%；第三产业增加值118.6亿元，按可比口径计算比上年增长9.8%。地方财政收入13.5亿元，比上年增长15.1%。

2. 人口、劳动力情况

人口情况

2002年末，宣武区总人口为65.9万人。其中，户籍人口为54.3万人，暂住人口为11.6万人。户籍人口中男性人口27.3万人，女性人口27.0万人，性别比为101.3:100 。人口密度为每平方公里28512人。人口出生率为3.2‰，死亡率为4.9‰，自然增长率为－1.7‰。

劳动力情况

2002年末，宣武区在岗职工年平均人数22.7万人。在岗职工全年劳动报酬总额为471171.3万元，年平均工资为20735元。

3. 工业情况

2002年末，在311家工业企业中，从业人员平均人数42547人；完成工业总产值（不变价格）73亿元；完成工业增加值（当年价格）60.4亿元。

2002年，宣武区工业出口产值为4587万元，是上年的3.38倍。

工业生产涉及27个行业，主要集中分布在印刷业、发电业和食品制造业。

4. 固定资产投资及城市建设

固定资产投资

2002年，宣武区全社会固定资产投资90.8亿元，比上年增长21.1%。固定资产投资完成21亿元。

其中基本建设投资 13.2 亿元，更新改造投资 7.8 亿元。房地产开发投资 69.8 亿元。

城市建设

城市建设取得新的突破，基建规模继续扩大。2002 年，宣武区施工面积 72.6 万平方米。竣工面积 22.5 万平方米。市政基础设施建设继续加强，全年实施道路建设工程 13 项。其中牛街、白纸坊西街、南线里等 6 条道路竣工通车，宣外大街（西侧）、输入胡同等 7 条道路已开工建设。广内电话局和万明路变电站等重点工程全面启动。危改步伐进一步加快，新启动了庄胜二期、小马场北、上斜街北等 8 片危改区，搬迁居民 10041 户。天桥危改居民按期陆续回迁。牛街二期、新安中里、红居等危改区在加紧建设。

2002 年末，宣武区区管道路 456 条，长度为 102.1 公里，面积为 45.9 万平方米；公共绿地面积为 119.61 万平方米，绿化覆盖率为 23.69%；当年清运垃圾 28 万吨，现有果皮箱 1122 个，公共厕所 736 座，每万人有公厕 13.6 座。

5. 国内贸易

截至 2002 年底，宣武区共有贸易业法人单位 1946 个，从业人员 39604 人。餐饮业法人单位 244 个，从业人员 6023 人。集贸市场 48 个，摊位 6903 个，成交总额 50856 万元，农副产品成交总量为 8 万吨。

2002 年，宣武区实现社会消费品零售额 70.1 亿元，同比增长 6.6%。其中售给居民 56.9 亿元，售给社会集团 13.2 亿元。

6. 外经、外贸

2002 年，外资企业销售收入为 276422.7 万元，同比增长 46.6%。其中直接出口销售收入为 702 万美元。出口交货总额为 6913.9 万元。其中，内资企业 1108.4 万元，外资企业 5805.5 万元。

2002 年末，宣武区外资企业有 104 家，资产总额 711884 万元。年内新批三资企业 12 家。实际利用外资 675.5 万美元，同比下降 78.1%。

7. 文化、教育、卫生、体育、科技

文化

充分利用宣南文化资源，丰富开展群众文化活动。成功举办了第二届“厂甸民俗文化庙会”、“京味文化艺术漫谈系列讲座”、“丁香诗会”和首届宣南文化节等活动。2002 年末，全区有影剧院 6 个；文化站 8 个；公共图书馆 1 个，宣武图书馆建筑面积 3499 平方米，馆藏图书 26.1 万册，外借 20.5 万册次；档案馆 1 个，馆藏案卷 8.2 万（卷），开放档案 6632 卷，利用人次 3301 人次，编研出版史料 21.4 万字；文物机构 1 个，藏品 70 件。

教育

2002 年，深化教育改革，推进素质教育。继续实施教育资源调整，加大了教育整合力度，完成了 10 所中小学的调整合并；多渠道筹措教育设施建设资金，落实重点项目建设；加快了中小学信息化建设进程，开通了宣武区教育信息网，成立了宣武区社区教育学院。

2002 年末，宣武区中小学校 73 所，比上年减少 5 所；中小学在校学生 53018 人，比上年下降 8.3%；中小学专任教师 4547 人，比上年减少 1.2%。

宣武区各类成人学校 2 所，在校学生 4303 人，毕（结）业生 807 人，专任教师 38 人。

宣武区幼儿园、学前班 33 所，209 个班。在园幼儿数 4976 人，教师 418 人，保育员 380 人。

卫生

2002 年末，宣武区内有各类卫生机构 274 个。在卫生机构中，医院 19 个，医院床位 3992 张。妇幼保健所 1 个，卫生防疫站 1 个。平均每千人拥有医生 5.2 人，平均每千人拥有医院床位 7.4 张，平均每千人拥有卫生技术人员 13.5 人。

体育

2002 年末，宣武区共有各类体育场馆 72 个，场馆面积 11.2 万平方米。共举办运动会 23 次，参加运动员 1823 人次。现有教练员 30 人，裁判员 159 人。青少年体育工作不断加强，学生体育达标率为

95.8%以上。年内，我区体育代表团参加了北京市第十一届运动会，获金牌16.5枚。

2002年，宣武区群众体育活动蓬勃开展，成功地承办了北京市第六届民族运动会和宣武区第五届体育节暨第三届武术节等活动；参与了北京市首届社区运动会，取得了第三名的好成绩。

科技

2002年，宣武区各类企事业单位拥有专业技术人员 74221 人，每百人拥有专业技术人员 31 人。其中，建筑业22881人，占30.8%；教育业6622人，占8.9%；综合技术服务业1369人，占1.8%；科学研究业2340人，占3.2%。

8. 财政金融

2002 年，宣武区地方财政收入 135406 万元，比上年增长 15.1%；当年地方财政支出 166534 万元，比上年增长13.3%。

2002年末，驻宣武区国有银行存款余额1176.3亿元，比年初增加 300.3 亿元；其中，居民储蓄存款余额为241.4亿元，比年初增加43.2亿元。贷款余额510.5亿元，比年初增加81.4亿元。

9. 人民生活

2002年，宣武区居民人均可支配性收入11092.5元，比上年增长12.7%；人均消费性支出9393.6元，比上年增长13%；人均住房建筑面积14.78平方米，人均住房使用面积11.04平方米。

再就业工作成绩显著。启动“手拉手”特困扶助工程，实施就业困难人员“协议就业”和“4050职业指导室”等措施。下岗职工再就业率已实现100%；全年安置城镇失业人员13789人，失业人员再就业率为69.5%。城镇登记失业率为1.4%。

社会保障制度进一步完善，超额完成了北京市社会保险扩面征缴和基本医疗保险试点任务，社会保险基金收缴率达到 95%以上，全区参加基本养老保险 29.3 万人，失业保险 15.2 万人，参加基本医疗保险 11.4 万人。全面启动就业特困群体扶助工程，下岗职工、低收入者等弱势群体的生活继续得到改善。

（注：文中涉及的经济指标，未做说明的数据均为区域口径。）

朝阳区概况

朝阳区为北京市近郊区，位于北京市东部和东北部。东与通州区接壤，西与海淀、西城、东城、崇文四区毗邻，南连丰台区、大兴区，北接顺义、昌平区。区域轮廓呈南北略长，东西稍窄的多边形。南北长 28 公里，东西宽 17 公里，辖域面积 470.8 平方公里。

秦至隋唐，该地域先隶属广阳郡，后属幽州所辖的蓟县，辽时归属南京（即燕京）道析津府，金时属中都路大兴府，元代改为大都路大兴县。明清时属京师顺天府，仍为大兴县所辖。民国14年（1925年）时称北京市东郊区。1945年将东郊区划分为两个区，第十三区和第十四区。1949年6月两区合并为第十三区。1950 年 8 月易名第十区。1952 年恢复东郊区名称。1958年5月，以朝阳门得名将区名定为“朝阳区”沿用至今。

朝阳区历代为京畿要地的一部分，留有许多文物古迹。其中列为市级重点文物保护单位的有6处：“元大都北土城遗址”、“东岳庙”、“朝日坛”、“马骏烈士墓”、“西黄寺”、“永通桥”、“十方诸佛宝塔”。列为区级文物重点保护单位的有 72 处。建于历代的寺、庙、宫、观、堂、庵等古刹 41 座，曾以其命名过地名的，有文字记载的著名墓葬133座，著名碑刻 7 座。目前朝阳区是重要的涉外活动区。各种涉外单位 1300 多个，除俄罗斯、卢森堡大公国大使馆以外，外国驻华使馆都建在朝阳区境内。区内有高档宾馆、饭店 60 余家，全市 10 家五星级宾馆中有 6 家在朝阳区。另外还有燕莎购物中心、赛特购物中心等大型商厦。

2002年，全区人民在区委、区政府的正确领导下，团结一致、奋发进取，在经济发展、城市建设和各项社会事业方面取得了显著成绩，人民生活质量进一步提高，实现了经济和社会发展的各项预期目标。据统计，2002 年全区实现生产总值（当年价格）592.0 亿元，比上年增长 15.9%；地方财政收入完成 52.8 亿元，比上年增长 15.1%；社会消费品零售额完成 269.0 亿元，比上年增长 10.5%；固定资产投资完成 196.8 亿元，比上年增长 24.7%；实际利用外资 7.6 亿美元，比上年增长 22.3%。

一、第一产业

全年第一产业实现增加值 2.6 亿元，比上年下降 0.2%，占地区生产总值的比重为 0.4%。

第一产业内部结构调整取得新成效。种植结构调整快速推进。调减粮田 3 万亩，成功实现退出商品粮生产的调整目标。创汇农业发展步伐加快，全年出口创汇 1.4 亿元，同比增长 30%。旅游观光农业快速发展，9 家具备旅游观光条件的企业全年接待游客 150 万人次，实现收入 1.3 亿元，同比增长 32%。绿化隔离带、温榆河生态带和精品农业产业带是农村城市化建设的主战场。突出规划的龙头作用，采取多种得力措施全力推进，绿化隔离地区生态建设、新村建设、大市政建设取得重大进展，温榆河生态走廊建设取得重大突破。

农业机械化程度稳定在较高水平。全年农用化肥施用量 4736 吨，农村用电量 4.4 亿千瓦，全区农业机械总动力达 16.7 万千瓦。

二、第二产业

全年第二产业实现增加值 165.3 亿元，比上年增长 0.9%，占地区生产总值比重为 27.9%。

1. 工业

全年工业实现增加值 129.1 亿元，比上年增长 5.9%，占地区生产总值的比重为 21.8%。

工业产品的竞争力增强。全年工业出口产值为 78.2 亿元，同比增长 23.7%。工业经济增长速度步步提升的同时，工业经济效益保持逐月提高的良好态势。全年规模以上工业企业经济效益综合指数达到 128.6%，同比提高 16.7 个百分点。产品衔接顺畅，规模以上企业产销率为 99.5%，同比提高 0.7 个百分点。利润大幅增长，规模以上企业全年实现利润总额 30.9 亿元，同比增长 39.2%。

2. 建筑业

全年建筑业实现增加值 36.3 亿元，占地区生产总值的比重为 6.1%。

建筑业稳步发展。全年房屋建筑施工产值 228.4 亿元；房屋建筑施工面积 1989.9 万平方米；房屋建筑竣工面积 658.3 万平方米；实现利润总额 3.8 亿元。

三、第三产业

全年第三产业实现增加值 424.0 亿元，比上年增长 23.2%，占地区生产总值的比重为 71.6%。其中：

1. 交通运输、商业和集市贸易

全年交通运输及仓储业实现增加值 44.4 亿元，比上年增长 12.1%。

消费品市场活跃。全年实现社会消费品零售额 269.0 亿元，比上年增长 10.5%。批发和零售贸易业全年实现增加值 48.3 亿元，比上年增长 44.5%。

城乡集市贸易繁荣。2002 年末，全区共有集贸市场 224 个，全年成交额 26.1 亿元。

2. 金融业

金融业稳健发展。全年金融业实现增加值 87.8 亿元，同比增长 25.5%。2002 年末，全区银行各项存款余额 2453.8 亿元，比年初增加 567.5 亿元，同比增长 27.8%；银行各项贷款余额 1256.8 亿元，比年初增加 207.2 亿元，同比增长 17.5%。

3. 房地产业

房地产业蓬勃发展。全年房地产业实现增加值 38.9 亿元，同比增长 19.0%。全年房地产开发投资额 135.2 亿元，同比增长 23.4%。其中商品房建设投资额 76.7 亿元，同比增长 8.0%，占房地产开发投资额的比重为 56.7%。全年房屋施工面积 1212.5

万平方米，同比增长 27.9%；竣工面积 263.2 万平方米，同比增长 19.4%。

4. 社会服务业

全年社会服务业实现增加值 109.9 亿元，比上年增长 31.6%。

5. 科教文卫体事业

全年科教文卫体事业实现增加值 61.2 亿元，比上年增长 27.5%。

高科技园区建设步伐加快。电子城东、西区经济健康发展，完成税收 5.6 亿元，同比增长 22.7%；新增企业 203 家。电子城西区进入实质性开发阶段，编制了控制性详细规划，组建了一级开发公司，启动了 4 条市政道路建设。望京留学人员创业园二期工程完工，国家人事部正式复函与北京市共建中国北京（望京）留学人员创业园。以环境整治、市政建设为重点，积极支持电子城东区加快建设，完成了将台路、驼房营路等市政道路改造，开展了大规模环境整治和绿化美化，有效改善了园区环境。

教育事业全面发展。2002 年全区共有各类初、中等学校 298 所，在校学生数 16.5 万人。其中：小学 198 所，在校学生 8.3 万人，普通中学 89 所，在校学生 7.0 万人；职业中学 11 所，在校学生 1.2 万人。全年各类初、中等学校共培养毕业生 3.8 万人。

群众文化生活活跃，规范整顿文化市场取得成效。成功举办了首届北京民俗文化节、朝阳公园国际风情节等活动，取得了良好的经济和社会效益。潘家园旧货市场二期改造工程竣工。全区目前有文化馆、文化站 44 个，图书馆藏书 55.6 万册，比上年增加了 3.4 万册。

医疗卫生水平有所提高。辖区医疗卫生机构 851 个；床位数 11367 张；卫生技术人员 17160 人。改扩建了十八里店医院、安华医院、和平老年病医院，区预防保健中心工程竣工。新建社区和农村卫生服务站 24 个，免费为群众建立健康档案 3 万份。

体育事业发展成绩显著。2002 年，全区共获国家级、市级金牌 64.5 枚，银牌 51 枚，铜牌 69 枚。竞技体育跻身全市“三甲”，朝阳体育中心主体育场交付使用，全面实施全民健身计划，广泛开展各种群众性体育活动。

四、固定资产投资

全社会固定资产投资 196.8 亿元，比上年增长 24.7%。其中基本建设投资 34.7 亿元；更新改造投资 26.3 亿元；房地产投资 135.2 亿元。本年新增固定资产 158.2 亿元。

五、外经外贸

外经外贸发展势头平稳。全年累计已投产开业“三资企业”（区属）1425 家，同比增长 14.2%；实际利用外资额 7.6 亿美元，比上年增长 22.3%；全年外贸出口交货总额（区属）11.0 亿元，比上年增长 37.9%。

六、城乡居民生活

居民收入大幅提高，生活质量得到明显改善。2002 年在岗职工年平均工资 24289 元，比上年增长 15.9%；城镇居民人均可支配收入 12626 元，比上年增长 14.4%；农民人均纯收入 8259 元，比上年增长 12.5%。

城乡居民储蓄有所增加。2002 年末，城乡居民储蓄存款余额达 811.7 亿元，比年初增加 163.6 亿元，同比增长 28.6%。

七、人口、计划生育

人口自然增长比较平稳。据公安部门统计，全区年末户籍人口为 157.4 万人，比上年增加 1.1 万人，增长 0.7%。其中非农业人口 140.1 万人，占总人口的 89.0%。全年人口出生率 4.95‰，计划生育率 99.22%，一孩率 96.2%。

丰台区概况

一、自然地理简述

丰台区位于北京西南郊，相邻 8 个区县，东为朝阳区，北为崇文、宣武、海淀和石景山区，西北为门头沟区，西南和东南为房山和大兴区。区政府设在丰台镇文体路2号。全区面积305.87平方公里，呈东西狭长形，最西端的马鞍山至最东的四道口村相距35公里；南北最宽处14公里。

截止到2002年底，全区辖16个街道办事处，243个社区居委会；2个镇，4个乡，71个行政村。

二、旅游资源及矿产资源

截止到2002年，全区有区级以上重点文物保护单位29个，其中国家级的有卢沟桥（含宛平城）、水关遗址，市级的有镇岗塔、莲花池、长辛店“二七”革命遗址、长辛店留法勤工俭学旧址、金中都城墙遗址、南岗洼桥、大堡台西汉墓、南苑兵营司令部旧址等8处。全区有公园20个，北京世界公园、卢沟桥文化旅游区、中国人民抗日战争纪念馆暨雕塑园和北京青龙湖公园成为我区四大旅游景点。全年共接待中外游客490万人次，增长40%，实现旅游收入3.6亿元，增长9.1%。

截止到2002年，丰台区已探明储量的矿产7种，矿产地15处。已探明的主要矿产有冶金用白云岩、制灰用灰岩、水泥配料用页岩、矿泉水、地热等。主要矿产探明的储量：冶金用白云岩220万吨，制灰用灰岩2.87亿吨，水泥配料用页岩2703万吨。

已开发的矿种有冶金用白云岩、制灰用灰岩、水泥配料用页岩、矿泉水及耐火粘土共5种。已开发的矿产地总数11处。

三、国民经济概况

2002年全区实现地区生产总值206亿元，可比增长13.6%。其中一产实现增加值1.6亿元，下降2.4%；二产实现增加值62亿元，增长6.7%；三产实现增加值142.4亿元，增长16.2%。三次产业比重为0.8%、30.1%和69.1%。

1. 人口、劳动力情况

2002年末，全区户籍人口为84.8万人，人口出生率为4.79‰，死亡率为4.80‰，人口自然增长率为-0.01‰。男性43.2万人，女性41.6万人。人口密度为每平方公里2772.1人。从业人员为39.5万人，增长0.7%。其中二产21.9万人，三产17.5万人。

2. 工业情况

2002年，全区工业实现增加值43.5亿元，增长10.5%。完成工业总产值(1990年不变价)153亿元，增长9.4%。其中：科技园区企业完成35.1亿元，增长11.2%，占全区工业总产值的23%。

2002年，全区有工业企业1203个，增长11.5%。其中国有企业139个，减少10.9%，完成工业总产值(现价)40.4亿元，增长5.1%。工业经济效益有所改善。独立核算企业实现销售收入153亿元，增长10.9%，产销率为97.8%。经济效益综合指数达到117.3%，比上年提高8.8个百分点。实现利润总额7.5亿元，增长11.9%。

3. 农业情况

2002年，全区实现农业总产值(现价)3.5亿元，下降2.2%。特色农业得到大力发展，花卉种植实现产值1.2亿元，占农业总产值的比重达34.1%。

2002年，全区农村各业实现增加值17.3亿元，增长5%。农村各行业总收入116.6亿元，增长10.4%；实现利润总额13.4亿元，增长46.6%；上缴税金3.5亿元，增长23.7%。

4. 固定资产投资及城市建设

2002年完成固定资产投资54.4亿元，增长25.6%。其中基本建设投资24.4亿元，增长28.9%。

在固定资产投资中，房地产开发投资26.2亿元，增长25.2%。商品房销售额19.1亿元，下降14.9%，销售面积46.4万平方米，下降16.1%。

城市基础设施不断完善。完成了樊羊路一期和长辛店大街改造工程，还完成了马草河及周边地区的环境整治工程，彻底根治了玉泉营地区的道路积水问题。加快与市自来水并网，改善了7.5万人的饮水质量。新增天然气用户4000户。继续推进危旧房改造。全年累计实现开复工面积78.9万平方米，竣工40.1万平方米，拆迁居民4850户。右外西庄危改工程顺利完成，回迁居民2282户。

全区环境卫生不断改善。全年共完成214座公厕的专业管理任务，改翻建公厕20座，清运垃圾50万吨。环境保护和治理工作力度加大，成效明显。全年环保工作总投资2.3亿元。年末，全区城市垃圾无害化处理率为33.8%；烟尘排放总量削减率为33.6%；水污染物排放总量削减率为26.4%；环境噪声达标区覆盖率达到62.2%。

全区城镇绿化覆盖率为43.2%。全年共植树42.6万株，铺草坪98.7万平方米，种植宿根花卉38.6万株。全区人均占有公共绿地10.1平方米。

5. 国内贸易

截止到2002年底，全区共有商业、餐饮业、服务业等网点机构35862个，从业人员17.8万人。其中，商业网点29313个，从业人员14.1万人；餐饮业网点1467个，从业人员2.1万人。

2002年，全年实现社会消费品零售额145.2亿元，增长36.6%。其中吃类商品43.7亿元，下降1.5%；用类商品80.9亿元，增长44.3%，分别占社会消费品零售额的30.1%和55.7%。

全区共有各类商品交易市场114家。实现成交额128.2亿元，增长7.8%。成交额超亿元的市场有12家，成交额为111.9亿元，占市场成交总额的87.3%。

2002年，连锁商业发展逐步加快，全区连锁企业已达12家，实现零售额38.6亿元，增长51%，占全区消费品零售总额的26.6%。

6. 外经、外贸

对外开放进一步扩大。2002年新批外资项目44项，合同外资金额5221万美元，增长96.9%。已开业投产的三资企业达240家。全年实际利用外资2310.9万美元。三资企业实现总产值49.1亿元，下降6%；实现销售(营业)收入75亿元，增长6.7%；实交税金及附加6.2亿元，增长41.6%；实现利润2.9亿元，下降5%。

外贸出口大幅增长。全年外贸出口及供货额10.3亿元，增长192.2%。

7. 财政、金融

2002年，全年完成财政收入11.2亿元，增长21.7%。财政支出20.9亿元，增长32.2%。其中教育支出4.3亿元，占总支出的20.6%。

2002年，区域内工商、农业、建设、中国、商业银行等五家丰台支行及区农村信用联社年末各项存款余额为609.6亿元，增长20.2%，其中居民储蓄存款余额为321.2亿元，增加70.9亿元，增长28.3%。银行年末各项贷款余额为315.2亿元，增长54.4%。银行货币回笼26.4亿元，增长12.3%。

财产保险业稳步发展。全年完成保险金额156.4亿元，增长18.8%；完成保费收入1.2亿元，增长9.3%；理赔赔付金额6496万元，增长29.2%。

8. 文化、教育、卫生、体育

2002年末，全区有文化馆5个，公共图书馆2个，馆藏图书23.4万册。群众文化活动丰富多彩。组织社区群众夏日文化广场演出347场，20支社区合唱队的1300余名群众演员参加了喜迎十六大群众歌会。为纪念毛主席《延安文艺座谈会讲话》发表60周年的专场文艺演出和莲花池庙会等活动取得了圆满成功。

广播电视事业取得长足发展。本年新发展有线电视用户1.5万户，累计达31.5万户，城市有限电视入户率达100%，转播节目52套；农村电视覆盖率为100%。

继续推进素质教育。全区财政对教育的总投入为5.7亿元，增长16.3%。全区有中小学161所，共有在校生8.1万人。小学毕业生及格率达99.9%；中考及格率为89.9%；高考录取率为72.8%。全区现有职业中学10所，在校生6978人。成人教育取得成果。全区有成人学校6所，共有学员2382人，毕业625人。

医疗卫生力量不断增强。全区共有医疗卫生机构533个，床位6292张，卫生技术人员8777人。全区平均每万人拥有医生44人。平均每万人拥有医院病床 74 张。

认真实施全民健身工程，大力开展群众体育活动。全年共建立全民健身“居家工程”144 个。全区有体育场馆 42 个。举办了丰台区第三届全民运动会、第二届春节体育游园会等群众体育活动。全区中小学体育锻炼达标率为 97.7%。向市级运动学校和专业队输送运动员 100 名。竞技体育取得可喜成绩。在北京市第十一届运动会上，获金牌 75.5 枚，列全市金牌榜第二名；区青少年棒球队在全国青少年棒球锦标赛中获得青少棒组和少棒组 2 项冠军，并代表国家少年棒球队获得第二十届世界少年软式棒球锦标赛亚军和亚太地区波尼杯少年棒球锦标赛冠军。

9. 人民生活

人民生活水平稳步提高。全区职工年平均工资 17261 元，增长 13.4%，扣除价格因素，实际增长 15.5%。据城乡家庭住户抽样调查统计，城镇居民人均可支配收入 10861.8 元，增长 11.9%，扣除价格因素，实际增长 14%；人均消费性支出 9574.7 元，增长 17.4%，扣除价格因素，实际增长 19.5%；恩格尔系数为 32.2%，比上年降低 3.4 个百分点。农民人均纯收入 6953 元，增长 9.2%，扣除价格因素，实际增长 10%；农民人均生活消费性支出 5872 元，增长 14.5%。

石景山区概况

石景山区位于北京市西部，距天安门 16 公里。行政区域总面积 84.32 平方公里，人口 48.9 万人，是一个既有悠久的文化传统又充满朝气的新市区。这里有崇山峻岭、怪柏奇石、古刹金钟，长河穿平野，翠微枕太行；这里有鲜花绿地、景观雕塑、休闲广场，大地铺锦绣，花园伴长街。近年来在全区人民的共同努力下，石景山区的城市面貌发生了翻天覆地的变化，经济与社会公共事业蓬勃发展，经济实力显著增强。一个孕育着生机、充满着希望的新市区正在崛起。

2002 年全区实现地区生产总值 118.8 亿元，比上年增长 7.3%。第一产业实现增加值 1475.1 万元；第二产业实现增加值 82.2 亿元，占国内生产总值比重 69.2%，在全区国民经济中占主导地位；第三产业实现增加值达到 36.4 亿元，在国民经济中的份额有所上升，占国内生产总值比重为 30.7%。国内生产总值中三次产业结构为二、三、一。

全年地方财政收入完成(含基金收入)9.1 亿元，比上年增长 18.3%。上交增值税、营业税、企业所得税分别实现 20589 万元、15967 万元、32732 万元，分别比上年增长 6.7%、15.2%、47.8%。财政支出(含基金支出)10.9 亿元，比上年增长 16.3%，保证了全区经济和各项事业发展。

2002 年底全区共有工业企业 433 家，其中规模以上工业企业 172 家。全区现价工业总产值完成 340.98 亿元，比上年增长 4%；工业企业完成增加值 76.1 亿元，比上年下降 2.2%；实现利润 3.78 亿元，其中区属工业完成 0.55 亿，占 14.5%，市属工业完成 1.99 亿元，占 52.7%；上交税金 20.77 亿元。

2002 年全区实现商业（批发零售贸易和餐饮业）增加值 4.4 亿元，比上年增长 15.5%；社会消费品零售额完成 66.6 亿元，比上年增长 26.6%，其中，吃类商品销售 20.0 亿元，比上年下降 5.1%，穿类商品销售 2.1 亿元，比上年增长 17.0%，用类商品销售 43.8 亿元，比上年增长 50.0%。吃、穿、用三大类商品占零售额比重分别为 30%、3.2%、65.7%。

2002 年石景山区精心策划了“北京石景山重阳登高节”，推出了八大处公园“游山会”、石景山游乐园“欢乐金秋”及“绿色首钢”观光游三大主体活动，充分展示了全区在城市建设、绿化美化、旅游开发等方面取得的新成果，“假日旅游”成效显著。旅游业全年实现增加值 3.5 亿元，比上年增长 65.5%；实现营业收入 5.3 亿元，比上年增长 35.6%；

上交税金 5457.1 万元，比上年增长 63.2%；接待旅游人数 317.6 万人，比上年增长 8.7%，为全区建设绿色都市休闲旅游区做出了贡献。

2002 年末全区金融机构人民币存款余额 276.3 亿元，比年初增加 49.4 亿元，比上年增长 21.8%；其中，居民储蓄存款余额 128.4 亿元，比年初增加 24.2 亿元，比上年增长 23.2%。贷款余额 94.9 亿元，比年初增加 10.2 亿元，比上年增长 12%。

2002 年区域内固定资产投资共完成 29.9 亿元，比上年下降 9%；其中，基本建设投资完成 7.0 亿元，比上年下降 22.8%；更新改造投资完成 9.6 亿元，比上年下降 23.7%；房地产开发投资完成 12.0 亿元，比上年增长 15.1%，房地产开发投资成为拉动全区投资的主要动力。

2002 年全区新批“三资”企业 24 家，比上年增长 50%；协议利用外资金额 2024.1 万美元，比上年增长 29.3%；130 户企业共实现销售(营业)收入 281647.7 万元，比上年增长 4.1%；上交税金 18832.1 万元，比上年增长 84%；出口创汇 7044.4 万美元，外贸出口额 2054.6 万元。

全年累计引进规模企业达 96 家，其中注册资金 1000 万元以上的规模企业 30 家。现在已有 74 家进入生产经营期，实际利用外资 4716 万美元。

环保治理工作得到进一步加强。完成了首钢除尘系统改造等 10 件环保实事。大气环境质量明显改观，2002 年空气污染指数二级和好于二级的天数达到 145 天，比上年增加 18 天，完成了年初确定的 40%的目标。

以玉泉公园、杨庄路拓宽改造为代表的城市基础设施建设取得新的成绩，城市面貌发生了新变化。城市绿化美化工作成效显著。完成了绿化隔离带内 7 个自然村和 16 个乡镇企业的拆迁工作。全区共植树 26 万株，完成计划的 173%，完成绿化总面积 70 公顷。500 亩绿化隔离带建设任务全面完成，占地 22 公顷的玉泉公园成为首都百里长街西延长线的新景观。成功举办了中国北京 · 国际城市雕塑艺术展，有力地扩大了石景山区的知名度和影响力。

2002 年末，辖区内有 6 所高等院校，在校学生 16273 人。拥有各类中学 33 所，在校学生 20938 人；小学 41 所，在校学生 20219 人。成人教育继续实施“提高劳动者素质工程”，社会力量办学进一步发展。

2002 年举（承）办运动会次数达 17 次，参加运动会运动员人数 67347 人次，向北京市输送运动员 22 人。中小学生体育“达标”人数 36674 人，“达标率”为 96.3%。全区文化馆（站）7 个，图书馆 2 个，文物保护单位 26 家，专业电影院 1 个，小电影院、录像厅、歌厅和书报亭等多种形式的文化娱乐场所不断增多；同时形式多样化的大型文化广场活动也活跃了群众文化生活。

全区拥有医疗卫生机构 200 个，床位数 3317 张，平均每千人拥有床位 9.8 张，拥有卫生技术人员 3987 人，其中，执业（助理）医师 1555 人，平均每千人拥有医生数 4.6 人；注册护士 1577 人，平均每千人拥有护士 4.7 人。

根据全区城镇居民住户的抽样调查数字统计，2002 年全区的恩格尔系数为 35.4%，比上年降低 4.7 个百分点；城镇居民年人均可支配收入 11018.1 元，比上年增长 25.4%。年人均消费性支出 9123.7 元，比上年增长 35.6%。

2002 年区域内企事业单位年末从业人员 176565 人，在岗职工 164264 人。全年职工工资总额 352341.5 万元，其中在岗职工工资总额 329473.3 万元，在岗职工平均工资 19550 元。

新世纪，“绿色奥运，科技奥运，人文奥运”更为石景山区提供了发展契机和空间。遵循首都经济的发展方向，石景山区立足于本区经济发展现实，建设“现代、绿色、文明”的石景山。把绿色做出新意，谱写绿色与科技的交响曲；把娱乐做成品牌，营造现代文化娱乐城；把文化做出品位，展现新石景山的风采；把旅游做成产业，形成绿色都市休闲旅游区；把资源作为活力，振兴现代制造业，努力把石景山建设成为一个充满生机与活力、充满诗意与魅力、充满机遇与希望、充满鲜花与梦想的现代化新市区。现代、绿色、文明的石景山将成为北京一颗熠熠生辉的明珠。

海淀区概况

一、面积和行政区划

海淀区辖区面积为 426 平方公里，约占北京市总面积的 2.54%，分别与朝阳区、西城区、宣武区、丰台区、石景山区、门头沟区和昌平区接壤。

至 2002 年末，海淀区辖 22 个街道，1 个镇，9 个乡，即万寿路街道、羊坊店街道、甘家口街道、八里庄街道、紫竹院街道、北下关街道、北太平庄街道、双榆树街道、海淀街道、中关村街道、学院路街道、清河街道、青龙桥街道、香山街道、西三旗街道、马连洼街道、花园路街道、田村路街道、上地街道、燕园街道、清华园街道、永定路街道、温泉镇、四季青乡、海淀乡、东升乡、东北旺乡、永丰乡、上庄乡、苏家坨乡、北安河乡、聂各庄乡。

二、人口

海淀区 2002 年末总人口达 236.41 万人，比 2001 年末增长 7.9%；户籍人口 172.59 万人，增长 3.3%，占北京市总人口的比重为 15.2%，其中农业人口 11.68 万人，下降 3.07%。海淀区人口出生率达 0.49%；人口死亡率达 0.3%；人口自然增长率达 1.90‰，比 2001 年提高了 0.40 个千分点。

三、城市建设

海淀区城市基础设施建设步伐不断加快。道路建设取得可喜成绩，五环路海淀段、城市轻轨海淀段、清华南路、圆明园西路、万泉河路、苏州街南段、远大路、上地村南路等都建成通车。2002 年末全区道路总长度达到 760.99 公里，比 2001 年增长 2.0%。城市环境卫生取得较大的改善，2002 年末全区已有生态公厕 30 座，同比增长 233.3%；垃圾桶站 80 个，同比增长 158.1%；垃圾桶 401 个，同比增长 258.0%。

海淀区城乡环境综合整治力度不断加大。全区城市绿化水平稳步提高，2002 年末全区公共绿地面积 2063.8 公顷，同比增长 3.1%；人均占有绿地面积 45.5 平方米，同比增长 1.3%；城市绿化覆盖率 46.4%；道路绿化总长度 610.6 公里，同比增长 5.5%；公园 16 个，同比增长 14.3%。全区环境保护加强，空气质量二级和好于二级的天数占全年天数比例达到 55.6%，比去年提高 4.9 个百分点；降尘量 11.8 吨/平方公里 · 月，比去年下降 2.6 个百分点；建成区绿化覆盖率 46.3%，比去年提高 1.16 个百分点；工业废水排放达标率、生活垃圾无害化处理率都达到了 100%。

四、综合经济实力

海淀区 2002 年国民经济总量持续稳定增长，经济运行质量逐步提高，综合经济实力明显增强。

2002 年全区生产总值 709.76 亿元，比上年增长 17.6%，其中：第一产业增加值 2.22 亿元，增长 10.9%；第二产业 253.59 亿元，增长 15.7%，其中工业 223.50 亿元，增长 16.0%；建筑业 30.08 亿元，增长 13.9%；第三产业 453.95 亿元，增长 18.8%。

全区 2002 年实现地区生产总值（区属口径）413.47 亿元，比上年增长 19.0%，其中：第一产业增加值 1.80 亿元，增长 2.3%；第二产业 211.18 亿元，增长 18.6%，其中工业 207.6 亿元，增长 17.9%；第三产业 200.49 亿元，增长 19.6%。

海淀区的产业结构继续保持“三二一”格局，即以绿色产业为代表的第一产业、以高新技术产业为代表的第二产业、以现代服务业为代表的第三产业，依次在本区生产总值中的比重为 0.3%、35.7%、64.0%。一二三产业对经济增长的贡献率分别为 0.2%、32.4%、67.4%。

海淀区 2002 年人均 GDP 按户籍人口、总人口计算分别为 5093 美元、3768 美元。

五、人民生活

海淀区努力保障低收入者基本生活，社会保障体系进一步完善，就业渠道扩大，城乡居民收入不断增加，人民生活水平逐步提高。2002 年城镇居民人均可支配收入实现 13778.8 元，同比增长 7.8%，扣除物价因素实际增长 9.7%；人均消费性支出达 10434.6 元，同比增长 15.95%，扣除物价因素实际增长 18.08%，其中食品支出增长 7.46%，居住支出增长 31.75%，医疗保健支出增长 39.74%，交通和通讯支出增长 130.66%。城镇居民收入不断增加，住房、汽车、通讯仍然是居民消费中的热点。

2002 年农村居民人均纯收入实现 7945.4 元，同比增长 9.1%；农村居民人均生活费支出达 6670.5 元，增长 12.3%。农村产业结构调整促进了农村居民收入的增长。

海淀区 2002 年累计城镇登记失业人员达 22705 人，失业人员就业率 68.66%，城镇登记失业率为 0.85%，处于调控范围以内，人民生活稳定。

六、社会事业

文化事业长足发展。2002 年全区公共图书馆 2 个，文化馆 1 个，文化站 174 个，电影放映单位 7 个，书店 447 家，文物保护单位 85 处。图书馆总藏书量 2402 万册、件，借阅人次 410.2 万人次，固定服务点 20 个；组织文艺活动 804 项；文物保护单位中国家级 10 处，市级 25 处，区级 50 处，区文物指定保护单位 34 处。

深化教育改革，大力推进素质教育，教育事业取得新成绩。2002 年各类学校数（大专院校除外）286 个，专任教师 13358 人；在校学生 201061 人；中小学招生人数 49381 人，比 2001 年增长 2.6%。

卫生事业进一步发展。海淀区医疗机构管理体制改革稳步推进，医疗卫生服务明显改善。2002 年全区医疗卫生机构（小口径）157 个，其中医院 71 个；医院床位 8221 张，平均每千人拥有医院床位 5.7 张；卫生技术人员 13066 人，其中医师 5868 人，平均每千人拥有医师 3.5 人。

体育事业蓬勃发展。海淀区大力实施全民健身计划，群众体育运动蓬勃发展。2002 年全区体育传统学校 40 所，少年儿童业余体校 3 所，体育协会 26 个，体育场馆 4 个，社会体育指导员发展 109 人，比 2001 年增长 10.1%。举办县以上运动会 16 次，参加人数 14500 人次；举办乡镇运动会 7 次，参加人数 25000 次，是 2001 年的 6.6 倍；中、小学国家体育锻炼标准达标人数 178965 人，比 2001 年增长 1.2%，达标率为 95.5%。

七、海淀园经济

2002 年中关村科技园区建设取得了突破性进展，海淀园进入了快速稳步发展和产业质量升级阶段，中关村软件园、生命科学园、永丰产业基地、上地信息产业基地等已有企业正式入驻，高新技术产业快速成长。

1. 股份制企业成为发展主体。

到 2002 年末，海淀园拥有企业 8274 家，其中股份制企业 4510 家。从企业经济性质看，股份制企业是园区发展的主体，其次是三资企业，分别占总量的 54.5%和 13.0%。

2. 总量指标保持稳步增长。

2002 年海淀园技工贸总收入（京区）实现 1416.64 亿元，同比增长 21.3%，全年保持快速增长态势。技工贸总收入中：技术收入 272.48 亿元，增长 45.7%；产品销售收入 720.90 亿元，增长 20.9%；商品销售收入 375.20 亿元，增长 13.0%，高新技术企业在海淀区迅猛发展。

2002 年海淀园上缴税费总额和出口创汇总额（京区）实现 66.49 亿元和 6.68 亿美元，增幅分别为 15.6%和 10.4%。三资企业是创汇增长的主要力量，三资企业的出口创汇为 5.01 亿美元，同比增长 10.4%，在总量中所占比重为 75.0%。

2002 年海淀园实现增加值（京区）344.83 亿元，同比增长 20.1%，占全区 GDP 的 48.6%。

门头沟区概况

2002年，全区人民在区委、区政府的正确领导下，自觉实践“三个代表”重要思想，坚持以发展为主题，以改革开放和创新为动力，大力加强“四区”建设，加快推进城市建设步伐，全面促进社会各项事业发展，努力改善人民生活。

门头沟区是集自然风光、文物古迹、古老民风为一体的经济发展区。境内峰峦叠嶂，青山秀水构成了京西一幅幅瑰丽的天然画卷，文物古迹记载了门头沟区悠久灿烂的历史文化。以区内自然风景和人文景观为依托，成立了北京京西风景旅游开发股份有限公司，向社会公开发行A股股票3000万股，使北京有了第一支旅游股。门头沟区主要旅游景点有“三山、三寺、一涧、一湖、一河”。灵山、百花山是市级自然保护区。灵山是北京惟一的集高原、草原风光为一体的自然风景区。百花山被称为华北地区的天然植物园；妙峰山因被清朝皇家推崇为“金顶”而成为华北地区的朝圣和民俗活动中心，每逢春夏之交，这里的千亩玫瑰更是竞相吐艳，花香四野。始建于1600年前的著名古刹潭柘寺，有“先有潭柘寺，后有北京城”之说；“潭柘以泉胜、戒台以松名”，建于唐代武德年间的戒台寺有五大名松，神态各异，寺内戒台是全国三大戒台之首。珍珠湖镶嵌在永定河山峡之中，湖面宽阔，碧波荡漾，湖水顺山势弯转，享有“京西小漓江”之称。

历史概况

门头沟区有着悠久的历史文化。早在1万年前的新石器早期，就有人类在此繁衍生息，这就是北京历史上著名的“东胡林人”。商及春秋战国时期的文化遗址亦有发现。门头沟汉代属蓟县，唐属幽都县。唐末至辽末的二百年间属玉河县，金初并入宛平县治下。元初，本区山区存在过一个“大周朝元年”政权。明代宛平县在此派典史。清道光二年派县丞。1928年成立北平特别市，其余部分属宛平县。门头沟解放后，先后是北京市属的28区、20区、16区，1952年成立京西矿区，下辖8区1镇。1958年5月经国务院批准，调整辖界改称门头沟区。

自然地理

门头沟区位于北京市区西部，东与石景山、海淀接壤，南与丰台、房山相连，西与河北省涞水、涿鹿为邻，北与本市昌平和河北省怀来交界。全区东西长约62公里，南北长约34公里，总面积1455平方公里。地处华北平原向蒙古高原过渡的山地地带。全区以山地为主，地势由西北向东南倾斜。西部山区是北京西山的核心部分，山形挺拔高峻、险峰叠嶂。境内有北京市的最高峰灵山，海拔2303米；次高峰百花山，海拔1990米。境内的主要河流是永定河及其支流清水河，属于海河水系。截止到2002年底，全区有9个镇，4个街道办事处，辖131个居委会和189个行政村。

人口情况

2002年门头沟区户籍人口数为23.55万人。出生率为5.32‰，死亡率为5.51‰，自然增长率为-0.19‰。其中汉族人口占总人口数的99%，除汉族外有14个少数民族。农业人口7.48万人，非农业人口16.07万人。男性12.26万人，女性11.29万人。人口密度为每平方公里162人。

国民经济概况

2002年门头沟区生产总值40.6亿元，比上年增长21.3%。其中第一产业增加值0.53亿元，增长0.9%；第二产业增加值19.4亿元，增长20.3%；第三产业增加值20.7亿元，增长22.8%。全区一般预算财政收入4.65亿元，比上年增长29.2%。

矿产资源

截止到2002年底，门头沟区行政区域内已探明储量的矿产17种，矿产地54处，其中大型矿床3处，中型矿床26处，已探明的主要矿产有煤、熔剂用灰岩、耐火粘土、电石用灰岩、叶蜡石、铸石用辉绿岩等。居全市前五名的有：煤、叶蜡石、饰面用大理岩、熔剂用灰岩、耐火粘土、电石用灰岩、陶粒页岩、铸石用辉绿岩。主要矿产探明的储量：煤15.45亿吨、熔剂用灰岩2.2亿吨、耐火粘土2354.4万吨、电石用灰岩5555万吨、叶蜡石200.2万吨、铸石用辉绿岩302万吨。

旅游资源

截止到2002年底，门头沟区内重点风景名胜区共有6处，其中国家级的有戒台寺公园、潭柘寺公园、小龙门森林公园。市级的有沿河城及敌台、古迹山庄——爨底下村，区级的有妙峰山风景区。市级自然保护区为百花山自然保护区、灵山自然保护区。区内主要旅游区是灵山风景区、百花山风景区、小龙门森林公园、珍珠湖风景区、斋堂革命传统育基地、古迹山庄——爨底下村、龙门涧风景区、永定河旅游带、潭戒风景区、京西十八潭风景区。历史文化名城有沿河城。2002年共接待海内外游客400.5万人次，实现旅游综合收入4.5亿元。

工业基本情况

门头沟区的工业主要包括建材、煤炭、服装、机械等行业，其中建材、煤炭等行业是全区工业的支柱产业，主要产品有原煤、水泥等。完成现价在地工业总产值37.6亿元，同比增长13.8%，其中区属工业总产值21.9亿元，同比增长7.9%。2002年门头沟区工业经济综合效益指数为90.6%，高出2001年2.1个百分点。

北京石龙工业区是市政府最早批准的工业开发区，是相对独立的经济技术开发区。2002年石龙工业区实现增加值9.8亿元，实现技工贸总收入49.9亿元。

农业基本情况

2002年全区不变价农业总产值0.97亿元，增加值0.53亿元，比2001年分别增长12.7%、2.2%。第一产业中，种植业产值0.28亿元，林业产值0.12亿元，牧业产值0.53亿元，渔业产值0.04亿元。2002年，全区农作物播种面积4.97万市亩，其中夏收粮食播种面积0.09万市亩，秋收粮食播种面积3.19万市亩。全年粮食总产量271.7万公斤。全年造林面积2700.6公顷。2002年，乡镇从业人员3.99万人，其中：农业1.1万人，工业0.6万人，建筑业0.2万人。

投资、建筑

2002年，全社会固定资产投资36.1亿元，其中房地产开发投资30亿元。2002年实现建筑业产值13亿元，同比增长53.7%;实现竣工产值4.1亿元;新开工面积59.99万平方米;竣工面积30.6万平方米。

教育

2002年，门头沟区中、小学校共82所，在校学生2.54万人，教职工4106人。其中，普通中学21所，在校生1.29万人，教职工1928人；小学校58所，在校生1.25万人，教职工2178人。2002年，门头沟区农村适龄儿童入学率100%。

科技

2002年，门头沟区的区属研究与开发机构共2个。有专业技术人员6174人，其中，工程技术人员479人，占7.8%；农业技术人员78人，占1.3%；卫生技术人员922人，占14.9%；教学人员4223人，占68.4%。

文化

截止到2002年底，门头沟区有影视放映单位2个。各类文化活动场所共14个。其中，影剧院2个，放映电影、演出场次888场；文化馆1个，组织文艺活动400次。公共图书馆1个，馆藏图书23.8万册。档案馆1个，博物馆1个，文物机构1个，市级以上重点文物保护单位共11处，其中国家重点文物保护单位2处，有线电视台1个，广播电台1个。

卫生

2002年，门头沟区拥有各类卫生事业机构152个，其中医院14个。医院床位2237张。平均每千人口拥有医生4人，拥有医院床位9张。

体育

2002年，门头沟区拥有各类体育场所2个。向市级学校输送运动员13人。拥有等级裁判704人，其中国际级裁判2人，国家级裁判4人。中小学体育达标人数为2.69万人。

国内贸易

全区社会消费品零售总额22.1亿元，比上年增长9.6%。其中居民消费品零售额19.11亿元，社会集团消费品零售额2.99亿元，分别增长11%和1%。按商品用途分，吃10.58亿元，穿1.77亿元，用7.68亿元，烧2.07亿元。按经济类型分，国有经济5.29亿元，集体经济0.77亿元。全年商品购进总额39.12亿元，商品销售总额38.8亿元，年末商品库存4.68亿元。区内建筑面积5000平方米以上的商场有1家。

国际贸易

2002年，区县出口交货总额5582.9万元。在出口商品总值中，乡镇企业出口3895万元，外贸公司出口469.8万元，工业经委出口1199.1万元.实际利用外资201.4万美元。

城市建设

截止到2002年底，城镇共有非农业人口11.9万人。自来水年用水量1060.89万吨，其中，居民生活用水量971.45万吨；用电量4.65亿千瓦时，其中居民生活用电7455万千瓦时。液化气供气量7700吨，液化气销售量6420吨。城市市政道路100.83公里，铺装步道面积8.33万平方米。建成区绿地面积454.4公顷。绿地覆盖率40%。清运垃圾12.3万吨，共有公厕137座。

人民生活

2002年，城镇居民人均可支配收入10209.7元，增长14.4%；农民家庭人均纯收入5095.4元，增长13.1%。截止到2002年12月底，全区城乡居民储蓄达到36亿元，同比增长16.7%。全部储蓄中城镇居民储蓄存款30.06亿元，农村居民储蓄存款5.94亿元。

房山区概况

一、概况

地理位置： 房山区是首都的西南门户，东北与丰台区相邻；东与大兴县以永定河一水相隔，西和南分别与河北省涞水县和涿州市相连，北与门头沟以百花山为界。区政府所在地良乡是《北京市总体规划》中首都四个中心卫星城之一。

地形地貌： 全区总面积2019平方公里。房山区地处华北平原与太行山交界地带，西部和北部是山地、丘陵，约占全区总面积的2／3。地形上是北京市的缩影，也是中国的缩影。主要山脉有大房山、大安山、三角山、百花山，最高峰在百花山的白草畔，海拔2035米；最低在东南部的立教洼，海拔26米。区内人文资源、矿产资源、旅游资源、地热资源丰富，是京郊“建材之乡”、“建筑之乡”、“煤炭之乡”、“林果之乡”和“旅游胜地”。

行政区划： 房山区行政区划几经变更。1958年由河北省划归北京市辖。1980年，城关、周口店部分地区约36平方公里划出成立燕山区，1987年经国务院批准撤销原房山县和燕山区，成立房山区。1998年11月18日，房山区政府所在地由城关镇迁至良乡。截止到2002年底，全区共辖21个乡镇、地区办事处、115个居委会、463个村委会。

人口： 房山区是京郊人口第一大区。第五次人口普查结果，房山区总人口为81.4万人。汉族人口79.3万人，占总人口的97.4%，少数民族人口2.1万人，占总人口的2.6%。性别比例为107.7:100（男:女）。

到2002年末，房山区常住总人口74.8万人，出生率为5.8‰，死亡率为5.6‰，自然增长率为0.2‰。农业人口45.1万人，非农业人口29.7万人。人口密度为每平方公里371人。

二、房山区的资源优势

1. 悠久的文化资源

房山的历史可追溯到六、七十万年前，在距城关镇五公里的周口店龙骨山一带，就有“中国猿人北京种”在这里渔猎生息。这里禹时属蓟州，西周时属幽州，春秋战国时属燕国，秦时属上谷郡；汉高祖六年（公元前 201 年）始置良乡、广阳两县。后因境内大房山雄峻秀美而改称房山县，属涿州。

房山是北京建都的佐证。在今琉璃河地区董家林村，是周初燕都城遗址，距今 3040 年，为北京古都的佐证。

云居寺至今还保存着隋唐时期静琬法师的石经瑰宝。房山还是唐朝诗人贾岛的故里。

2. 丰富的矿产资源

房山区已探明储量的矿产 27 种。其中原煤总储量 18.5 亿吨，与门头沟区并称“京西煤仓”。建材资源极为丰富，其中汉白玉、艾青叶等大理石资源储量达 4.56 亿立方米，花岗石储量 16－20 亿立方米，白云岩储量 1.7 亿吨。

3. 众多的旅游资源

区内共有不同时期、不同类别、不同级别的文物古迹 559 处，其中世界级文化遗产有周口店北京猿人遗址 1 处；国家级的有云居寺塔及石经山、金陵遗址、琉璃河商周遗址共 3 处。市级的有上方山诸寺及云水洞、万佛堂孔水洞、窦店土城、良乡塔、琉璃河大桥、白水寺石佛、姚广孝塔等共 13 处。有上方山国家级森林公园 1 处。

区内主要旅游区南线有举世闻名的周口店龙骨山“北京猿人遗址”、琉璃河商周遗址；西线有上方山森林公园、幽燕奥室云水洞——堪称华夏之最的“云居石经”、北方小桂林的十渡风景区；北线有北方第一溶洞的石花洞——万佛堂孔水洞；东线有良乡昊天塔——窦店土城。此外，有唐、辽、金、元、明、清各代古塔 103 座，占北京地区古塔的 1/2。2002 年房山区成功举办了“新世纪、新房山、新发展”宣传展示周和以“生态旅游黄金线，健身娱乐到房山”为主题的第八届房山旅游文化节。全年接待中外游客 475 万人次，实现旅游收入 6.2 亿元。

4. 发达的交通资源

房山区主要铁路干线有京广、京原、京九 3 条，公路有京周、京保、京原和京石等 9 条干线穿境而过。区内有良乡军用机场 1 个。2002 年新开辟公共汽车线路 8 条，城镇公共交通共运送乘客 2730 万人次。

5. 充沛的水利资源

主要河流有大石河、永定河、拒马河、小清河等大小河流 13 条，年平均径流量 4.68 亿立方米。年平均降水量 678 毫米。区内共有小型水电站 22 座，中小型水库 7 座，其中中型水库 2 座，分别是崇青水库和天开水库；小型水库 5 座，分别是丁家洼水库、鸽子台水库、水峪水库、西太平水库和龙门台水库。

6. 广阔的耕地资源

据 2002 年最新统计数据，房山区的土地总面积为 2019 平方公里。其中耕地 48.7 万亩，人均耕地 1 亩。

三、房山区的经济发展情况

以上述六大资源优势为依托，房山区的总体经济不断实现着新的跨越，“九五”期间，房山区（区域口径）总体经济以年平均 11.6%的速度高速增长，实现了产业结构由一、二、三向三、二、一的历史性飞跃。

1999 年 1 月 20 日，房山区第四次人民代表大会第一次会议通过了《1999－2010 年经济社会发展战略与规划》，标志着房山区从第二步战略目标向第三步战略目标迈进，实现历史性转折的重要发展阶段。在这十年间，房山区将以富民强区为目标，以改革和科教进步为动力，以良乡为“龙头”，以开放开发为途径，坚持走可持续发展的道路。发展高新技术“一大产业群”，建设良乡——张坊、良乡——琉璃河“两条经济走廊”，强化科技、教育、人才“三大兴区要素”，形成建筑、建材、旅游、化工、高新技术五大经济支柱，建立建筑、化工、旅游、农副产品四大“产业链”，促进全区经济结构进一步优化，经济综合实力显著增强，两个文明建设协调发展。

2002 年是党的十六大胜利召开的喜庆之年。全区国民经济保持快速、健康的增长势头。社会事业全面进步，人民生活水平稳步提高。

2002 年全区生产总值（区域口径）166.3 亿元，比上年增长 21.4%。产业结构调整取得明显成效。三次产业比重为 6.7:59.0:34.3。人均生产总值达到 22230.8 元。2002 年全区财政收入共完成 8.2 亿元，其中房山地区完成 5.4 亿元；燕山地区完成 2.8 亿元。各项税收（区域口径）完成 30.8 亿元。

随着北京成功申办 2008 年奥运会，我国成功加入世界贸易组织，房山区正面临着难得的发展机遇。相信在区委、区政府的正确领导下，房山区经济将会更加大跨步地向前发展，实现新世纪、新房山、新发展，到 2010 年，国民经济将一定会实现再翻番的宏伟目标。

通州区概况

通州区位于北京市域东南部，北运河上游，通州是距首都最近的极具发展空间的卫星城，交通极为便利，有四大走廊与首都市区相连，即京通快速路、朝阳路、京沈高速公路、京津塘高速公路，西距北京天安门 20 公里，距首都国际机场 23 公里，距天津新港 100 公里，到北京 CBD 只需 10 分钟车程。京哈公路、京津公路和京承铁路、京秦电气化铁路在通州城内交汇。八通轻轨即将建成通车。全境地处京、津、冀、辽环渤海经济区腹地，北京、天津经济发展带的中间地带与大兴县、河北省廊坊市、天津市武清县交界，北与顺义区接壤。东西最宽处 36.5 公里，南北最长处 48 公里，总面积 907 平方公里。辖 4 个街道办事处，2 个地区办事处，8 个镇，1 个回族乡。

通州区历史悠久，早在 4000 多年前就有人类活动。春秋战国时属燕国，秦为渔阳郡地。西汉初在今境置路县，治所在今胡各庄乡古城村。王莽新朝时期（公元 9 年－23 年）改县为亭，称通路亭，后复为路县。东汉建武 2 年（26 年）光武帝刘秀为纪念收降五幡铜马等部众于潞水东，改路为潞，县从水名，其后，县域、治所、隶属多变，直至北齐（928 年）始迁县治所于今址通州镇。金天德 3 年，于潞县置州，取“漕运通济”之意，命名通州，领潞县、三河两县。明洪武元年（1368 年）省潞县入通州，领三河、武清、宝坻、漷县四县。清顺治 16 年（1659 年），裁漷县建置入通州。辛亥革命后 1914 年，改州为县，通州改称通县。1948 年 12 月通县全境解放，并在通州城及四关建通州市，市县分设。1958 年 4 月市县同时划归北京市，成立北京市通州区，1960 年改为通县，1997 年 4 月 29 日经国务院批准撤销通县建置，设立通州区。通州区历为京东交通要道。闻名于世的京杭大运河起始于通州。曹操征乌桓，唐征高丽，元、明、清漕粮运输，清代康、乾二帝东谒皇陵及巡幸江南多经于此，历为漕运仓储重地，万国朝拜、四方贡献、商贾行旅水路进京的必经之地，因而，促进了通州区的繁荣和兴旺，享有“一京（北京）二卫（天津）三通州”之称。历史上，第二次鸦片战争中悲壮的“八里桥阻击战”就发生在通州八里桥。明代的思想家李贽（李卓吾）死后葬于通州，其墓今为市级文物保护单位。杰出的妇女运动活动家、政治家、中华人民共和国第一任卫生部长（也是全国第一任女部长）、第四届全国政协副主席、著名爱国将领冯玉祥将军的夫人李德全，当代著名的乡土文学作家刘绍棠等都是通州区人。

通州区地处永定河、潮白河冲积平原地带，是北京小平原冲积扇和华北平原地一部分。地势平坦，自西北向东南缓慢倾斜，平均海拔高程 20 米，海拔最高之域为徐辛庄镇，最高点是葛渠，高程为 27.6 米；海拔最低之域为柴厂屯及其附近地区，最低点在半截河，高程仅有 8.2 米。北部保存有完整的阶地、徒坎及冲沟；北运河与潮白河间形成沿河地条形洼地；西部与南部为永定河作用地区，呈现出由东南至西北向上的波状起伏之势。土壤多为黄潮土、两合土、沙壤土构成，西部地区分布着水稻黑粘土和砂礓底黑粘土，南部地区多为盐潮土，土质肥沃，适合各种农作物生长。

通州区属于典型的暖温带季风气候区，为半湿润、半干燥气候。受冬、夏季风影响，气候特点是春旱多风，夏热多雨，秋高气爽，冬寒干燥，四季分明，日照充足。多年平均气温 11.2 度。最热月份 7 月，平均温度 26 度；最冷月份 1 月，平均温度为零下 5.2 度。全年无霜期 185－192 天，初霜一般在 10 月 16 日以后，终霜在 4 月 19 日以前。日照实际时数多年平均为 2700 小时。多年平均降水量 600.6 毫米，一般年平均降水量为 617.4 毫米，多集中在 7 月下旬至 8 月上旬，汛期降水量占全年降水量的 85%，易于形成洪涝灾害。

通州区境内多河富水，有“九河下梢”之称。全境分布着大小河流 13 条。其中西北东南走向的河流有北运河、潮白河、温榆河、小中河、中坝河、玉带河和港沟河，多为自然形成的河道；东西走向的河流有通惠河、运潮减河、萧太后河、凤港减河、凉水河和凤河，多为人工开挖的河道，均属海河水系，境内河道总长 247.8 公里，构成了地表水资源网。通惠河、凉水河则为北京市主要排水河道。地下水资源量达 2.2 亿立方米/年，同时大部分地区覆盖有基岩水，由于受地质构造影响，埋藏深度不一，自北向南由浅变深，一般埋深在 200 米以下。目前勘测资料表明，通州区部分地区如通州城区、柴厂屯地区等，埋藏地热资源，有待于进一步开发。

2002 年，全区综合经济实力显著增强，农业结构调整取得实质性进展，宏观经济实现了持续、快速、健康发展。社会发展全面进步，社会需求基本平衡，人民生活水平有很大的提高。据统计，全区全年完成地区生产总值（在地口径，下同）900985.4 万元，比上年增长 17.7%，三次产业所占比重分别为 14.7%、44.2%、41.1%。

第一产业情况：2002 年，全区第一产业增加值完成 132308.5 万元，比上年增长 15.1%。农业总产值（1990 年不变价）155571 万元，比上年增长 35.4%，其中：种植业 73648.5 万元；林业 5058 万元；牧业 62733.4 万元；渔业 14131.1 万元。

农业结构调整取得成效，新增蔬菜面积 2 万亩、林果花卉面积 6.2 万亩。养殖专业户 5.3 万户，养殖小区累计 215 个，小区技术人员 342 人。培育了一批特色专业村镇，三大主导产业初具规模。龙头企业带动能力不断加强，近百家农产品加工企业和农民之间形成了有机的利益联合体；通济达公司配送农产品 10 万吨，世纪东方绿洲绿色农产品超市正式营业。农产品安全生产体系初步建立，认定标准化生产示范基地 49 家，76 家企业通过市级食品安全认证，投资 500 万元建成农产品检测中心。大力发展观光农业，大营生态旅游规模进一步扩大，台湖“第五生产队”等项目开始接待游人。农业招商成果喜人，蒙牛集团、中绿食品公司等品牌企业落户通州。

农业机械化水平显著提高，农业机械总动力达 340712 千瓦，年末拥有大中型拖拉机 1841 台，小型拖拉机（含手扶）1818 台，全区机播面积 274598 亩，机收面积 252040 亩。

农田水利建设继续以发展节水、喷灌工程为重点，农业基本设施建设进一步加强。总机电灌溉面积 330895 亩，农田机械节水灌溉面积 160173 亩；节水灌溉类机械 1284 套，排灌动力机械 10219 台。自动式喷雾（粉）机 94 台，背负式机动喷雾（粉）机 568 台。有机井 2708 眼，农田水泵 8900 台。

第二产业情况：通州区第二产业增加值完成 398240.9 万元，比上年增长 18.8%。其中：工业增加值313804.3万元，比上年增长22.1%。

2002年，全区工业发展增长较快，运行质量创历史最高水平。各级工业园区投入基础设施建设资金5亿元，提高了规划标准和建设标准，投资环境明显改善。招商引资取得新突破，全年引进投资总额千万元以上企业147家，亿元以上企业24家，协议总金额达115亿元，中美CMI控股公司、中科镓英有限公司等一批科技含量高、市场前景好的企业落户通州。光机电一体化产业基地一期起步，市政配套设施实现“十通一平”，签约项目9个，协议投资额49.4亿元，实现了一年一样的目标。加强服务与协作，中央、市属企业纳入区域经济发展的大框架。

全区完成工业总产值(在地口径，1990年不变价)1270490.3万元，比上年增长43.1%，其中：中央、市属为272108.5万元；通州区地方工业总产值完成998381.8万元，其中：区办工业完成108912万元，乡镇办工业完成160576.2万元，村办工业完成578355.6万元，私营个体联合体完成150538万元。工业销售收入完成1158399.3万元，比上年增长36.2%，其中：中央、市属为253612.1万元；全区地方工业销售收入完成904787.2万元，其中区办工业完成130988.8万元，乡镇办工业完成145024.5万元，村办工业完成504748.9万元，私营个体联合体完成124025万元。全区工业利润总额57717.6万元，比上年增长52.3%，其中：中央、市属为13801.8万元；全区地方工业利润总额完成43915.8万元，其中区办工业实现利润7795.8万元，乡镇办实现7667.3万元，村办实现21625.7万元，私营个体联合体实现利润6827万元。

房屋建筑情况：2002年，房屋建筑业开复工面积407.4万平方米，同比增长22.2%；竣工面积243.8万平方米，同比增长36.4%。建筑业总产值423222万元，比上年增长27.5%。

外经外贸情况：外经外贸工作取得新进展，全方位扩大对外开放，积极合理有效利用外资，扩大技术经济合作。本年“三资”企业334家，实际利用外资6573万美元，出口供货额103240万元，出口创汇11200万美元，分别比上年增长6.6%、2.3%和37.3%。

第三产业情况：全区第三产业增加值370436万元，比上年增长17.5%。以“退出、引进”为着力点，大力发展新型商业业态，通糖与物美实现全面合作，区供销社15个基层店加盟北京市医药股份公司，实行连锁经营，效益稳步回升。马驹桥物流产业园开始启动，5家企业入区建设。提升市场建设档次，东方嘉汇花卉交易市场和宠物市场部分设施完工。商品房交易和销售面积突破100万平方米，共完成税收5亿元，分别增长15.3%、28.2%和38.9%。房地产业开发实力、建筑规模、设计风格有了质的提高，提升了新建居住小区档次和品质。

商品市场：2002年，全区社会消费品零售额407386万元，其中：吃的商品零售额177906万元，占43.7%；穿的商品零售额55497万元，占13.6%；用的商品零售额140701万元，占34.5%；烧的商品零售额33282元，占8.2%。全年各类商品市场成交额147198万元，比上年增长4.6%。

交通运输邮电业：全区公路总里程2079.5公里，其中干线公路197.04公里，区级公路245.26公里。全区运输货运量1261万吨，货物周转量49150万吨公里，营业收入8044万元。全区有营运出租汽车公司12家，营运出租车2043辆，小公共汽车298辆。

全区年末邮政局(所)29处，邮政业务总量5400万元，邮政业务收入4761万元。有代办电信业务的局（所）9个，电信业务收入20337.79万元。城乡交换机总容量32.9万门，年末实有电话24.7万部，比上年增长12%。

财政、金融：2002年，全区财政收入189661.9万元，比上年增加68527万元，增长56.6%。其中地方财政收入69424万元，比上年增长46%；财政支出 146461 万元，比上年增加 33747 万元，增长 29.9%。

2002 年末，全区各银行及邮政储蓄存款 1975059.2 万元，比上年增加 340513 万元，增长 20.8%。城乡居民储蓄稳定增加。年末城乡居民储蓄余额 1185949.2 万元，比上年末增加 178467 万元，增长 17.7%。银行各项贷款余额 996908.2 万元，比上年末增加 152148.7 万元，增长 18%。

科技、教育、文化事业：2002 年，通州区继续推进科技改革、科技管理、科技服务、科技人才等创新体系建设，科技对经济增长的贡献进一步增强，现有民营科技企业 102 家，新发展民营科技企业 18 家，新认定高科技企业 5 家，申报科技项目 6 项。重视科技人才的引进与培养，引进各类具有中高级技术职称的专业人才 354 人，举办各类专业技术人员培训 1.6 万人次。实施市级星火计划项目 17 项，实现产值 103341 万元，实现利税总额 1004.8 万元，以电子政务建设为突破口，全面推进政府、企业、社区和村镇信息化建设，全区公共信息平台初具规模。

教育优先发展战略地位得到加强，教育事业成绩显著。增加教育投入，建成潞州中学、永乐店中学综合楼等一批教学设施，新增校舍面积 8 万平方米，完成通州区青少年活动中心迁建工作。继续扩大普高招生规模，扩招 1307 人，高中录取率达到 40.2%。

全区有普通中学 48 所，普通初中在校生 37205 人，普通高中在校生 10508 人，共有教职工 3581 人，其中：专任教师 2713 人，小学校 136 所，在校学生 39911 人，教职工 3724 人，专任教师 3342 人。全区共有职业中学 6 所，在校生 2731 人，教职工 195 人。全区共有幼儿园 97 所，在园幼儿数 8525 人，其中：三岁以上幼儿数 8019 人。教职工 382 人，其中：专任教师 232 人。

全区文化活动进一步加强，广泛开展丰富多彩、有地方特色的文化活动，进一步提高了全区文化活动的质量和水平，文化文物资源得到进一步开发利用，群众文化生活日益丰富，全区群众文化事业机构 12 个，乡文化站 12 个，专业电影院 1 个，电影管理站 1 个，公用图书馆 1 所，藏书 182273 册，区文化馆 1 个。区级文物保护单位 38 处，其中 7 处为市级文物保护单位。

体育事业：2002 年，体育事业成果丰硕，举办全区性各类竞赛 8 次，中小学生达标人数 88700 人，参加全国竞赛获得奖牌 2 枚，参加市级各类竞赛获得奖牌 6 枚。郊区最大的群众健身走廊在通州区建成，全区参加体育锻炼人口 26 万人。通州区运动员在市六届残疾人运动会上获得的团体总分名列全市第二，在远南残疾人运动会上获得 9 枚金牌，为国家和首都争得了荣誉。

固定资产投资：2002 年，全区全社会固定资产投资为 534977 万元，比上年增长 31.4%；未包括农村和零星建筑的固定资产投资额为 422802 万元，比去年增长 14.2%，按建设性质分，基本建设投资为 397454 万元，更新改造投资为 25348 万元，占固定资产投资的比重分别为 94%和 6%。

城市建设：各项重点工程建设进展顺利。坚持基础设施适度超前的原则，全年投资 15 亿元，实施了一批市政工程和生态工程，城市供给能力、承载能力和服务功能迈上了一个新台阶。配合市有关部门，完成八通轻轨 70%的工程总量，公路六环宋庄段竣工通车；新华南北路改造、城市内环路、凉水河大桥等工程相继竣工。与北京城区联网供水前期工作就绪，并列入全市 60 件实事之中。实施天然气“三线”铺设工程，新增主干管线 10.7 公里，新增燃气用户 4200 户。10 万门容量的河东电信局破土动工。全区 75%的村庄完成低电网改造。采取 BOT 模式运作的 10 万吨污水处理厂正式动工；有机生物处理厂竣工并投入使用，在全市率先实现粪便集中处理。完成内环路等道路绿化工程和“两河一路”绿色通道工程，新建设按计划进展，全区植树 630 万株；18 件环保实事得到落实，生态环境进一步改善。旧城改造步伐加快，科技大厦开始动工，北大街、南大街开始动迁。

完成通惠河两岸、京哈公路通州段以及“两道四河”环境综合整治工作。城乡拆临拆违 20 万平方米，城区主要街巷、乡镇政府大街两侧基本无违法建设。各乡镇的环境意识空前统一，用于改善所在区域基础设施河村容镇貌的投入达 3 亿元，四个小城镇、中心镇的建设在农村城镇化进程中起到了较好的示范作用。

人民生活：人民生活水平稳步提高，据城镇居民家庭抽样调查统计：2002 年，城镇居民人均可支配收入 10081.03 元，比上年增长 18.5%；人均生活费支出 7691.03 元，比上年增长 21.5%。

平均每百户居民家庭拥有耐用消费品彩电 124 台，微波炉 45.33 台，洗衣机 98.67 台，空调 93.89 台。

农民家庭抽样调查统计表明：2002 年，农民人均纯收入 5835 元；农民人均生活消费支出 3593 元，比上年增长 6.6%。百户农民家庭拥有耐用消费品彩电 114 台，电冰箱 105 台，空调 40 台，洗衣机 100 台，热水器 19 台，微波炉 9 台。

人口情况：全区年末常住人口 607062 人，比上年增加 2369 人，其中农业人口 387004 人，比上年减少 15187 人；非农业人口 220058 人，比上年增加 17556 人。高度重视计划生育工作，保持低生育水平，2002 年全区出生人口 3191 人，出生率 5.28‰；死亡人口 3533 人，死亡率 5.84‰，人口自然增长率-0.57‰。

顺义区概况

一、历史沿革及自然地理

顺义区历史悠久，春秋战国时地属燕国，秦为上谷郡，汉时属渔阳郡，唐末于此置顺州，明改为顺义县，属北平府，后改属昌平州，清改称顺天府。1945 年分别划为东、西顺义，新中国成立后合并为顺义县，隶属河北省通州专区，1958 年 3 月划为北京市顺义区，1960 年 1 月改为北京市顺义县。1998 年 3 月经国务院批准撤县设区，1998 年 12 月北京市顺义区正式成立。

顺义区位于北京市东北郊，北纬 40° 01′ 至 42° 23′，东经 116° 29′ 至 116° 59′，全区土地面积 1021 平方公里，东西宽 43 公里，南北长 30 公里。区中心距北京市区 30 公里。

顺义区地处燕山山脉南麓，属潮白河冲击扇，地势平坦，北高南低，平均海拔 35 米，土地肥沃，平原面积占 95.7%。境内主要河流有 15 条，均呈南北走向，河道总长 232 公里，径流总量 1.7 亿立方米。潮白河是北京地区东部第一大河，纵贯顺义南北，汇流面积达 446 平方公里，约占全县面积的 45%。地下水位较高，水资源丰富，水质清澈。

1998 年撤县设区后，全区设 19 个镇，2 个街道办事处。

二、土地矿产及旅游资源

顺义水土丰沃，全区土地总面积 137 万亩，2002 年耕地面积有 54 万亩。区内矿产资源丰富，截止到 2002 年底，境内已探明的矿藏有石灰岩、砂、泥炭、煤、饰面用大理石、黏土、地热、矿泉水等。其中石灰岩、泥炭、煤的储量分别为 1571 万吨、1463 万吨和 152269 万吨。

顺义区风景秀丽，景色宜人，环境优雅，是观光旅游、休闲度假的胜地。京东第一大河潮白河纵贯南北，两岸森林郁郁葱葱，林水交映，绿草如茵，空气清新。潮白河两岸先后建起了北京乡村高尔夫俱乐部、北京高尔夫俱乐部、马坡垂钓宫、乡村赛马场、绿色度假村、潮白温泉、大龙世界、潮白赛车城、怡生园国际会议中心等旅游景点以及别墅、宾馆、娱乐、医疗保健等配套设施，吸引了众多的国内外游客。

东北部有以神唐湖、神唐谷为主体的唐指山风景区。区内峰峦叠嶂，山水相依，青山绿水，风景如画。神唐谷内有“三潭六洞十八景”，每处景观都给游客留下一段美丽动人的传说。

顺义东部正在开发建设中的京东大芦荡，水面清澈，绿色苍茫，百花争艳，水鸟鸣啼。微风吹拂，芦苇摇曳，此起彼伏，犹如浩瀚的大海，景色颇为壮观。

2002 年接待旅游人数 70.8 万人次，实现旅游收入 2.3 亿元。其中接待国外旅游人员 6.8 万人次，占总旅游人数的 10.5%，创外汇收入 213 万美元。

三、人口及劳动力情况

2002 年末公安部门统计的户籍人口为 545112 人，其中，农业人口 398796 人，非农业人口 146316 人。男性人口 268870 人，女性人口 276242 人。家庭户平均规模为 3 人，全区常住人口密度为每平方公里 534 人。全年出生人口 3774 人，出生率为 6.95 ‰，比上年上升 0.15 个千分点；死亡人口 3460 人，死亡率为 6.37‰，比上年下降 0.33 个千分点;自然增长率为 0.58‰，比上年上升 0.48 个千分点。

四、国民经济发展情况

今日的顺义，流光溢彩，百业兴旺。

2002 年全区生产总值 132.8 亿元，比上年增长 14.5%，人均生产总值 24371 元，比上年增长 13.8%，比 2002 年增加 2949 元。产业结构调整取得明显成效，三次产业的比重由 2001 年的 16.7%、48%和 35.3%变化为 16.1%、43.5%和 40.4%，第三产业比重继续提高。

第一产业实现增加值 21.4 亿元，比上年增长 10.8%。第二产业实现增加值 57.7 亿元，比上年增长 3.5%，其中工业实现增加值 48.4 亿元，比上年增长 0.3%，建筑业实现增加值 9.3 亿元，比上年增长 23.6%。第三产业实现增加值 53.7 亿元，比上年增长 31.2%。

1. 农业情况

顺义区地势平坦、气候温和、雨量充沛、水质清纯、土地肥沃。发展农业具有得天独厚的自然优势，素有“京郊粮仓”的美誉，被称之为潮白河畔的“绿色明珠”，是北京市重要的副食品生产基地。近年来，农业科技长足发展，现代化水平不断提高，农业结构调整取得了显著成效。种植业结构进一步优化，全区调整增加经济作物面积，初步形成了一批具有区域特色的产业基地，农业总产值中畜牧业占比重达到 59.8%。农业产业化水平不断提高，大力发展了以精品农业为主的六种农业，农业经济运行质量和经济效益不断提高。

2002 年全区粮食总产量 12561 万公斤，棉花 19.1 万公斤，油料 192.8 万公斤。副食品产量中蔬菜产量 118.6 万吨，出栏猪 167.4 万头，出栏肉牛 8.7 万头，出栏羊 37.7 万只，出栏肉鸡 3841.7 万只，出栏肉鸭 1446.7 万只，牛奶产量 6.9 万吨，鲜蛋 2.1 万吨，鲜鱼 1.6 万吨。

2. 工业情况

经过几年努力，顺义区新的优势企业逐步形成，涌现出一批实力雄厚、规模较大的企业集团。燕京商标全国驰名，燕京啤酒年产销量居全国同行业首位。成功上市了“燕京啤酒”和“顺鑫农业”两家股份有限公司，狠抓资本运营。燕京啤酒股份有限公司成功兼并了十几家外地啤酒厂，进一步扩大了市场，增强了市场竞争力。

2002 年，全区有工业企业 2624 个，职工人数 11 万人。完成工业总产值（不变价格）207.1 亿元，完成产品销售收入 220 亿元，实现利润总额 9.6 亿元。

充分发挥地域优势，依托首都国际机场，建立了空港、林河两大工业开发区。2002 年两个工业开发区完成工业总产值 147 亿元，占全区工业总产值的 71%；实现利润总额 7.2 亿元，占全区工业利润总额的 75%。

3. 商业

全区完成社会商品销售额 94 亿元，比上年增长 26.4%，社会消费品零售额完成 45.4 亿元，比上年增长 14.1%。在大中型商业企业中，销售额在亿元以上的有 13 家，共完成消费品零售额 14 亿元，占总消费品零售额的 30.8%，充分发挥了商业中心的作用。各类市场贸易活跃，全年完成集市贸易成交额25.9亿元，比上年增长14.3%。

4. 外经、外贸情况

近年来，以空港、林河工业区为依托，着力创造良好的投资环境，加大基础设施建设的投入，积极有效地利用外资，引进跨国公司和世界知名企业，调整了全区的产业、产品结构，三资企业快速健康发展并实现整体扭亏，成为全区经济新的增长点。

全年完成出口供货额65.3亿元。其中三资企业出口55.4亿元，占全区出口供货额的84.8%。全区三资企业有生产经营活动的163家，实现销售收入144.8亿元，实现利润总额3.9亿元，实交税金5.7亿元。

利用外资成效显著。全年新批三资企业65家，累计发展到665家。2002年投资总额18757.6万美元，注册资本11162.1万美元，合同利用外资7889.5万美元，实际利用外资总额11522.6万美元。

5. 财政、金融情况

2002年，全区完成财政收入23.5亿元，其中地方财政收入8亿元。财政支出16.4亿元。

金融业稳步发展。金融存款稳定增加，年末全区金融机构各项存款余额193.8亿元，比年初增加30.7亿元。年末全区贷款余额117.2亿元，比年初增加19.7亿元。

城乡居民储蓄稳定增加。年末城乡居民储蓄100.2亿元，比年初增加14亿元。其中农村储蓄余额32.8亿元，比年初增加3.2亿元。

五、固定资产投资及城市建设

全区城市建设取得突破性进展，城乡面貌焕然一新，环境进一步改善。

固定资产投资结构进一步优化。2002年全区开复工项目195个，其中续建项目82个，开复工面积251.3万平方米。竣工项目75个，竣工面积118.4万平方米。完成项目总投资（投资50万元以上、有正式批文的）42.4亿元，其中，第一产业完成投资0.3亿元，第二产业完成投资15.4亿元，第三产业完成投资26.7亿元。全年完成基础设施投资7.9亿元，占全区固定资产投资的比重为18.6%。

公用事业稳步发展。全年自来水生产量1746万吨，城区日供水能力达到12万吨；新增天然气用户6961户，天然气用户达到32961户；全年用电量达到132135.6万 /时。

邮电通讯业快速发展。全年邮政业务总量4985万元，发送函件695万件，发送报刊2527万件。电信能力不断增强，年末全区电话装机容量达到26万门，固定电话用户19.8万户，区内居民电话用户17万户，全区每百人拥有电话36部，比上年增加3部。

近年来，顺义区先后完成了光明文化广场的建设，拓宽美化了光明街和府前街，旧城改造和新农村建设步伐加快。绿化美化成效显著，全区林木覆盖率达到29%，城区绿化覆盖率达到43%，人均占有公共绿地面积20平方米。

六、社会事业发展情况

坚持科教兴区，科技、教育快速发展，社会事业全面进步。

1. 科技

不断增加科技投入，强化科技对接，星火、火炬等科技发展计划如期实施，加快了科技成果向生产力的转化步伐。

科技实力进一步加强。高新技术产业和民营科技企业迅速发展，全区高新技术企业累计发展到32家，全年实现增加值13.8亿元，占全区工业增加值的28.5%，占全区国内生产总值的10.4%。民营科技企业发展到350家，全年实现增加值4.2亿元，实施三级星火项目251项，引进科技项目148个，新发展民营科技企业114家，引进科技项目148项，新组建科研生产联合体34家，新引进科技人员242人。利用高新技术嫁接改造传统产业，促进了产业结构的调整，被国家科技部确定为国家级星火技术密集区和城郊型持续高效农业示范区。

2. 教育

教育优先发展的战略地位进一步巩固，幼教、普教、职教、成教事业协调发展。2002 年全区有普通中学 40 个，在校生 56691 人，毕业生 16202 人，教职工 4165 人；小学 104 个，在校生 35466 人，毕业生 14030 人，教职工 3909 人；幼儿园所 94 个，幼儿入托 8629 人，教职工 488 人；职业中学 3 个，在校生 5889 人，毕业生 1523 人，教职工 306 人。全区 36 所初级中学全部通过市级规范化验收，2002 年高考中有 3059 人被大专以上高等院校录取，考入高等院校人数连续 24 年居京郊首位。

3. 文化

文化广播事业呈现生机和活力。区内工人文化宫、影剧院、俱乐部、图书馆、博物馆等文化娱乐设施俱全。全区有广播电台 1 个，电视台 1 个，电影放映单位 9 个，文化馆站 20 个，公共图书馆 1 个，馆藏图书 18 万册，区级以上重点文物保护单位 9 处。新建了光明文化广场，加强了电影院、新华书店等文化设施建设。

4. 卫生

卫生事业健康发展。全区共有医疗卫生机构 47 个，医院床位 2038 张，卫生技术人员 2806 人。平均每千人拥有病床 3.7 张，平均每千人拥有卫生技术人员 5.1 人。各种常见病、多发病得到有效控制和治疗。

5. 体育

体育事业蓬勃发展。群众性体育活动广泛开展，全民健身基础设施进一步改善，体育锻炼成为人民“科学、健康、文明”生活方式的一部分。2008 年奥运会水上项目和马术比赛场馆规划选址在顺义。

七、人民生活情况

人民生活全面实现小康，收入水平和生活质量明显提高。年末职工人数 17.5 万人，比上年增加 4.6 万人，职工年平均工资达到 13481 元，比上年增长 4.8 %。据城镇居民住户抽样调查（50 户）资料显示，城镇居民人均可支配收入达到 11735.9 元，比上年增加 1730.4 元，增长 17.3%；人均消费性支出 7748.6 元，比上年增加 1155.3 元，增长 17.5%。

据农村住户抽样调查（200 户）资料显示，农民人均纯收入达到 5850 元，比上年增加 434 元，增长 8%；人均生活费支出 4420 元，比上年增加 492 元，增长 12.5%。百户农民家庭拥有耐用消费品：电视机 140 台，电冰箱 97 台，洗衣机 109 台，空调 34 台，电风扇 184 台，自行车 259 辆，摩托车 58 辆，微波炉 9 台，热水器 26 台，抽油烟机 25 台，手机 53 部，电话 103 部。

按照北京市小康标准（高于国家标准）进行监测与评估，我区已经实现小康，人民生活水平有了较大提高，生活质量有了明显改善。

昌平区概况

一、历史沿革及自然地理简述

昌平区位于北京市西北部，全区总面积 1352 平方公里。昌平区是历代王朝的畿辅重镇，被称为“股肱重地”，素有“京师之枕”的美称。昌平区现辖 15 个镇、2 个办事处，308 个村民委员会、53 个居民委员会。2002 年年末全区户籍人口为 447597 人，其中农业户口 241296 人。

二、国民经济概况

1. 国民经济增长步伐加快

2002 年全区综合经济实力得到进一步提高，实现地区生产总值 111. 9 亿元，比上年增长 30. 9 %。

第一产业实现增加值 5.3 亿元，增长 3 .1%；第二产业实现增加值 57.6 亿元，增长 49.1%；第三产业实现增加值 49 亿元，增长 19.4%。第一、二、三产业增加值占地区生产总值的比重分别为 4.7%、51.5%、43.8%。其中第一产业比重下降 1.3 个百分点，第二产业比重上升 5.5 个百分点，第三产业比重下降 4.5 个百分点。全区“强二兴三优一”的产业发展思路得到进一步体现。

2. 工业发展十分迅猛

工业以中关村科技园区昌平园为龙头，从全区资源优势和基础优势出发，狠抓了产业、产品的结构调整，使全区产业布局趋于优化，产品结构趋向合理。

2002 年，昌平园规划面积为 914.1 公顷，累计投资 4.7 亿元，提供标准化厂房 3.6 万平方米，累计入驻高新技术企业 1183 家，注册资金总额达到 95.2 亿元，逐步形成了生物制药、光机电一体化、电子信息、新材料四大产业体系，以昌平园为龙头的高新技术产业在全区经济发展中的支柱作用正逐渐显现。2002 年，昌平园新发展企业近 400 家，完成技工贸总收入 140 亿元，上缴税金 9.4 亿元，实现增加值 35.5 亿元。

镇办工业小区建设加快，总收入达到 25 亿元，占全区乡镇企业总收入的 43.1%。全年完成基础设施投资 2.4 亿元，新入驻企业 60 家，其中已建成投产 20 家。36 个工业大院新入驻企业 98 家。新发展 9 个二、三产业专业村，累计达到 31 个，带动了 8502 户农户和 14855 名农民就业。

2002 年经济技术合作洽谈会和六个专题招商活动共引进项目 308 项，到位资金 17.6 亿元。亚运村汽车交易市场等一批对全区经济有显著拉动作用的规模项目落户昌平。

私营个体经济成为全区经济增长的重要力量，新发展企业 9362 家，上缴税收 2.4 亿元，增长 105%。出现了鹏达制衣等一批出口创汇、促进农民就业和增收的外向型企业。

2002 年全区工业生产始终保持较快增长态势，完成不变价工业总产值 188.7 亿元，比上年增长 40.9%。昌平园完成不变价工业总产值 62.3 亿元，比上年增长 41.2%，是全区工业持续、快速增长的主力军。

工业经济效益状况良好。全区独立核算工业全年实现销售收入 197.4 亿元，同比增长 46%；实现利润总额 6.4 亿元，同比增长 24.7%。区属工业效益快速增长主要是受昌平园高新技术企业的拉动。2002 年，昌平园完成销售收入 64.8 亿元，同比增长 53.3%；实现利润总额 3.4 亿元，同比增长 41.9%。

3. 农业结构调整初见成效

农业坚持以市场需求为导向，以结构调整为重点，以科学技术为手段，以农民致富为目标，取得了全面发展。小汤山现代农业科技园、归国农业专家创业园等一批优质高效现代农业项目的建设，促进了全区农业结构的调整。

全区粮经比例调整到 32：68，畜牧业占大农业的比重达到 53%，农业结构在调整中优化，在优化中提高。形成了肉羊、苹果、牧草和林木种苗等四个具有昌平特色的主导产业，温水鱼养殖初具规模。华都肉鸡、鲜绿安果品、盛世富民、天汇渔业等农产品加工企业龙头带动作用日益突出。食用农产品安全生产体系和标准化生产体系初步建立，建成了全市惟一的国家级苹果标准化生产基地。六种农业发展取得新成绩，精品农业、观光农业和籽种农业产值增幅均在一倍以上。山区水利富民综合开发成效显著，投资 2083 万元，完成五小工程 789 处，退耕还林 2 万亩。25 个低收入村农民人均劳动所得超过了 3000 元。小汤山现代农业科技示范园的辐射带动作用明显增强，中心区基础设施日趋完善，农产品配送中心投入使用。牧草收购、加工 3 万吨，有效地带动了全区种植业发展。入园企业达到 54 家，游客突破 10 万人次。

2002 年，全区完成农业现价总产值 12.8 亿元，比上年增长 4.1%。其中：种植业完成产值 4.9 亿元，比上年下降 6.7%；林业完成产值 1.5 亿元，比上年增长 1.3 倍；渔业完成产值 6600.3 万元，比上年略有下降；畜牧业完成产值 5.8 亿元，与上年相比基本持平。

4. 固定资产投资增长强劲

全年完成社会固定资产投资 58.7 亿元，比上年增长 57.6%。其中：基本建设投资 43.6 亿元，比上年增长 56.8%；更新改造投资 5.5 亿元，比上年增长 1.5 倍。按投资方向分，用于第一产业的投资 1.5 亿元，比上年下降 24.9%；用于第二产业的投资 9.3 亿元，增长 72.7%；用于第三产业的投资 47.9 亿元，增长 60.3%。房地产开发业投资仍是第三产业投资大幅增长的主要原因。全年房地产开发企业完成投资 31.8 亿元，增长 68.6%，占全区固定资产投资总额的 54%。2002 年，全区房地产开发企业房屋施工面积达 236.9 万平方米，比上年增长 18.8%；房屋竣工面积为 64.1 万平方米，与上年相比持平。商品房销售面积为 52.4 万平方米，比上年增长 35.7%；商品房销售额 20.2 亿元，略有增长。

5. 国内、外贸易蓬勃发展

城乡市场繁荣，购买力逐年增加。新世纪商城、阳光商厦等传统企业购销两旺；综合超市、专卖店和便利店等新兴业态成为新的增长点。现代流通业的格局初步显现。社会消费品零售额完成 31.2 亿元，比上年增长 6.1%。交通运输、金融等服务业发挥自身优势，服务水平进一步提高。信息咨询、保险、中介、物业管理等现代服务业服务功能不断完善。

对外开放步伐进一步加快，投资环境不断改善。2002 年，全区新批三资企业 48 家，比上年增长 25%。外商投资总额为 10287.9 万美元，注册资本 7135.7 万美元，协议外资 4166.4 万美元。

外贸出口交货额增势强劲。全区全年完成外贸出口交货额 8.6 亿元，增长 30.3%。对全区外贸出口交货额拉动作用较大的主要是昌平园，全年实现出口交货额 3.4 亿元，同比增长 1.1 倍，占全区外贸出口总额的 39.5%。

6. 旅游事业发展迅速

旅游资源丰富，旅游业发展迅速。主要旅游景点有：明十三陵古墓群、居庸关长城、银山塔林、十三陵水库、蟒山公园、桃峪旅游度假区、小汤山温泉度假旅游区等。2002 年，昌平区以明十三陵申报世界文化遗产为契机，建设旅游强区步伐加快。德陵抢修一期工程完成，皇冠假日酒店、居庸关古客栈等一批旅游设施投入使用，旅游接待能力和服务水平显著提高。全年接待游客 1375.6 万人次，实现旅游收入 8.8 亿元，分别比上年增长 18.1%和 38.9%。新发展民俗旅游村 20 个，专业户 400 户。民俗旅游实现旅游收入 1625.7 万元，增长 1 倍；接待旅游人数 40.7 万人次，增长 68.9%，38 个民俗旅游村户均收入达到 1.29 万元。其中十三陵特区实现经营收入 2.3 亿元，增长 15.9%；接待游客 580.6 万人次，增长 4.5%。

7. 财政、金融圆满完成计划

2002 年，全区圆满完成了年初所制定的财政收入与支出计划，为全区各项事业的顺利发展提供了可靠的财政保障。全年完成财政收入 67091 万元，增长 52.3%，完成年度计划的 132.5%。全年财政支出为 113254 万元，比上年增长 19.5% 。

年末全区各项人民币存款余额 201 亿元，比上年增长 25%；城乡居民储蓄余额 96.8 亿元，比上年增长 25%。各项贷款余额 134.7 亿元，比上年增长 43.2%。

8. 城乡居民生活显著提高。

2002 年，全区在岗职工平均工资 14639 元，增长 19.5%。城镇居民人均可支配收入 9424.9 元，增长 12.2%；人均消费性支出为 7613.8 元，增长 16%。我区农民人均纯收入为 5751 元，增长 11.6%；人均生活消费 5306 元，增长 12%。

大兴区概况

大兴区，地处北京市南郊平原，区位优势得天独厚。大兴是北京市惟一一个拥有两个新兴卫星城的郊区县，面积 1030 平方公里，辖 14 镇，共 539 个行政村，区政府所在地黄村镇离市区仅 13 公里，它是 1984 年国务院批准建设的首都第一批重点发展的卫星城之一；北京新城亦庄，即北京经济技术开发区，是在北京跨入国际化大都市的经济发展框架和战略选择中，在大兴亦庄镇内迅速崛起的又一座新兴卫星城。从经济发展战略地位看，大兴是北京、天津两大都市的门户及外埠进京的重要通道，背倚京城，面向渤海，辐射中原之区位优势日渐明显。特别是现代交通、通信体系的建立，把大兴同北京城区紧密地连成一体，优美的投资环境，丰富的自然资源，良好的人文条件，将使大兴成为首都二十一世纪理想的发展空间。

人口情况

2002 年，大兴区总人口（户籍人口）为 54.0 万人，其中非农业人口为 18.4 万人。人口出生率 5.1‰，人口死亡率为 6.5‰。人口密度为 524 人／平方公里。

国民经济概况

2002 年，全区综合经济实力明显增强。全区生产总值 87.9 亿元，比上年增长 23.6%，其中：第一产业增加值 13.6 亿元，增长 4.2%；第二产业增加值 34.3 亿元，增长 32.4%；第三产业增加值 40.0 亿元，增长 24.5%。财政收入为 8.2 亿元，增长 57.7%。

土地资源

大兴区的土地面积 1030 平方公里，其中：耕地面积 632848 亩，当年增加耕地面积 1246 亩，减少耕地面积 26871 亩，其中基建占地 15111 亩，耕地改为园地 5988 亩。在耕地面积中常用耕地面积 622358 亩，其中：水浇地面积 517920 亩；水田面积 2385 亩。

水利资源

截止到 2002 年底，全区水利工程年供水量 3.5 亿立方米，其中向农业供水 2.96 亿立方米；向工业供水 0.36 亿立方米；向城镇生活供水 0.17 亿立方米。小二型水库 1 座（念坛水库），总库容 320 万立方米。

旅游资源

2002 年底，区内重点风景名胜区有 10 处，分别为北京野生动物园、北普陀影视基地、麋鹿生态实验中心、半壁店森林公园、骑士公园、濒危动物驯养繁殖中心等。当年接待海内外游客 225 万人次，旅游收入 1.56 亿元。

工业基本情况

2002 年，全区共有营业工业企业 2449 家，全区完成工业总产值（按 1990 不变价）122.5 亿元，比上年增长 25.4%，其中中央工业完成产值 4.0 亿元；市属工业完成产值 14.4 亿元；区属工业完成产值 104.0 亿元。全区工业实现销售收入 112.3 亿元，比上年增长 21.7%，其中中央工业完成收入 3.2 亿元；市属工业完成收入 10.6 亿元；区属工业完成收入 98.6 亿元。全区工业实现利润 42371.3 万元，比上年增长 9.1%，其中中央工业完成利润 2167.6 万元；市属工业完成利润 2248.6 万元；区属工业完成利润 37955.1 万元。

全区的工业主要包括服装、食品、化工、建材、医药等行业。

农业情况

2002 年，全区农林牧渔业总产值（1990 不变价）实现 20.6 亿元，比上年增长 12.8%。其中：种植业产值 10.8 亿元，林业产值 0.4 亿元，牧业产值 9.3 亿元，渔业产值 0.2 亿元。农林牧渔业增加值 13.6 亿元，比上年增长 4.2%。

全区主要农作物有：粮食、蔬菜、西瓜、油料。粮食作物播种面积 37.8 万亩，全年粮食总产量达到 13.8 万吨；蔬菜播种面积 46.2 万亩，蔬菜产量 126. 4 万吨；瓜类种植面积 8.0 万亩，总产量 25.5 万吨。

交通情况

大兴交通网络四通八达，京开高速公路北起北京玉泉营环岛，南至河北固安大桥，全长 38.2 公里，纵贯大兴西红门、黄村、北臧村、庞各庄和榆垡。为了完善城市功能，大兴区投资新修了兴业北路、林校北路、黄亦路等 8 条骨干道路，使全区 50 多条公路与京津塘、京开高速公路和 104 国道纵横交织、畅通无阻，形成了方便、快捷的现代化交通网络。从黄村出发，10 多分钟即可驶进北京城区。90 分钟可达天津新港。京津、京山、京沪、京九铁路在黄村火车站交汇入京，黄村发挥着重要的交通枢纽作用。黄村卫星城东 6 公里处的中国联合航空公司南苑机场，已有 28 条航线开通。366 路、901 路、410 路、937 路、957 路、962 路、特 3 路等多条公交车从北京直通大兴，进一步拉近了城乡距离，方便了出行。

2002 年，全区交通运输业货运量达到 1487 万吨，货物周转量 1089 亿吨公里，客运量 408.7 万人次。

通讯情况

2002 年，全区完成邮政业务总量 4073 万元，比上年增长 23.7%，全年实现业务收入 3722 万元，比上年增长 20.4%。全年累计订销报刊 1462 万份，订销报刊流转额 951 万元，发送函件 971 万件。

2002 年底，全区电话装机容量 23.8 万门，实际装机 18.7 万户，其中住宅用户 15.6 万户，ISDN 用户 3287 户，宽带网用户 1908 户，201 电话 5400 部，电信业务收入 1.67 亿元，比上年增长 10.0%。

教育

2002 年，全区拥有中小学校 197 所，其中职业中学 6 所、普通中学 49 所、小学 142 所；中小学在校学生总人数 78826 人，其中职业中学 3928 人，普通中学 35699 人，小学 38599 人。幼儿园、所 27 个，幼儿入托数 7717 人。

科技

2002 年组织实施各类科技计划项目 133 项，其中延续 72 项，新立 61 项。2002 年，全区有 17 家企业通过了北京市高新技术企业认证，全区的高新技术企业已达 57 家。民营科技企业发展迅速，形势喜人。截止到 2002 年底，全区已发展民营科技企业 630 家，技工贸总收入达 42 亿元。

文化

截止到 2002 年底，影剧院放映电影场次 690 场，观众达 7.8 万人次；文化馆 1 个、文化站 14 个；公共图书馆 1 个，馆藏图书 14.8 万册；电视台 1 个，广播电台 1 个。

卫生

2002 年，全区拥有医疗卫生机构 47 家，医院卫生机构床位数 2655 张，卫生技术人员 2883 人，其中中医师 148 人，西医师 1250 人。全区平均每千人拥有卫生技术人员 5.3 人，拥有医院床位 5.0 张。

体育

2002 年，全区有体育运动场馆 6 个，面积 10380 平方米，全年举办运动会 27 次，参加人数达 5500 人。2002 年，成功地举办了大兴区机关运动会。积极参加市级各种比赛并获得好成绩。在参加北京市第十一届运动会上，获金牌 13.5 枚、银牌 12 枚、铜牌 13 枚。团体总分居远郊区县第三名。

财政金融

2002 年，全区实现财政收入 82492 万元，比上年增长 57.7%，其中区县固定税收 23268 万元，增长 120.5%；共享税收 55670 万元，增长 41.6%。从财政收入的构成看，营业税、印花税、企业所得税和增值税这四项税种占 84.2%，其中营业税 32289 万元，比上年增长 57.9%，占财政收入的 39.1%。全区财政支出 153347 万元，增长 31.6%，其中基本建设支出 6910 万元，比上年增长 39.8%；教育事业费 29655 万元，增长 21.3%；支援农村生产支出 17283 万元，增长 52.3%。

2002 年，金融机构共吸收各项存款 186.9 亿元，比上年增长 31.9%，其中居民储蓄存款余额 91.5 亿元，增长 21.9%；发放各项贷款 92.6 亿元，比上年增长 22.5%。

投资与房地产

2002 年，全社会固定资产投资 82.9 亿元，比上年增长 63.6%。其中：基本建设投资 4.5 亿元，增长 42.8%；房地产开发投资 63.9 亿元，比上年增长 82.8%。2002 年，全区房地产业施工面积 444.1 万平方米，比上年增长 56.2%；销售面积 129.5 万平方米，增长 98.3%；商品房销售额 51.6 亿元，增长 115.4%。

国内贸易

2002年底，全区共有社会商业、饮食业、服务业、修理业网点13241个，其中：批发零售贸易业网点8026个，餐饮业网点2766个；按地区分，分布在卫星城的网点4369个，农村网点8872个.

2002年，全区实现社会消费品零售总额35.8亿元，比上年增长9.3%，其中：居民消费品零售额29.9亿元、社会集团消费品零售额5.9亿元。按行业分：批发零售贸易业23.9亿元、饮食业5.8亿元、制造业0.5亿元、其他行业5．6亿元。从消费结构看：吃、穿、用、烧消费品零售额分别为17.1亿元、4.0亿元、10.5亿元、4.2亿元，同比分别增长8.4%、17.3%、6.1%和14.9%。

2002年，区内建筑面积在2000平方米以上的大中型商场有北京星城商厦、北京帝园商城。销售额在亿元以上的商场有北京星城商厦、北京帝园商城。

国际贸易

2002年，全区外贸出口企业达到108家，比上年增加19家，全年外贸出口总额达12.3亿元，比上年增长27.8%，在出口商品总值中，农副产品2.3亿元，占总出口额19.1%，轻工业产品7.2亿元，占58.5%，重工业产品2.7亿元，占22．4%。

截止到2002年底，全区有“三资”企业282家，“三资”企业合同外方投资额3032.2万美元，实际利用外资1037.9万美元。

开发区建设

2002年，大兴区将大兴工业开发区和埝坛开发区进行了整合，通过资源整合，拓宽了发展空间。大兴工业开发区累计入区企业达490家，投产企业240家，其中高新技术产业企业15家，三资企业30家，工业企业84家。到2002年底，大兴工业开发区项目总投资累计29.8亿元，其中总投资在亿元以上的企业有8家。

城市建设

截止到2002年底，全区共设14个镇，较大的镇为黄村镇，辖区面积122.7平方公里，非农业人口达10．9万人。黄村卫星城为国务院1984年批复的首都北京的卫星城，十几年来，随着城市建设规模的不断扩大，城市人口迅速增加，城市基础设施日趋完善，2002年，黄村卫星城共有自来水厂2个，自来水年供水量1448万吨，平均日供水量39600吨，自来水管道长度111公里。华北油田进京天然气主干线穿越大兴黄村卫星城，大兴区有天然气用户8万户。有线电视用户8.6万户。

2002年，全区用电总量为11.6亿千瓦时，其中农业生产用电1.2亿千瓦时。全区拥有变电站17座，变电站容量592.6兆伏安，输电线路长240.9公里，配电线路长2197.1公里，配电变压器4278台，配电变压器容量551053千伏安。

农村建设

2002年，全区拥有农业机械总动力49.6万千瓦，大中型拖拉机1409台，排灌用动力机械20691台，联合收割机893台，农用载重汽车1093辆。机耕面积46.8万亩，机播面积25.8万亩，机收面积16.0万亩。化肥施用量（折纯）3.40万吨，农村用电量3.8亿千瓦时。农田有效灌溉面积69.33万亩。机电井数1.0万眼。

人民生活

随着工资收入及社会保障的逐年提高，城镇居民的物质生活和精神文化生活丰富多彩，消费水平和生活质量进一步提高。2002年，城镇居民人均可支配收入9684.8元，比上年增长7.6%，全年人均消费性支出8864.2元，比上年增长23.2%。其中人均交通通讯支出1048.4元，比上年增长72.9%；人均医疗保健支出752.2元，比上年增长7.5%；娱乐文教及服务支出1687.6元，比上年增长59.4%；人均居住支出1102元，增长117.9%。

2002年，全区继续以农民增收为核心，农民人均纯收入达5538.3元，比上年增长10.6%，农民生活消费支出3668.5元，其中人均医疗保健支出310.4元，比上年增长34.8%；人均文教娱乐用品及服务支出539.3元，比上年增长5.5%。人均住房面积36.9平方米。

平谷区概况

一、历史沿革及自然地理简述

平谷区位于北京地区东北部，西南距城区70公里。地处东经116°55′—117°24′，北纬40°02′—40°22′。南与河北省三河市为邻，北与本市密云县接壤，西与本市顺义区连界，东南和东北分别与天津市蓟县、河北省兴隆县毗连。

平谷区历史悠久，境内已发现的10万年前旧石器时代中晚期人类文化遗址，说明远古时代已有人类在此活动栖息。西周以来属燕国封地，战国时归属渔阳郡。西汉高祖12年(公元前195年)始设平谷县，西汉末期在今平谷西北置滑盐县。新朝王莽改滑盐为匡德。东汉撤滑盐入平谷。东汉末期建安18年(公元213年)改渔阳属广阳郡。三国魏黄初4年(公元223年)为燕郡辖县，太和6年(公元232年)为燕国属县。西晋初撤平谷县，后复置为燕国地。后赵平谷县改属渔阳郡。北魏太平真君7年(公元446年)撤平谷入路县。后于今平谷地区北部置要阳县，属安洲密云郡。东魏撤要阳县。隋改属渔郡无终县。唐武德元年(公元618年)属檀州，设大王镇(今平谷县城)。五代燕应天元年(公元911年)改属蓟州渔阳县。金大定27年(公元1187年)升大王镇为蓟州平峪县。元至元2年(公元1265年)将平峪县并入渔阳县，至元13年(公元1276年)复置，改称平谷县，仍属蓟州。明洪武九年(公元1376年)平谷县属北平府蓟州，10年(公元1377年)将平谷并入三河县，13年(公元1380年)复置平谷县。永乐元年(公元1403年)改属顺天府蓟州。清康熙27年(公元1688年)属京师顺天府北路厅。雍正4年(公元1726年)改属霸昌道。乾隆8年(公元1734年)改属直隶顺天府。民国元年(1912年)沿袭清制。民国3年(1914年)改顺天府为京兆特别区，领县二十，平谷县为其一。民国17年(1928年)改属国民政府河北省。民国24年(1935年)归属殷汝耕成立的“冀东防共自治政府”。民国27年(1938年)“冀东防共自治政府”合并于“中华民国临时政府”，平谷县属河北省冀东道。民国30年(1941年)改属河北省燕京道。抗日战争时期，中国共产党在平谷地区建立抗日根据地，与相邻的三河、密云、兴隆、蓟县等地区先后设立“密、平、蓟”、“平、密、兴”、“平、三、蓟”等联合县抗日民主政府，先后属晋察冀边区冀东办事处，晋察冀边区冀热辽行署第十四专署等管辖。1946年3月撤销“平、三、蓟”联合县，恢复了平谷县，属冀东行署十四专署。同年从三河县北部，蓟县西北部、怀柔县东南部、密云县东南部共划入133个行政村。1949年8月属河北省通县专区。在1950、1956、1958三年间，又分别从密云、蓟县划入39个行政村，区域成今状。1958年3月撤销通县专区，改属唐山专区。同年10月划归北京市。平谷县周围为燕山南麓余脉环绕，中间是平原谷地，故名。

平谷地处华北平原北端与燕山南麓相交地带。东、南、北三面环山，占境域七分之四强，中部和西南部为不足七分之三的平原。地势东北高，西南低，中间平缓，呈倾斜簸箕状。

平谷区域属温带大陆性季风气候，四季分明。春季干旱多风，夏季高温多雨，秋季凉爽湿润，冬季寒冷干燥。年平均气温11.5℃，平均无霜期191天，年降水量639.5毫米。

平谷区域内多河，计有常年和季节河流10余条，属蓟运河体系。地下水资源较丰富，质好。域内多泉水，其中日流量在20立方以上的山泉就有38处。已开发多种品牌的矿泉水饮料。

平谷区由于地形复杂，气候四季分明，土壤种类繁多，野生植物资源丰富。全县植被覆盖率已超过50%。林木发展给野生动物提供了栖息条件。

二、旅游资源及矿产资源

平谷历史悠久，文物丰富，古迹甚多。在泃、泇二河沿岸曾发现有自旧石器时代中晚期至元明清时期的遗址多处。目前，全区有 29 处市县两级文物保护单位，其中：市级 3 处。已在金海湖建起了“上宅文化陈列馆”。

平谷山清水秀，有着奇山秀水的自然风光。近几年来平谷把旅游事业作为全县四大支柱产业之一来抓，利用自己的优势，以“绿都平谷，旅游明珠”为主题，全面实施旅游提高计划。目前已有金海湖、湖洞水、京东大峡谷、大溶洞、上宅文化等十余个自然和人文景点。其中：金海湖曾作为 1990 年亚运会赛艇和皮划艇比赛场地，已列为市级旅游度假区。各景区内服务设施齐全，旅游管理规范。已连续三年举办“国际桃花、烟花节”。2002 年，全区接待各方旅游者 388.3 万人次，旅游收入达到 3.1 亿元。分别比上年增长 10.6%和 48.6%。

平谷区境内矿产资源较丰富，已知的矿产主要有：金、铜、铅、大理石等 20 多种，分布全区 40 多处。其中黄金开采始于唐朝。现已查明黄金的矿线由东到西长达 60 公里，是北京市黄金的主要产地，年产量已多年居北京市之首。镇罗营的花岗岩，是高级装饰材料，质量位居全国第 5 位，国家正式命名为：“平谷红”。

三、国民经济概况

1. 人口、劳动力情况

平谷区下辖 15 镇 2 乡，275 个村民委员会。总面积 1075 平方公里。2002 年，户籍人口 39.1 万，其中汉族占全县总人口的 96%，人口密度每平方公里 364 人。全区人口出生率 5.49‰，死亡率 9.90‰，人口自然增长率为-4.4‰。

2. 工业情况

平谷区工业已成为全县经济发展的支柱。2002 年，全区共有各种工业企业 538 家，涉及电子、化工、服装、食品饮料、机械等领域。完成工业总产值(不变价)72.2 亿元，销售收入 57.4 亿元，分别比上年增长 21.2%和 23.6%。工业占全区经济的比重达 31.5%。

3. 农业情况

平谷是一个农业大区。近几年来，农业内部结构调整取得实质性进展，2002 年，粮经比例已经超过了 2:8，是北京市粮食和副食品生产基地。农业占全区经济的比重为 21.9%。

2002 年，全区完成农业总产值(不变价)10.7 亿元，比上年增长 10.5%。其中：种植业产值 4.6 亿元，畜牧业产值 5.1 亿元。

近几年来，全区农业实施大桃一品带动战略，有力地促进了干鲜果品的生产。2002 年，全区果园面积达到 24.9 万亩，干鲜果品总产量达到 19.1 万吨，已十余年居京郊之首。其中：大桃产量 14 万吨，不仅供应首都及外地市场，而且已出口到东南亚很多地区，成为山区农民收入的重要来源。

4. 固定资产投资及城市建设

多年来，全区固定资产投资主要侧重于二、三产业，有力地促进了全区经济发展。2002 年，全区完成固定资产投资额 12.9 亿元，其中：区级固定资产投资 6.0 亿元，乡（镇）级固定资产投资 5.0 亿元。

平谷交通便利，境内公路里程达到 913.9 公里，其中高等级公路达 749.7 公里。目前已村村通公路，和北京城区有快速路相连。境内有一条长 16 公里，的自建铁路一条。大秦铁路从我区西南部穿越 13 公里，并设平谷站。

邮政、电信事业迅速发展。2002 年，全区程控电话交换机容量达到 17.2 万门，实有电话 11.1 万部，电话普及率达到 28.2 部/百人。全区订销报纸、杂志 1087.5 份。已实现村村通邮、通电话。全区邮电业务总量达到 8473.6 万元，比上年增长 4.1%。

平谷区城水、电、气基础设施较为完善。近两年运用“经营城市”新思路，建立了城市建设多元化投资体系，城市建设有了较大发展。建成了远郊区县第一个垃圾卫生填埋场，无害化处理率达到 100%。

5. 国内贸易

2002 年，全区县实现社会消费品零售额 16.5

亿元，比上年增长 11.5%。从消费品构成看：吃类商品零售额 5.3 亿元，穿类商品零售额 3.5 亿元，用类商品零售额 5.3 亿元，烧类商品零售额 2.4 亿元。

6. 外经、外贸

招商引资工作成果显著，外向型经济稳步发展。全年共落实投资在 5000 万元以上的较大项目 16 个。新办三资企业 19 家，实际利用外资 1343.4 万美元。

外贸出口形势较好。2002 年，全区完成出口交货额 13.5 亿元，比上年增长 24%。出口商品以工业制成品为主，直接出口创汇达到 4000 万美元。

7. 财政、金融

财政收入多年保持两位数的增长速度。2002 年，全区完成地方财政收入 4.4 亿元，比上年增长 24.2%。财政支出 12.7 亿元，剔除市拨专款，财政收支基本平衡。

金融保险业健康有序发展。2002 年，全区各金融机构存款余额达 78.6 亿元，比上年增长 13.0%，其中：储蓄存款余额 45 亿元。全区贷款余额达 48.3 亿元，比上年增长 2.8%。人寿、财产保险公司全年完成保费收入 6824 万元。赔款支出 3734 万元。

8. 文化、教育、卫生、体育

城乡文化生活丰富多彩。成功举办“第十届农民艺术节”、“夏日文化广场”等 11 项大型文化活动。建成了全国惟一的“冰心奖”陈列室。

形成教育发展新格局，教育经费支出力度逐步加大。目前，全区呈现出基础教育、职业教育、成人教育、高等教育共同发展的良好局面。全县有小学 122 所，普通中学 33 所，职业中学 3 所，高等院校 1 所。全年在校生规模 7.6 万人。成人教育围围绕经济发展，积极推进农村劳动科技推广等五项工程，被评为北京市五项培训工程先进单位。教育经费支出力度加大，全区教育经费支出 2.2 亿元，比上年增长 18.4%。中、高考工作再创佳绩，全区被高一级学校录取 9211 人。其中：高考本科录取 2080 人，是恢复高考以来最多的一年。

卫生条件进一步改善。继续推进和完善乡村一体化管理和社区卫生服务工作，全区农村卫生室达到二级标准以上的占 70%，新建卫生社区服务站 10 个。全县各种卫生机构 85 个，卫生人员 2247 人，床位 1150 张。全区人民就医条件得到进一步改善。合作医疗工作得到巩固和发展，全区已有 9.1 万人参加农村合作医疗，农民抵抗大病风险的能力进一步提高。

群体工作不断加强，竞技体育成绩显著。全区已有三家体育俱乐部，一个标准的草坪足球场。成功举办了“新兴杯”全国少年儿童乒乓球锦标赛决赛。在市级以上比赛中，获金牌 12 枚、银牌 16 枚、铜牌 14 枚。

9. 人民生活

2002 年，全区生产总值 42.4 亿元，比上年增长 14.2 %，已连续多年保持两位数的增长速度，经济综合实力不断增强。

城乡居民收入水平实现较快增长，人民生活已由温饱过渡到小康。2002 年，城镇居民人均可支配收入达到 10972.8 元，农民人均纯收入 5102.3 元，分别比上年增长 13.8%和 15%。从消费情况看，城镇居民人均生活消费支出 8068 元，农民人均生活消费支出 3026.1 元，分别比上年增长 12.2%和 12.7%。

就业形势基本稳定。2002 年，城镇登记失业人员再就业率达到 78.2%。社会保险覆盖面不断扩大，全年发放养老金 6274 万元，失业救济金 706 万元，公费医疗支出 2017 万元。

怀柔区概况

怀柔是北京市的远郊区，地处燕山南麓，北京东北部，北纬 40° 14′ –41° 04′，东经 116° 17′

－116° 55′ 分。东临密云县，南与顺义、昌平相连，西与延庆县搭界，北与河北省赤城县、丰宁县、滦平县接壤。

怀柔区地形南北狭长，呈哑铃状，南北长 128 公里，东西最窄 11 公里。地势北高南低，以著名的万里长城为界，北依群山，南偎平原，层次鲜明地分为深山、浅山、平原等不同地势。境内最高点海拔 1705 米，最低点海拔仅 34 米。

怀柔属暖温带大陆性季风型半湿润气候，四季分明，雨热同期，夏季暖热湿润，冬季寒冷少雪。全年日照时数为 2748－2878 小时，年平均气温 9－13 度，积温 2800－4610 度。无霜期 170－200 天。年平均降水在 600－700 毫米，主要集中在 6－8 月份。

一、行政区划及人口

截止到 2002 年底，怀柔区农村有 12 镇，2 个乡，286 个行政村。城区有 2 个街道，22 个居（家）委会。

怀柔区 2002 年底户籍常住人口数为 26.7 万人。当年出生率为 5.9‰，死亡率 5.75‰。自然增长率为 0.15‰。农业人口 17.5 万人，非农业人口 9.2 万人;男性人口 13.5 万人，女性人口 13.2 万人。人口密度为每平方公里 125.3 人。

二、资源情况

1. 土地资源

怀柔区地域面积 2128.7 平方公里，其中平原面积 234.4 平方公里，占土地面积的 11.0%；山区面积 1894.3 平方公里，占土地总面积的 89.0%。在总面积中林地面积 1176 平方公里，占土地总面积的 55.2%；水域面积 44.66 平方公里，占土地总面积的 2.1%，其中水库水面 7.7 平方公里。

2. 矿产资源

截止到 2002 年底,怀柔区已探明储量的矿产 21 种，矿产地 27 处，其中大型矿床 3 处，中型矿床 8 处。已探明的主要矿产有:自制碱灰岩、沙、石英、花岗石、透辉石、白方岩、莺石、金矿、铁矿。

3. 水利资源

怀柔地处首都饮用水源保护区，境内有四级以上河流 17 条，山泉 774 处。年水资源总量 8.6 亿立方米，占全北京市水资源总量的 1/5。地表水质量达到国家二级标准。

截止到 2002 年底，怀柔区内共有大中小型水库 7 座，其中大型水库有怀柔水库 1 座，中型水库有北台上水库、大水峪水库共 2 座 ，小型水库有沙峪口水库、红螺镇水库、西水峪水库、边坑水库共 4 座，有塘坝 39 处、蓄水池 10 处。属于国家重点监控的水库是怀柔水库，共 1 座。

三、国民经济概况

1. 经济总量保持稳步增长

2002 年怀柔区生产总值 52.2 亿元，比上年增长 16.3%。 其中第一产业增加值 4.5 亿元，增长 7.5%；第二产业增加值 29.1 亿元，增长 16.4%；第三产业增加值 18.6 亿元，增长 18.4%。

2002 年，实现地方财政收入 5.5 亿元，比上年增长 31.2%。其中增值税 0.7 亿元，增长 20.9%；营业税 2.5 亿元，增长 36.9%；企业所得税 1.4 亿元，增长 20%。地方财政支出 14.9 亿元，比上年增长 16.3%。其中企业挖潜支出 4.0 亿元，增长 83.6%；卫生事业费支出 0.6 亿元，增长 30.1%。

2. 各产业经济特点较为突出

①第一产业结构调整取得阶段性成果，养殖业已占据主导地位。2002 年全区实现农业总产值(现价)9.6 亿元，其中养殖业产值占 61.1%，比“九五”末上升了 8.6 个百分点。

建设“三大基地”的战略目标已基本确定并正在顺利实施，即全国的板栗生产基地、西洋参种植、加工基地、冷水鱼养殖基地。

享誉国内外的“北京板栗”2002 年产量为 6131.9 吨，到 2002 年末全区拥有板栗种植面积 26.5 万亩。

怀柔西洋参种植已有 18 年的历史，是目前全国最大的西洋参种植、加工基地，其质量优于进口的同类产品。到 2002 年末，全区西洋参种植面积达 7000 亩。

怀柔的冷水鱼养殖具有得天独厚的条件，由于怀柔水资源丰富，水质好，使得冷水鱼养殖发展迅速。主要鱼种有虹鳟鱼、鲟鱼等。到 2002 年末，全区有养殖水面 508 亩，冷水鱼总产量 2000 吨，成为全国最大的冷水鱼养殖基地。

主要农副产品产量随农业结构的调整而增减各异。全年粮食总产量 51434 吨，比去年下降 17.7%。出栏肉牛 19065 头、牛奶产量 31813.3 吨，分别增长 14.4%和 17.7%。受产业结构调整的影响，全区种植结构有所变化，粮食作物播种面积为 1.06 万公顷，比上年减少 13.7%；经济作物和其他作物播面为 0.4 万公顷，减少 13.0%。

2002 年，全年造林面积 6393 公顷，育苗面积 756.8 公顷。干鲜果总产量 43485.5 吨，其中：板栗 6131.9 吨，大扁杏仁 1190.3 吨。

②工业已成为全区经济的中流砥柱

怀柔区工业经过近十年的发展，已初步形成具有自身特色的生产格局。到 2002 年底，怀柔区共有工业法人单位 403 个，年平均从业人员 3.3 万人。2002 年全区工业实现增加值 23.8 亿元，占全区国内生产总值的 45.6%。汽车制造、食品饮料、包装物品制造业（金属容器及塑料包装等）已成为怀柔工业的三大支柱行业。2002 年法人工业企业中，三大支柱行业的总产值和销售收入已分别占全区法人工业企业的 80.2%和 75%。工业年销售收入前 10 强企业中，属于三大支柱产业的就占有 8 席。

汽车制造业是怀柔区发展最快的行业。2002 年实现产值 21.1 亿元，占全区工业的 17.1%，较为知名的企业有北汽福田怀柔汽车厂，北京欧曼重型卡车厂等，汽车年产能力达 10 万辆以上，是北京重要的汽车生产基地。

食品饮料制造、加工业在工业中举足轻重。著名的品牌有红牛、健力宝、茹梦、妙士等。2002 年实现产值 34.2 亿元，占全部工业的 27.7%。较为知名的企业有爱芬食品(北京)有限公司，红牛维他业饮料有限公司，北京广东健力宝饮料有限公司，北京妙士乳业有限公司等。

包装物品制造业已颇具规模。2002 年该行业实现产值 8 亿元，占全部工业的 6.5%。知名的骨干企业有北京富特波尔容器有限公司、北京欧陆太平洋制罐有限公司、北京奥瑞金新美制罐有限公司、上海紫江企业集团股份有限公司北京分公司等。

③旅游业的辐射作用日益显著

怀柔的旅游业发展较快。目前已开放的旅游景点有 25 个，2002 年接待游客达 705.9 万人次，实现综合收入 5.08 亿元。到 2002 年末已累计发展民俗旅游户 2080 户。较为著名的景区有慕田峪长城、雁栖湖、红螺寺、青龙峡、响水湖等。在旅游的辐射作用下，怀柔区房地产业、公交运输、社会服务业、市政基础建设等都得到较快的发展，所以旅游的辐射带动效益远大于旅游景点的直接效益。

④房地产开发迅速崛起

怀柔区房地产业发展极为迅速。2002 年，用于房地产开发的投资额达 7 亿元，比上年增长了 87.3%。到 2002 年末，全区已建成各式住宅小区 50 个。商品房销售增势强劲，2002 年商品房销售面积 15.5 万平方米，销售额 4.3 亿元，分别比上年增长 75.6%和 124.3%，房地产业是拉动怀柔区第三产业增长的最主要行业之一。

⑤三资企业与对外经济发展迅速

目前已有 30 个国家和地区在怀柔投资办企业。至 2002 年末，在怀柔已开工投产的三资企业 181 家，2002 年年内协议利用外资金额 2604.8 万美元，实际利用外资额 4539.9 万美元。2002 年，全区外贸出口商品交货总额 5.7 亿元，同比增长 16.6%，其中外资企业出口 2.1 亿元，增长 43.2%。

⑥流通领域平稳发展

到 2002 年底，全区共有集贸市场 14 个，集贸市场成交额 4.6 亿元。全区社会消费品零售额 17.5 亿元，同比增长 13.7%，其中居民消费品零售额 15.2 亿元，增长 17.6%，社会集团消费品零售额 2.3 亿元，下降 6.6%。从不同行业看，批发零售贸易业 13.3 亿元，饮食业 2.8 亿元，制造业 0.9 亿元，其他行业 0.6 亿元。

3. 固定资产投资增势强劲

2002 年，全区社会固定资产投资 30.8 亿元，同比增长 53.9%。其中第一产业投资 1.6 亿元，下降 1.3%；第二产业投资 15.3 亿元，增长 62.7%；第三产业投资 13.9 亿元，增长 54.5%。按建设性质分，基本建设投资 2.5 亿元，减少 20.1%；房地产开发投资 7 亿元，增长 87.3%，更新改造投资 3.3 亿元，增长 2.6 倍。

4. 金融保险业运行正常

到 2002 年底，全区有各类金融机构 8 个，年末各项存款余额 83.5 亿元，同比增加 9.3 亿元，在存款总额中居民储蓄余额 42.7 亿元，增加 5.6 亿元；各项贷款余额 51.0 亿元，同比增加 1.6 亿元。

2002 年，全区承保金额 85.2 亿元，同比增长 17.2%，保费收入 0.85 亿元，增长 48.4%，保费赔款 0.2 亿元，减少 9%。

5. 邮电通讯业发展迅速

到 2002 年底，全区有邮政局 1 个，支局 5 个，邮政所 17 处，全年完成邮电通讯业务总量 9333.4 万元。全区有线电话交换机容量达到 11.5 万门， 全区年内新增电话用户 9386 户，年末电话用户达 8.8 万户，其中个人住宅电话 7.2 万户，移动电话总量为 5.8 万部，每百户居民拥有电话 136 部（含移动）；全年来往函件 579.6 万件；报刊期刊发行量 958.2 万份。

四、社会事业全面进步

1. 教育事业

2002 年末，全区拥有各类学校共 95 所，在校学生 39901 人，专职教师 3206 人。在各类学校中，普通高等学校 1 所，在校学生 1300 人，教师 41 人；中等专业学校 1 所，在校学生 70 人，教师 12 人；普通中学 33 所，在校生 14780 人，教师 1153 人；小学校 57 所，在校生 20529 人，教师 1783 人；成人高等教育学校 1 所，在校生 1218 人，教师 10 人。高考升学率为 74.95%，中考升学率 95.7%，适龄儿童入学率为 100%。

2. 科技活动

科技投入力度加大，科技开发取得明显效果。2002 年仅财政用于科技方面的支出就达 964 万元，同比增长 104.2%。全年共组织实施国家、市区级星火计划、可持续发展示范项目及致富、科研、推广项目共 68 项，申报市级 14 项。农村信息化建设被列入国家“863”重点项目，同时也列入全市四个示范区之一。积极开展科普活动，全年共组织大型科普宣传活动 8 次，科普展览 7 次，科技下乡 67 次。“科技兴怀”和“可持续发展”两大战略正逐步实施。

3. 文化事业

争创全国文化先进区县获得成功，怀柔区被命名为全国文化先进区。至 2002 年底， 全区有电影放映单位 52 个，影剧院 3 个，电影放映场次 4080 场；文化馆 1 个，参加文化活动训练 2500 人次；图书馆 1 个，馆藏图书 13 万册；档案馆 1 个，馆藏各类档案 4.2 万卷；文物机构 1 个，市级以上重点文物保护单位 2 处；电视台 1 家，广播电台 1 家，年末有线电视用户 3.2 万户。

4. 卫生事业

2002 年，全区拥有各类卫生机构 478 个，其中医院 10 个。有卫生技术人员 1510 人，有床位 1000 张，其中农村卫生院有床位 50 张，占总床位的 5%。全区平均每千人口拥有卫生技术人员 5.7 人，拥有医院床位 3.7 张。

5. 体育事业

2002 年，全区拥有各类体育场馆 4 个，举办各类竞赛 24 次，参加比赛人数 1.7 万人，当年达到国家体育锻炼标准的人数为 3.8 万人，达标率 97%。参加市级以上各类竞赛获奖牌 78.5 枚，其中金牌 23.5 枚、银牌 25 枚、铜牌 30 枚。

五、城市建设

以“雕塑精品城市”为目标，加快城市建设步伐。2002 年深入开展了“严管城”建设，脏乱现象得到有效抑制。全区拆除了 7.5 万平方米的违章建筑，九个小区的垃圾实现了分类处理；城区环境综合治理取得较好效果。

2002 年，全年城市供水量 721 万吨，其中生活用水量 140 万吨，生产用水 504 万吨。用电量 5.0 亿千瓦时，其中工业用电 2.2 亿千瓦时，居民生活用电 0.8 亿千瓦时。全区拥有客运汽车 8282 辆，其中微型汽车 8200 辆，城市铺装道路长度 119.9 公里，区级以上公园 12 个，年末实有草坪 89.8 万平方米，全年植树 2.1 万株，人均绿地 48.8 平方米，城市绿化覆盖率 48.1%。

六、农村建设

到 2002 年底，全区农村拥有农业机械总动力 20.7 万千瓦，农用拖拉机 1290 台，拖拉机配套农具 1043 部，联合收割机 280 台，农用载重汽车 805 辆。机耕面积 14.4 万亩，机播面积 6.4 万亩，机收面积 6.7 万亩，化肥施用量 1.7 万吨，农村用电量 2.1 亿千瓦时。全区农田灌溉面积 13.9 万亩，机电灌溉面积 12.1 万亩。

拥有农业技术推广站 14 个，牲畜配种站 4 个，畜牧兽医站 14 个，种子站 1 个，种子公司 1 个，国有畜牧良种场 4 个。

七、人民生活

2002 年，城镇居民人均可支配收入 11160 元，农民人均纯收入 5302.8 元。城镇居民人均消费支出 8403.1 元，农村居民人均年消费支出 3172 元。城市人均住房面积 25 平方米，农村人均住房面积 28 平方米。

2002 年，全区城市居民每百户拥有：彩色电视机 109 台，电冰箱 94 台，空调 67 台，家用电脑 28 台，电话 112 部；农村每百户拥有彩色电视机 98 台，电冰箱 80 台，空调 21 台，家用电脑 5 台，电话 88 部。全区平均百户移动电话拥有量 54 部。

密云县概况

一、历史沿革及自然地理简述

密云县位于北京市东北部、燕山山脉南麓、华北大平原北缘，是北京至东北、内蒙古的重要门户，有“京师锁钥”之称，是历代兵家必争之地。县城距北京市区 65 公里，全县总面积 2226.7 平方公里。密云县属暖温带季风型大陆性半干旱气候。县境内有大小河流 14 条，潮白河纵贯全境。县内有中型以上水库 4 座。密云水库是首都的重要水源。

密云县是我国设立郡县最早的地区之一。公元前 283 年，燕国设渔阳郡于密云，距今有近 2300 年的历史；北魏改渔阳郡为密云郡，隋唐五代时称檀州，明改称密云县，一直沿用至今。

二、旅游资源及矿产资源

独特的地理位置和悠久的历史，给密云留下了多处名胜古迹。全县重点名胜风景区 20 多处。其中，国家级的有云蒙山风景区，市级的有白龙潭风景区。举世闻名的万里长城在密云境内长达 222.5 公里，其中司马台长城因其设计独特、构筑险要而被联合国教科文组织列为世界人类文化遗产。

密云县的矿产资源丰富，已探明储量的矿产 25 种。主要矿产有金、银、铁、钨、铅等。铁矿储量达 9.5 亿吨，在全国 2000 多个县中居 19 位，占北京地区总储量的 96.4%，石灰岩的储量也有近亿吨。

三、国民经济概况

1. 经济总量

2002 年全县生产总值 56.6 亿元，比上年增长 27.3%。其中，第一产业实现增加值 8.93 亿元，比上年增长 13.7%；第二产业实现增加值 27.89 亿元，增长 29.3%；第三产业实现增加值 19.78 亿元，增长 31.6%。

2. 人口、劳动力情况

全县总人口为 42.15 万人，其中男性为 21.19 万人，占 50.27%；女性为 20.96 万人，占 49.73%。

全县人口中，汉族人口为 39.77 万人，占总人口的 94.36%；少数民族人口为 2.38 万人，占总人口的 5.64%。2002 年，全县出生人口 0.30 万人，出生率为 7.1‰；死亡人口为 0.19 万人，死亡率为 4.48‰；自然增加人 0.11 万人，人口自然增长率为 2.62‰。

2002 年末，全县从业人员 23 万人，其中，城镇单位从业人员 8.03 万人，农村家庭从业人员 14.97 万人。

3. 工业情况

密云县的工业涉及 28 个行业，其中比较大的行业有电子及通信设备制造业、食品制造业、纺织业、服装及其他纤维制品制造业、木材加工及竹藤棕草制品业、交通运输设备制造业、医药制造业、饮料制造业、化学原料及化学制品制造业、非金属矿物制造业、黑色金属矿采选业、金属制品业等。全县工业生产单位 1611 个，从业人员 6.12 万人；资产总计 64.18 亿元，其中固定资产 22.28 亿元。2002 年，全县工业实现增加值 23.05 亿元，比上年增长 27.2%；实现工业产品销售收入 82.97 亿元，比上年增长 28%。

4. 农业情况

2002 年，密云的农业产业结构调整继续深化，农民增收有了稳定的产业支撑，绿色养殖业、精品渔业和绿色林果业三大主导产业已成规模，2002 年，全县第一产业实现增加值 8.93 亿元，比上年增长 13.7%，占全县经济的比重为 15.8%。全县有养殖小区 391 个，奶牛存栏 1.61 万头，牛奶产量 5.12 万吨，出栏肉羊 33.73 万只。各种名优鱼养殖品种 30 余种，成鱼生产量 550 万公斤。全年粮食播种面积 14.2 万亩，比上年调减 6.1 万亩，粮食总产量 3499.1 万公斤。干鲜果品主要有核桃、栗子、苹果、梨、红果等，全年干鲜果总产量 56216 吨，新发展设施菜田 3000 亩，无公害蔬菜基地发展到 8 万亩，顺利通过了国家级无公害蔬菜生产示范县验收，全年蔬菜产量高达 33.98 万吨，比上年增长 35.8%。

5. 固定资产投资及城市建设

2002 年，密云县固定资产投资规模继续扩大，全年完成固定资产投资 63.65 亿元，比上年增长 41.4%。城市建设中的基础设施项目完成投资 4.68 亿元，工业完成投入 22.36 亿元。

2002 年，密云县运用“经营城市”理念，继续推进卫星城建设。年初确定的 60 项重点工程全部竣工。全年完成危旧房改造 35 万平方米。檀西路、新北路、果园西路等 24 条道路建设如期完工，“四横八纵”的市政道路总体框架已经形成。101 国道、密溪路共 8 条干线公路的治理全部达到“进京第一印象工程”标准。年末全县城市人均占有公共绿地 24.34 平方米，城市绿化覆盖率 44.14%。

6. 国内贸易业

密云县共有商业、饮食业营业网点 11944 个，从业人员 3.24 万人。2002 年，社会消费品零售额完成 22.2 亿元，比上年增长 12%；集贸市场成交额实现 6.73 亿元，增长 13.3%。

7. 外经、外贸

2002 年，全县外经外贸工作成绩显著，全年新引进外商投资企业 26 家，投资总额 21159 万美元，合同外资 5166 万美元。全年实际利用外资 2558.5 万美元，比上年增长 31.3%；其中，投资额在 100 万美元以上的 21 家；外贸出口供货额 6.23 亿元，比上年增长 10.6%；出口总值 5500 万美元，增长 22.2%。

8. 财政、金融

2002 年，全县完成财政收入 7.33 亿元，比上年增长 132.9%；全年财政支出为 15.28 亿元，增长 39%。

全县共有金融机构 7 家。2002 年末，金融机构存款余额 74.27 亿元，比上年增长 19.6%；城乡居民储蓄存款余额 44.64 亿元，增长 17.8%；贷款余额 60.39 亿元，增长 47.8%。

9. 文化、教育、卫生、体育

文化：2002 年，全县新建改建文化广场 159 处，举办各种文化活动 430 余场。县图书馆率先与首都图书馆联网，实现了网上查询、网上阅览。全年组织文艺演出 300 场次；电影放映队 25 个，放映电影 2617 场次；影剧院 1 个，放映电影、戏曲文艺演出 955 场次；图书馆 1 个，藏书 15 万册。

教育：教育投入继续加大，教学条件明显改善，投资 1 亿元完成了密云二中分校等 7 项教育重点工程，12 所学校新建了校园，27 所学校新建了计算机房。县财政全年教育事业费支出 2.76 亿元，比上年增长 11.3%。普通中学 29 所，在校生 29247 人；职业中学 2 所，在校生 731 人；小学 90 所，在校生 29464 人；聋哑学校 1 所，在校生 120 人；幼儿园 106 所，在园幼儿 7784 人。

卫生：全年医疗卫生设施投入 3400 万元，建成县急诊楼等一批医疗重点工程，年末全县共有医疗卫生机构 335 个，其中县属卫生机构 28 个，其他 31 个，村设医疗点 276 个。全县拥有卫生技术人员 1962 人，病床 1325 张，每千人拥有病床 3.2 张。

体育：2002 年，投资 1000 万元，安装各种健身器材 286 台件。竞技体育创佳绩，在北京市第十一届运动会上，夺得金牌 25 枚，名列京郊第一。全年参加市级以上运动会比赛，运动员 191 人次。破北京市举重纪录 11 项。

10. 人民生活

2002 年，密云县农民人均纯收入 5171 元，比上年增长 13.6%；生活消费支出 3123 元，增长 4.5%。城镇居民人均可支配收入 10551 元，比上年增长 13.2%；消费性支出 7006 元，增长 15.1%。在岗职工年平均工资 15169 元，比上年增长 6.4%。

延庆县概况

一、历史沿革及自然地理简述

1. 历史概况：

延庆历史悠久。在远古，长城外，已有古人类在此域活动。传说中的黄帝族和炎帝族在涿鹿、阪泉一带大败蚩尤的九黎族，此地乃古战场之一。相传高扬氏置九州，地属冀州。有虞氏(舜)置十二州，又属燕州之地。战国时则是燕国的上谷地。秦统一时，地属上谷郡。西汉时仍为上谷郡。东汉时撤夷合为居庸一县。三国时属魏燕州上谷郡居庸县，晋沿旧制。后魏属东燕州居庸县。北齐改东燕州为北燕州，废居庸并入怀戎县。公元 624 年改为妫川县。公元 742 年改为妫川郡。公元 758 年复为妫川县名，唐末改称晋山县，属儒州。公元 936 年，划归辽，仍称晋山县。金朝时废儒州，晋山县归德兴府。1212 年，升为镇州。元时复改为晋山县，属大都路奉圣州。1316 年，因元仁宗生于此境内香水园，故升为龙庆州，属大都路领怀来县，为京都直属地。明朝 1370 年废州，地属北平府，到 1414 年，复隆庆州，属北京行部，1567 年改为延庆州。清朝仍为延庆州，属直隶宣化府。1913 年改为延庆县，属直隶省口北道。1928 年改属察哈尔省。1952 年察哈尔省撤销，延庆县隶属河北省，1958 年 10 月划归北京市，成为首都的北大门。

2. 自然地理：

延庆县地处东经 115° 44′—116° 34′，北纬 40° 16′—40° 47′，整个区域呈东北向西南延伸的长方形。它是北京市西北部山区的一个远郊县，东邻怀柔县，南邻昌平区，西北分别与河北省怀来县和赤城县接壤。地处延怀盆地东部，燕山沉降带西端。县城位于妫水河中游北岸，距北京市区 75 公里，县域东西长 170 公里，南北宽 45.5 公里，辖区面积为 1992.5 平方公里。山地面积占全县总面积的 72%，整个地势为东北高，西南低。南北高山之间有一东西狭长的平川，古称妫川，是主要的粮食产地。

解放以来，延庆县的行政区域经过了多次变动，截止到 2002 年，全县共辖 11 个镇，4 个乡，373 个行政村，县辖镇为延庆、康庄、永宁、旧县、张山营、八达岭、沈家营、井庄、大榆树、四海、千家店；县辖乡：香营、刘斌堡、大庄科、珍珠泉。

二、旅游资源及矿产资源

1. 旅游资源：

延庆县有悠久的历史，境内留下了许多不同的文物储藏和人文景观。复杂的地形，多样的地貌，又形成了丰富多彩的自然景观。这种较为特殊的历史条件和地理条件，为延庆造就了丰富、独特的旅游资源。加之气候条件以冷凉为特色，气候较市区低 4° 左右，因此，在盛夏是旅游避暑的好去处。截止到 2002 年底，已开发旅游景点 30 处，其中：国家级的有八达岭、松山森林公园；市级的有龙庆峡、古崖居、山戎墓葬陈列馆、莲花湖、康西草原和詹天佑纪念馆。设立自然保护区 10 处，其中：国家级的有松山自然保护区、市级的有野鸭湖自然保护区；县级的有玉都山自然保护区、莱石河自然保护区等。现有主要旅游区 15 处，有八达岭、龙庆峡、松山、康西草原、水关长城、御都园、长城博物馆、莲花湖、温泉度假村、神奇野山峡、华风温泉大城堡等。2002 年，共接待国内外游客 866 万人次，旅游总收入达到 8.6 亿元。

2. 矿产资源：

延庆县地处燕山山脉，为隆起的活化区，北、东、南三面环山，地下矿产资源较为丰富，主要有铁、铜、锌等 20 多种固体矿，还有较为丰富的地下水和地热资源。分布地区主要在大庄科、千家店、黑汗岭、刘斌堡、西二道河等山区和部分川区，如：三里河、松山等地。

到 2002 年底，已发现矿山地 70 多处，已探明储量的矿产地 48 处，其中：大型矿床 5 处、中型矿床 23 处、小型矿床 20 处。已探明储量的有：铁、地热、石灰石、铜、锌、铝、钼等。主要矿产储量：铁 550 万吨、地热 100 平方公里。

三、国民经济概况

延庆县经济发展的总目标是：通过“九五”期间和新世纪初十年的努力，把延庆初步建设为社会经济比较发达，与首都国际化大都市相适应的现代化国际旅游卫星城。到 2005 年，产业格局、生产力布局、人口分布、经济结构较为科学合理，经济运行状况优良，具有一定的经济规模和技术基础，基础设施较为完善，社会服务保障体系比较健全，经济开始进入较快的发展阶段。主要发展目标为，按现价计算，地区生产总值达到 46.5 亿元。工农业总产值达到 50.02 亿元，农村经济总收入达到 82 亿元，农民人均纯收入为 7200 元，地方可支配财力达到 10 亿元，县城人口达到 15 万人，城镇人口达到 18 万人。

“九五”期间，延庆县的经济建设取得了较大的成就。到“九五”末，产业格局、生产力布局、人口分布、三次产业结构初步优化，经济进入良性循环轨道。2002 年，全县生产总值达到 18.01 亿元，其中：一产 5.18 亿元，二产 6.55 亿元，三产 6.28 亿元。工农业总产值达到 32.3 亿元，农村经济总收入达到 56.59 亿元，农民人均纯收入达到 5042 元，城镇居民年人均可支配收入达到 11368 元，地方财政收入达到 2.32 亿元。

1. 人口、劳动力情况

人口情况

延庆县人口以汉族为绝大多数，分散居住少部分回族和满族，并有非常少的蒙古族、维吾尔族、苗族等 11 个少数民族人。2002 年，全县人口总数为 27.35 万人，其中：非农业人口 7.37 万人，农业人口 19.74 万人。按性别分，男性为 13.72 万人，女性为 13.39 万人。人口总计中，有 0.99 万人是少数民族。全县人口密度为每平方公里 136.6 人，人口出生率为 14.74‰，死亡率为 6.15‰，自然增长率为 8.59‰。

劳动力情况

2002 年末，全县从业人员为 13.78 万人，其中：第一产业 5.34 万人，第二产业 3.49 万人，第三产业 4.94 万人。全县职工年末人数为 4.47 万人，其中：国有单位职工 2.25 万人。全县有个体劳动者 0.86 万人。农村从业人员 9.53 万人，其中：农林牧渔业 5.34 万人，工业的 0.47 万人，建筑业 1.40 万人，交通运输业 0.70 万人，批发零售贸易餐饮业 0.53 万人，服务业和其他行业 1.09 万人。

2. 工业情况

改革开放以来，延庆的工业发展较快，不仅建立了八达岭经济技术开发区和延庆经济技术开发区，而且还发展了许多支柱产业，对延庆经济的发展起到了促进作用。到 2002 年底，全县共有法人工业企业 208 家，职工 1.23 万人。全县完成不变价工业总产值 23.98 亿元，完成现价增加值 5.7 亿元，按可比价计算比上年增长 11.6%，其中：县以上工业产值 6 亿元，乡镇工业产值 5.30 亿元，村及以下工业 12.68 亿元。总计中，国有工业产值 0.36 亿元，集体及其他工业 23.62 亿元。全年工业产品销售收入 21.86 亿元，实现税金 1.09 亿元，利润总额 3859.5 万元。

3. 农业情况

延庆县是一个农业县。改革开放以来，全县从实际出发，因地制宜的发展农业生产。近几年来，为提高农民收入，大力推行了种植结构的调整，精品农业、高效农业、创汇农业和养殖业迅速发展。2002 年，全县第一产业增加值 8.84 亿元(现价)，粮食总产量 1.1 亿公斤，蔬菜总产 51.7 万吨，干鲜果品总产 4.23 万吨，鲜蛋总产 1.25 万吨，鲜奶 4.19 万吨。养殖小区发展到 175 个，养殖专业户 3096 户。“五小水利”工程完成 1235 处。完成造林面积 9.5 万亩，四旁植树 41.36 万株，林木覆盖率达到 55.4%，生态环境日益改善。

4. 固定资产投资及城市建设

固定资产投资

近几年来，全县固定资产投资力度加大，投资额成倍增长。2002 年，全县完成固定资产投资额 20.3 亿元，施工面积 37.8 万平方米，首都经贸大学长城旅游学院学生公寓、金色假日酒店、社区服务中心等 20 多项工程相继竣工，竣工面积达到 18.5 万平方米。

房地产开发依然火爆，年末有房地产开发公司 11 家，全年完成投资 10.7 亿元，施工面积达 102 万平方米，竣工面积 60.2 万平方米。

城市建设

改革开放以来，延庆县城加快了基础设施建设，公共建筑、园林绿化建设提高了县城的基本功能，优化了县城环境。2002 年末，县城人口达到 8 万多人。城市供水能力为 1.5 万吨/日，自来水年供水量 440 万吨，生活用水 110 万吨，自来水普及率 100%。年用电量 1.5 亿千瓦时，其中：居民生活用电量 4000 万千瓦时。县城设有煤气供应站两座，全年煤气供应量 3000 吨，用气普及率达到 90%以上。天然气入户工程已初具规模。县城内交通发达，通往北京市区的 919 路公共汽车，每天发车 180 余趟，有 6 条线路的县城公交车已全面开通，全县共有客车 1860 辆，其中：出租车 1400 辆，全年客运量 850 万人次。县城已建成的妫川广场，提高了旅游卫星城的口味。500 多亩水面的莲花湖公园，使县城气候清新，景色宜人。

5. 国内贸易

改革开放以来，延庆的商业有了很大的发展，基础设施不断完善。新建了夏都大厦、双信购物中心等一大批商业设施，引进了一批超市、连锁店、专卖店等新型业态，购物环境明显改善。到 2002 年末，全县共有商饮服务业网点 6950 个，从业人员 1.5 万人，其中：商业网点 4780 个，从业人员 0.87 万人；饮食业网点 1231 个，从业人员 0.4 万人。

全县社会消费品零售额为 28.45 亿元，同比增长 11.3%，其中：居民消费品零售额 21.05 亿元，增长 10.4%。按行业分：批发零售贸易业 17.30 亿元，饮食业 4.35 亿元，制造业 0.1 亿元，集贸市场 6.75 亿元。

6. 外经外贸

延庆县的外贸进出口业最近几年发展很快，业务量不断增大，出口产品由以前简单的土特产品收购与调拨发展到较为大量的畜禽产品(肉牛、肉鸡)、蔬菜、轻工产品直接或间接出口。2002 年全县外贸出口供货额达到 3.35 亿元人民币，同比增长 23.3%，出口商品中，农副产品占三分之二，轻工产品占三分之一，2002 年，实际利用外资 140 万美元。

7. 财政金融

2002 年，延庆县财政收入持续增长，金融保险业务不断扩大，存贷款余额以及城乡居民储蓄稳步增长。

到 2002 年末，全县地方财政收入 2.32 亿元，同比增长 25.8%。各项税收总计 5.35 亿元，其中：国税局完成 1.96 亿元，地税局完成 3.39 元。全县财政支出 10.07 亿元，同比增长 14.8%，其中：支农三项费用支出 1.28 亿元，占总支出的 12.7%；教育事业费 1.61 亿元，占 15.9%；卫生事业费 0.43 亿元，占 4.3%；行政及公检法、税务支出 1.51 亿元，占 15%；城市维护费 1.17 亿元，占 11.6%。

2002 年，全县有金融机构 6 家：中国银行支行、建设银行支行、工商银行支行、农业银行支行、农业发展银行支行以及农村信用联社。2002 年末，各项存款余额为 55.63 亿元，同比增长 12.8%；各项贷款余额为 33.94 万元，同比增长 29%；城乡居民储蓄存款 31.80 亿元，同比增长 10.6%。

2002 年，全县国内各类财产保险费收入 3373 万元，同比增长 11.3%；业务赔款 1615 万元，上升 20.3%。

8. 文化、教育、卫生、体育

文化

延庆县的文化事业与其他事业同步发展。2002 年末，全县有电影放映单位 6 个，全年放映电影 1100 余场；文化馆(站)16 所，公共图书馆 1 座，总藏书 13.1 万册；各类文化娱乐场所 29 处；博物馆一座，藏品 1000 多件。县级以上重点文物保护单位 109 处，其中：市级以上重点文物保护单位 5 处、国家重点文物保护单位 1 处。有广播电台、电视台、有线电视台各 1 座。

教育

到 2002 年，全县共有各类普通中小学校 138 所，在校学生 4.46 万人，专任教师 3374 人，其中：普通中学 34 所，在校学生 2.38 万人，专任教师 1590 人；职业中学 2 所，在校学生 2677 人，专任教师 127 人；小学 102 所，在校学生 1.91 万人，专任教师 1657 人，农村适龄儿童入学率为 99.77%。

此外，有高等学院及分校 2 所，在校生 1722 人，其他中等职业学校 10 所，在校生 3000 余人。首都经贸大学长城旅游学院已建成并开始招生。

卫生

延庆县的医疗条件不断改善。近几年，陆续新建了县医院门诊楼、病房楼、中医医院等一大批基础设施。到 2002 年末，全县有医疗机构 25 个，其中：医院 5 所，总床位 870 张，卫生技术人员 1315 人，每千人拥有床位 3.2 张，有卫生技术人员 4.8 人，有 60%的村设立了医疗点，乡村医生达到了 214 人。

体育

随着人民生活水平的提高和全民健身运动的开展，延庆县的体育事业有了较大的发展。2002，全县有各类体育场所 86 个。全年举办县级体育比赛 9 次，参加市级比赛 6 次，取得奖牌 60 枚，其中：金牌 10 枚。全县体育达标人数 3.8 万人。近年来，全县各地广泛深入开展了群众性体育活动，业余时间参加跳舞、打太极拳、练剑、扭秧歌等体育活动的人日趋增多，2000 年延庆县被评为国家体育先进县。

9. 人民生活

随着社会经济的发展，延庆人民的生活水平不断提高，居住、交通条件不断改善，业余文化生活丰富多彩。科教文化方面投资日渐增多。

2002 年，城镇居民人均可支配收入 11368 元，消费支出 8262 元，人均住房面积 26.79 平方米。每百户城镇居民拥有彩色电视机 124.3 台、洗衣机 99 台、照相机 55 架、电冰箱 102.5 台。农村居民人均纯收入 5042 元，人均生活消费支出 3158 元，

人均住房面积 31.3 平方米，每百户农村居民拥有自行车 209 辆、彩色电视机 107 台、洗衣机 81 台、电冰箱 66 台。

在党的富民政策的引导下，延庆正在向现代化迈进，延庆人民正在向小康迈进。

指标解释

法人单位 指具备（1）依法成立、有自己的名称、组织机构和场所，能够独立承担民事责任；（2）独立拥有和使用（或授权使用）资产、承担负债、有权与其他单位签订合同；（3）会计上独立核算、能够编制资产负债表。法人单位包括企业法人、事业单位法人、机关法人、社会团体法人和其他法人。

单产业法人 指只在一个地点，主要从事一种生产经营活动的法人单位。

多产业法人 指坐落于两个及两个以上地点或主要从事两种及两种以上生产经营活动的，按照单位划分，规定可以划分为两个或两个以上产业活动单位的法人单位。

一般预算财政收入 是通过一定的形式和程序，由各级财政部门组织并纳入预算管理的各项收入，也就是会计制度改革以前所称的“预算收入”。

一般预算财政支出 是各级财政部门对集中的一般预算收入有计划地分配和使用而安排的支出。

国内生产总值 是按市场价格计算的国内生产总值的简称。它是一个国家（地区）所有常住单位在一定时期内生产活动的最终成果。国内生产总值有三种表现形式，即价值形态、收入形态和产品形态。从价值形态看，它是所有常住单位在一定时期内所生产的全部货物和服务价值超过同期投入的全部非固定资产货物和服务价值的差额，即所有常住单位的增加值之和；从收入形态看，它是所有常住单位在一定时期内所创造并分配给常住单位和非常住单位的初次分配收入之和；从产品形态看，它是最终使用的货物和服务减去进口货物和服务。在实际核算中，国内生产总值的三种表现形态表现为三种计算方法，即生产法、收入法和支出法。三种方法分别从不同的方面反映国内生产总值及其构成。

三次产业 根据社会生产活动历史发展的顺序对产业结构的划分，产品直接取自自然界的部门称为第一产业；对初级产品进行再加工的部门成为第二产业；为生产和消费提供各种服务的部门称为第三产业。它是世界上通用的产业结构分类，但各国的划分不尽一致。我国的三次产业划分是：

第一产业：农业（包括种植业、林业和渔业）。

第二产业：工业（包括采掘工业、制造业、自来水、电力、蒸汽、热水、煤气）和建筑业。

第三产业：除第一、第二产业以外的其他各业。由于第三产业包括的行业多、范围广，根据我国的实际情况第三产业可分为两大部门：一是流通部门，二是服务部门。具体又可分为四个层次：

第一层次：流通部门，包括交通运输业、邮电通讯业、商业、饮食业、物资供销业和仓储业。

第二层次：为生产和生活服务的部门，包括金融、保险业、地质普查业、房地产业、公用事业，居民服务业，咨询服务业和综合技术服务业，农、林、牧、渔、服务业和水利业，公路、内河（湖）航道养护业等。

第三层次：为提高科学文化水平和居民素质服务的部门，包括教育、文化、广播电视，科学研究、卫生、体育和社会福利事业。

第四层次：为社会公共需要服务的部门，包括国家机关、社会团体以及军队和警察等。

户籍人口 指根据户籍登记情况统计的人口，以派出所办理的户籍登记和监狱管理局、劳教工作管理局掌握的服刑人员的情况为基础进行汇总而成。

暂住人口 指不具有本市常住户口，来自北京市行政区划以外的省、直辖市、自治区，在京暂住三日以上，并向公安机关申报暂住登记以及领取暂住证件的人员。

常住人口 指在某地区实际居住半年以上的人口。

外来人口 指在一定的标准时间上，在京居住或停留一天以上、非北京市户口的外来人员（不包括在京的外籍和港澳台人员，也不包括驻京中国人民解放军现役军人和中国人民武装警察）。

从业人员 指从事一定社会劳动并取得劳动报酬或经营收入的人员。包括：（1）全部在岗职工；（2）再就业的离退休人员；（3）私营业主；（4）个体户主；（5）私营和个体从业人员；（6）乡镇企业从业人员；（7）农村从业人员；（8）其他从业人员（包括民办教师、宗教职业者等人事档案关系保留在原单位的人员）；本市从业从员不含现役军人。这一指标反映了一定时期内全部劳动力资源的实际利用情况，是研究我国基本国情国力的重要指标。

在岗职工 指在国有经济、城镇集体经济、联营经济、股份合作经济、股份有限公司、有限责任公司、外商和港、澳、台商投资经济、其他经济及其附属机构的某一岗位工作，并由其直接支付工资或生活费的各类人员，但不包括离退休再就业人员、港、澳、台和外籍人员。

在岗职工工资总额 指单位在一定时期内直接支付给本单位在岗职工的全部劳动报酬总额。

在岗职工平均工资 指企业、事业、机关单位的在岗职工在一定时期内平均每人所得的货币工资额。它表明一定时期在岗职工工资收入的高低程度，是反映在岗职工工资水平的主要指标。计算公式为：

$$\text{在岗职工平均工资}=\frac{\text{报告期实际支付的全部在岗职工工资}}{\text{报告期全部在岗职工平均人数}}$$

劳动报酬总额 指在报告期内直接支付给本单位使用的全部劳动力报酬总额。包括：在岗职工工资总额；聘用、留用的离退休人员劳动报酬；外籍及港澳台方人员劳动报酬以及人事档案关系保留在原单位人员的劳动报酬。

固定资产投资 包括计划总投资或实际需要的总投资 50 万元及以上的基本建设投资、更新改造投资、国有单位其他投资和城镇集体经济投资。

基本建设投资 是指经有权单位批准，包括在一个总体设计范围内进行建设，由一个或若干个设计文件规定的有内在联系的单项工程所组成的，经济上实行统一核算，行政上有独立组织形式，实行统一管理的基本建设单位建造和购置固定资产的投资。包括：（1）列入中央和各级地方本年基本建设计划的建设项目，以及虽未列入本年基本建设计划，但使用以前年度基本建设结转资金（包括基建库存设备和材料）在本年继续施工的建设项目；（2）本年基本建设计划内投资与更新改造计划内投资结合安排的新建项目和新增生产能力（或工程效益）达到大中型项目标准的扩建项目，以及为改变生产力布局而进行的全厂性迁建项目；（3）国有单位既未列入基本建设计划，也未列入更新改造计划的总投资在 50 万元及以上的新建、扩建、恢复项目和为改变生产力布局而进行的全厂性迁建项目，以及行政、事业单位增建业务用房和生活福利设施的项目。

更新改造投资 是指经有权单位批准，具有独立设计文件或项目建议书，能独立发挥效益的更新改造投资。包括：（1）列入中央和各级地方本年更新改造计划的建设项目，以及虽未列入本年更新改造计划，但使用以前年度更新改造结转资金（包括库存设备和材料）在本年继续施工的建设项目；（2）本年更新改造计划内投资与基本建设计划内投资结合安排的对企、事业单位原有设施进行技术改造或更新的项目，增建主要生产车间、分厂等其新增生产能力（或工程效益）未达到大中型项目标准的项目，以及由于城市环境保护和安全生产的需要而进行的迁建项目；（3）国有企事业单位既未列入基本建设计划也未列入更新改造计划的总投资在 50 万元及以上的属于改建或更新改造性质的建设项目，以及由于城市环境保护和安全生产的需要而进行的迁建项目。

国有单位其他投资 包括国有单位按规定不列入基本建设计划和更新改造计划管理的固定资产投资。包括（1）用油田维护费和石油开发基金进行的油田维护和开发工程；（2）煤炭、铁矿、森工等采掘采伐业用维简费进行的开拓延伸工程；（3）交通部门用公路养路费对原有公路、桥梁进行的改造工程；（4）商业部门用简易建筑费建造的仓库工程。

城镇集体经济投资 包括县及县以上人民政府所在地建制镇地域内的城镇集体经济单位建造和购置固定资产的投资。

房地产开发投资 包括各种经济类型的房地产开发公司及其他房地产开发单位统一开发的包括统建、代建、拆迁、还建的住宅、厂房、仓库、饭店、宾馆、度假村、写字楼、办公楼等房屋建筑物和配套的服务设施、土地开发工程（如道路、给水、排水、供电、供热、通讯、平整场地等基础设施工程）等开发投资。还包括非房地产开发企业实际从事房地产开发或经营活动的开发投资，不包括单纯的土地交易投资。

家庭总收入 指调查户中生活在一起的所有家庭成员在调查期得到的工薪收入、经营净收入、财产性收入、转移性收入的总和，不包括出售财物和借贷收入。收入的统计标准以实际发生的数额为准，无论收入是补发还是预发，只要是调查期得到的都应如实计算，不作分摊。

可支配收入 指调查户可用于最终消费支出和其他非义务性支出以及储蓄的总和，即居民家庭可以用来自由支配的收入。它是家庭总收入扣除交纳的所得税、个人交纳的社会保障费以及调查户的记账补贴后的收入。计算公式为：

可支配收入=家庭总收入－交纳所得税－个人交纳的社保支出－记账补贴

家庭总支出 指家庭除借贷支出以外的全部实际支出。包括消费性支出、购房建房支出、转移性支出、财产性支出、社会保障支出。支出统计是以实际购得的商品或服务的总价值填报，不论其付款方式是一次付清、分期付款、还是赊购，只要商品或服务已被消费就要按其总价值计算。如果采用分期付款或赊购形式，则要在借贷收入类相应的项目填入实付款与总的应付款的差额。

郊区增加值 指近郊区乡及乡以下三次产业增加值和远郊区县所属三次产业增加值之和。

农业总产值 是以货币表现的农、林、牧、渔业全部产品的总量，它反映一定时期内农业生产总规模和总成果。

农、林、牧、渔业的统计范围包括国有经济各种专业农（农、林、牧、渔）场以及国家各级机关、团体、学校、部队；集体所有制的乡、镇、村各级办农场；工矿企业经营的农、林、牧、渔业，农村各种经济组织和农户经营的农林牧渔业和农民家庭兼营的商品性工业等。

（1）农业 包括种植业和其他农业。

种植业 包括谷物、豆类、薯类、棉、油料、糖料、麻类、烟叶、蔬菜、药材、瓜类和其他农作物的种植，以及茶园、桑园、果园的生产经营。

其他农业 包括采集野生植物的果实、纤维、树胶、树脂、油料以及柴草、野生药材、菌类等及农民家庭兼营的商品性工业。

（2）林业 包括林木的栽培（不包括茶园、桑园和果园的栽培、管理和收获等活动）、林产品的采集和村及村以下合作经济组织和农户的竹木采伐。

（3）牧业 包括除渔业养殖以外的一切动物饲养和放牧以及野生动物的捕猎和饲养。

（4）渔业 包括水生动物和海藻类植物的养殖和捕捞。

农业总产值的计算方法通常是按农林牧渔业产品及其副产品的产量分别乘以各自单位产品价格求得，少数生产周期较长，当年没有产品或产品产量不易统计的，则采用间接方法匡算其产值，然后将四业产品产值相加即为农业总产值。

1957年以前的农业总产值中包括了厩肥和农民自给性手工业（如农民自制衣服、鞋、袜，自己从事粮食初步加工等）。1958年及以后的农业总产值、林业中增加了村及村以下竹木采伐产值；牧业中取消了厩肥产值；副业中取消了农民自给性手工业产值；渔业中增加了海洋捕捞水产品产值。1980年及以后的农业总产值，在副业中增加了农民家庭兼营工业商品部分的产值。从1984年起村及村以下办工业产值划归工业。从1993年起，取消副业。将野生动物的捕猎划入牧业，野生植物采集和农民家庭兼营商品性工业划归农业。

工业总产值 是以货币表现的工业在一定时期内生产的已出售或可供出售工业产品总量，它反映一定时期内工业生产的总规模和总水平。它包括：在本企业内不再进行加工，经检验、包装入库（规定不需包装的产品除外）的成品价值，工业性作业价值，自制半成品、在产品期末初差额价值。工业总产值采用“工厂法”计算，即以工业作业为一个整体，按企业生产活动的最终成果来计算，企业内部不允许重复计算，不能把企业内部各个车间（分厂）生产的成果相加。但在企业之间、行业之间、地区之间存在着重复计算。

轻重工业总产值的划分也是按“工厂法”计算的，即一个工业企业在正常情况下生产的主要产品的性质属于轻工业，则该企业的全部总产值作为轻工业总产值；一个工业企业生产的主要产品的性质属于重工业，则该企业的全部总产值作为重工业总产值。

工业增加值 是指工业行业在报告期内以货币表现的工业生产活动的最终成果。

资产合计 指企业拥有或控制的全部资产。包括流动资产、长期投资、固定资产、无形及递延资产、其他长期资产、递延税项等，即为企业资产负债表的资产总计项。

（1）流动资产 指企业可以在一年内或者超过一年的一个生产周期内变现或耗用的资产合计。包括现金及各种存款、短期投资、应收及预付款项、存货等。

（2）固定资产 指企业固定资产净值、固定资产清理、在建工程、待处理固定资产损失所占用的资金合计。

负债合计 指企业承担并需要偿还的全部债务。包括流动负债和长期负债、递延税项等，即为企业资产负债表的负债合计项。

（1）流动负债 指企业在一年内或者超过一年的营业周期内需要偿还的债务合计，其中包括短期借款、应付及预收款项、应付工资、应交税金和应交利润等。

（2）长期负债 指企业在一年以上或者超过一年的生产周期以上需要偿还的债务合计，其中包括长期借款、应付债务、长期应付款项等。

所有者权益 指企业投资人对企业净资产的所有权。企业净资产等于企业全部资产减去全部负债后余额，其中包括投资者对企业的最初投入，以及资本公积金、盈余公积金和未分配利润，对股份制企业即为股东权益。

产品销售收入 指企业销售产品的销售收入和提供劳务等主要经营业务取得的业务总额。

利润总额 指企业实现的全部利润。反映企业最终的财务成果。

总资产贡献率 反映企业全部资产的获利能力，是企业经营业绩和管理水平的集中体现，是评价和考核企业盈利能力的核心指标。计算公式为：

总资产贡献率 = （利润总额+税金总额+利息支出）÷ 平均资产总额 × 100%

其中：税金总额为产品销售税金及附加与应交增值税之和；平均资产总额为期初期末资产总计的算术平均值。

资本保值增值率 反映企业净资产的变动状况，是企业发展能力的集中体现。计算公式为：

资本保值增值率 = 报告期期末所有者权益/上年同期期末所有者权益 × 100%

资产负债率 是反映在企业资产总额中有多少资产是通过借债而得的，也可以用于衡量企业利用债权人提供资金进行经营活动的能力以及企业在清算时保护债权人利益的程度。计算公式:

$$资产负债率=\frac{负债总额}{资产总额}\times100\%$$

流动资产周转次数 指在一定时期内流动资产完成的周转次数，反映流动资产的周转速度。计算公式:

$$流动资产周转次数(次)=\frac{产品销售收入}{流动资产平均余额}$$

工业成本费用利润率 指在一定时期内实现的利润与成本费用之比，是反映工业生产成本及费用投入的经济效益指标，同时也是反映降低成本的经济效益的指标。计算公式:

$$工业成本费用利用润率(\%)=\frac{利润总额}{成本费用总额}$$

建筑业总产值 是指建筑业企业自行完成的以工程预(概)算为依据，按工程进度计算的建筑安装总价值。它包括建筑工程产值、设备安装工程产值、其他产值。

（1）建筑工程产值: 是指列入建筑工程预算内的各种工程价值。

（2）安装工程产值: 指需要安装设备的安装及与设备相连接的工作台、梯子、栏杆等工程。安装工程产值中不包括被安装设备本身的价值。

（3）其他产值: 建筑业总产值中除建筑工程、安装工程以外的产值。包括房屋构筑物修理产值、非标准设备制造产值、总包企业向分包企业收取的管理费以及不能明确划分的施工活动所完成的产值。

北京特色经济区域

科技园区

北京中关村科技园区示意图

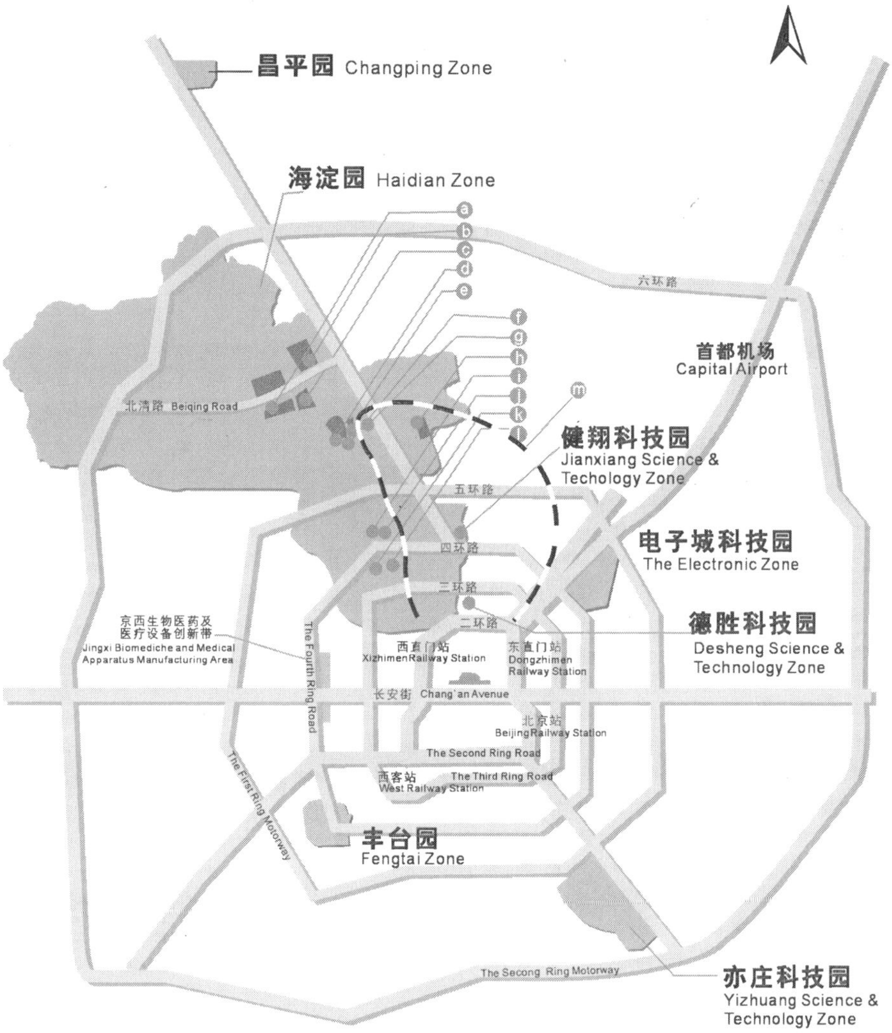

ⓐ **永丰高新技术产业基地**
Yongfeng New & High Tech Industrial Site

ⓑ **中关村生命科学园**
Zhongguancun Life Science Park

ⓒ **航天城**
Aerospace City

ⓓ **中关村软件园**
Zhongguancun Sotfware Park

ⓔ **上地信息产业基地**
Shangdi Information Industrial Base

ⓕ **北大生物城**
Bio-city of Peking University

ⓖ **西二旗智能化居住区**
Xlerqi Intelligence Residential Area

ⓗ **中关村北新材料园**
Zhongguancun Beixin Materials Park

ⓘ **北大科技园**
Peking University Science Park

ⓙ **清华科技园**
Tsinghua University Science Park

ⓚ **中关村西区**
Western Area of Zhongguancun

ⓛ **中科院科学城改造工程**
Upgrade Project of Science City of the Chinese Academy of Sciences

ⓜ **城市轻轨铁路**
An Urban Light Rail

3-1 北京中关村科技园区企业经济概况

指　标	计量单位	2002	2001
企业数	个	9673	8019
高新技术企业认定累计数	个	12161	9773
年末从业人员	万人	40.6	36.1
# 留学归国人员	人	2860	2808
外籍人员	人	1492	1128
# 大专以上人员	万人	26.6	23.5
中高级职称人员	万人	11.2	10.0
研究开发人员	万人	7.4	6.5
工业总产值（现价）	亿元	1485.2	1287.1
增加值	亿元	519.0	455.7
利润总额	亿元	111.9	113.0
上缴税费	亿元	99.6	89.4
出口创汇额	亿美元	28.8	30.5

北京中关村科技园区简介

在党中央、国务院的亲切关怀及市委、市政府的直接领导下，2002年中关村科技园区继续健康稳定地发展，实现了“三年大变样”的目标，正向着“五年上台阶”的目标迈进。

一、经济总量持续增长，新技术企业数量增多

1. 2002年中关村科技园区克服了上半年国内外经济环境诸多不利因素的影响，主要经济指标继续保持稳定、健康的发展态势。

（1）新技术企业实现总收入2404.8亿元，同比增长19.4％。其中产品销售收入1387.7亿元、商品销售收入496.8亿元、服务收入426.7亿元，分别占园区总收入的57.7%、20.7%和17.7%。

（2）工业总产值（现价）1485.2亿元，同比增长15.4％。工业生产保持增长的主要支柱是园区中的1008家工业企业。近年来，园区企业对全市工业增长的贡献率持续保持在60%以上。

（3）上缴税费总额99.6亿元，同比增长11.4%，基本实现了规模与效益的同步增长。

（4）出口创汇28.8亿美元，同比下降5.6％。

（5）增加值519亿元，同比增长13.9％，占全市GDP的16.6％；其中工业增加值333.8亿元，占增加值总量的比重为64.3%。

（6）固定资产投资104亿元；房屋建筑竣工面积2520.2万平方米；入区企业房屋使用面积2527.5万平方米，其中租用1591.1万平方米。

2. 自1999年6月《批复》实施以来，入区新技术企业数量迅速增长，在2000年认定1534家、2001年认定1549家新技术企业之后，2002年又有3321家新技术企业获准入区。

中关村科技园区不断增多的高新技术企业和快速发展的经济形势，已成为带动北京市经济发展的重要增长点，为全市经济发展做出了贡献。

（1）新技术企业总量与比重

经过十几年的发展，截止到2002年底，一区五园累计认定新技术企业12161家。有9673家已经投入生产运行，其中国有企业719家，集体353家，股份制7274家，三资企业1154家，联营及其他内资企业173家。

在1154家三资企业中，外商独资企业554家，合资企业537家，合作企业59家。

图1 各种经济类型企业比

单位：%

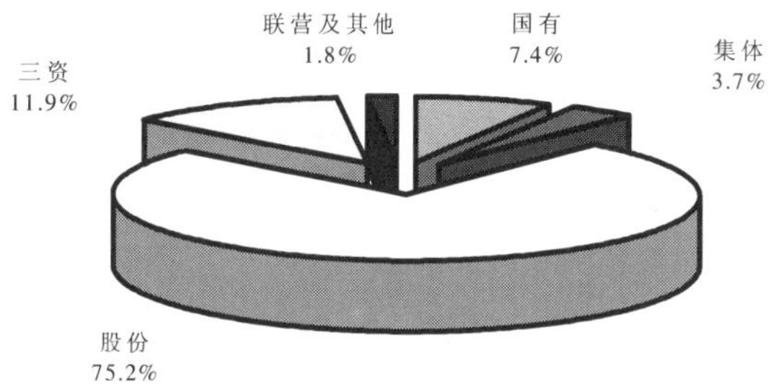

（2）新技术企业增长迅速，股份制企业最多

在新技术企业认定过程中，股份制企业发展最为迅速。中关村科技园区自1993年实行现代企业制度改革以来，股份制企业以平均每年35%以上的速度增加。截止到2002年末，已累计认定股份制企业7274家，其中有限责任公司6441家，股份有限公司332家；培育了219家具有市场竞争能力的企业集团和78家上市公司，为园区的进一步发展奠定了坚实的基础。

图2 十几年来新技术企业增长曲线图

单位：家

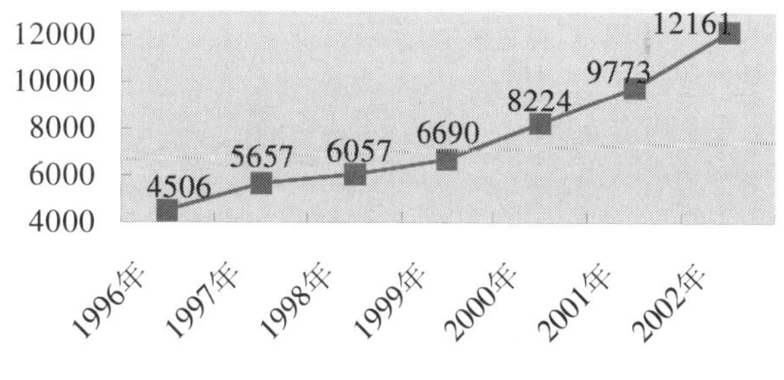

二、大企业是推动园区发展的重要力量

2002 年，园区总收入在亿元以上的企业有 307 家，比上年增加了 63 家，其中超 10 亿元的企业有 33 家，比上年增加了 8 家，大企业群体明显壮大，经济实力进一步增强，在园区经济中占有较大份额，是推动园区发展的主要力量。同时中小企业也在同步发展，成为园区经济不可缺少的组成部分。2002 年总收入在亿元以下的中小企业共实现总收入 565.5 亿元，同比增长 24.2%，高于大企业同比 18% 的增速；中小企业实现的总收入占园区总量的 23.5%，比上年提高了 0.9 个百分点。

总收入前 20 名企业名单：

表 1 单位：亿元

单 位 名 称	总收入
北京首信诺基亚移动通信有限公司	178.1
联想（北京）有限公司	163.7
神州数码（中国）有限公司	100.8
京东方科技集团股份有限公司	47.4
U T 斯达康（中国）有限公司	43.0
北京金长科国际电子有限公司	42.0
清华同方股份有限公司	40.4
北京 · 松下彩色显像管有限公司	37.6
北京神华昌运高技术配煤中心	33.2
北京东方冠捷电子股份有限公司	26.6
北京中邮普泰移动通信设备有限则任公司	23.4
中国网络通信有限公司	23.3
中技贸易股份有限公司	23.2
微软（中国）有限公司	21.0
中国惠普有限公司	18.7
北京首信股份有限公司	17.2
航卫通用电气医疗系统有限公司	17.0
北京国际交换系统有限公司	15.8
中垦农业资源开发股份有限公司	15.6
富士康精密组件（北京）有限公司	15.4

工业总产值前 20 名企业名单：

表 2 单位：亿元

单 位 名 称	工 业 总产值
北京首信诺基亚移动通信有限公司	176.1
联想（北京）有限公司	171.1
北京奥依特科技有限责任公司	93.0
京东方科技集团股份有限公司	48.1
北京金长科国际电子有限公司	42.9
北京 · 松下彩色显象管有限公司	36.8
清华同方股份有限公司	35.7
北京神华昌运高技术配煤中心	31.7
北京东方冠捷电子股份有限公司	26.4
北京首信股份有限公司	17.5
北京国际交换系统有限公司	17.3
航卫通用电气医疗系统有限公司	17.0
富士康精密组件（北京）有限公司	15.7
北京福田环保动力股份有限公司	13.5
中国石油化工股份有限公司长城润滑油分公司	11.3
中电通信科技有限责任公司	11.1
安迅（北京）金融设备系统有限公司	10.9
U T 斯达康（中国）有限公司	10.8
北京德尔福万源发动机管理系统有限公司	9.9
三菱四通集成电路有限公司	9.6

三、园区产业结构继续优化

在园区总收入 2404.8 亿元中，产品销售收入为 1387.7 亿元，占总量比重为 57.7%，已超过总收入的 50 %，形成了良好自主创新的产业基础与前景。

电子信息业作为园区发展的主导产业，2002 年主要经济指标占总量的比重仍保持较高水平，共实现总收入 1512.8 亿元，占总量的 62.9%；上缴税费 59.3 亿元，占总量的 59.5 %；出口创汇为 20.1 亿元，占总量 70%。但与去年相比所占比重呈回落趋势，上述比重指标比上年分别降低 11.5、11 和 16.2 个百分点。

在电子信息业份额下降的同时，新材料及新能源、新医药和生命科学等高技术领域，产业发展的前景趋好，所占总量的比重稳步提高。

工业经济的发展是园区经济发展的主要动力，但服务业的发展势头也明显增强。2002 年服务业实现总收入 1043.2 亿元，占总量的 43.4%，同比增长 38.2%。

四、海淀园仍居主体地位

在中关村科技园区中，海淀园始终保持经济总量最大的优势，指标完成情况一直影响着大园区的走势。

图 3　　五园区主要指标对比

单位：万元

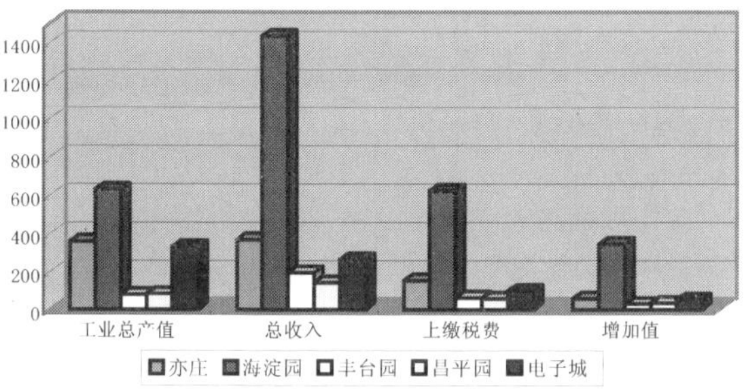

注：工业总产值为现价，上缴税费为千元。

在海淀园保持份额最大的同时，除亦庄外，其他三园区经济实现了快速发展，多项指标增速超过了海淀园。其原因一是各园区原有企业快速、健康发展，效益不断提高；二是近两年新入园的企业陆续投入生产，经营情况良好，对园区可持续发展起到了加速的作用。

今年以来，亦庄科技园整体呈低位运行态势。一些工业大企业受市场和价格的影响生产大幅下降，使收入和增加值下降。由于近年来第三产业经济出现了较快的增长势头，特别是服务业增长明显，部分缓解了工业企业生产下降对园区经济的影响，起到了一定的拉动作用。

五、外商投资结构继续向好

2002 年末，园区共有三资企业 1154 家，其中合资 537 家、合作 59 家、独资 554 家、投资股份有限公司 4 家，协议外资金额 9.8 亿美元，外商投资企业投资额 11.8 亿美元。

在引进外资增多的同时，入区三资企业的地域结构和投资方式都发生了变化。首先是入区企业的地域结构由原来的亚太地区为主转向了欧美及更广泛的范围。

其次是引进方式发生了变化，即从原来引进项目入区投产发展到跨国公司 R&D 研发机构的直接进入和入区投产同时并存。目前，世界 500 强企业中已有近 50 家在园区设立了研发或生产机构，呈逐年上升趋势。

表 3　　三资企业洲际分布构成变化　　单位：%

	亚洲	非洲	欧洲	拉丁美洲	北美洲	大洋州	其他地区
2002 年	49.4	2.2	11.4	9.1	24.4	3.1	0.4
2001 年	61.5	0.5	9.5	6.3	20.0	1.7	0.5

六、就业人数持续增加、人员知识结构继续优化

截止到 2002 年末，园区从业人员年末人数 40.6 万人，较去年增加了 4.5 万人，同比增长 12.5%。在就业增加的同时，人员知识结构继续优化。从业人员中，留学归国人员 2860 人，比上年增加了 52 人；博士及以上学历人员 5832 人，硕士学历 28934 人，大学本科学历 15.5 万人，分别增加了 965 人、5672 人和 1.5 万人。另外，中、高级以上职称人员占从业人员总数的比重为 27.7%，与上年持平；各级管理人员占 15.7%，市场销售人员占 14%，分别比上年增长了 1.9 和 1.4 个百分点。

在就业人数和就业素质不断提高的同时，园区职工的劳动报酬也不断提高，2002 年从业人员人均劳动报酬达到 32473 元，比去年高 4179 元，比全市的人均劳动报酬高出 10612 元。

3-2 北京中关村科技园区海淀园主要经济指标

指　标	计量单位	2002	2001
年末从业人员	万人	26.9	24.7
总收入	亿元	1416.6	1168.1
利润总额	亿元	55.5	52.9
应缴税金总额	亿元	66.5	57.5
累计招商项目	个		6780
累计招商项目总投资	亿元		
累计注册资本	亿元		
累计合同外资金额	亿美元		
外方实际入资	亿美元		
土地开发施工面积	平方公里	2.2	2.2
土地开发完工面积	平方公里	2.1	1.7
房屋建筑施工面积	万平方米	67.6	42.6
房屋建筑竣工面积	万平方米	11.5	10.3
固定资产投资完成	亿元	6.1	3.8

北京中关村科技园区海淀园简介

海淀园的投资环境具有不可替代的优势:

得天独厚的智力资源——海淀园内拥有以清华、北大为代表的 70 多所大专院校,以中科院为代表的 232 个研究院所及近 40 万科技人员,以国家图书馆为代表的图书资料馆群,每年产生辐射全国的高水平科研成果数千项。具备了科技人才密集、科学仪器设备密集、图书情报密集、科研成果密集四大优势。

巨大的技术和产品市场——市场因素渗透到了海淀园经济生活的方方面面。中关村电子一条街,南起白石桥,北至上地信息产业基地,是海淀园的发祥地。电子市场和电子产品生产厂家星罗棋布,是全国最大的电子信息产品集散地。海淀园技术市场交易额已占到北京市的 40%,占全国总量的 8%。今日的海淀园已成为中国国内电子信息产业领域研究水平最高、市场规模最大、厂商数量最多、人才资源最密集、配套设施最齐全的地区,是直接与国际接轨的高新技术市场。

完善的基础设施和服务体系——初具规模的 8 公里高科技经济带和设施完善、环境优美的上地信息产业基地为高科技产业发展提供了优越的环境。宽带高速多媒体信息网,各级各类金融机构,产权交易中心等各类中介服务机构以及中关村海关构筑了海淀园完善发达的服务体系。

2002 年中关村科技园区海淀园实现了 3 年来工作的突破性进展,经济总量稳定增长,行业领域特点突出,企业群体继续扩大,创新能力有所提高,经济运行取得了显著成绩,为完成园区建设“五年上台阶”的目标打下了良好的基础。

3-3 北京中关村科技园区丰台园主要经济指标

指　标	计量单位	2002	2001
年末从业人员	万人	3.8	2.9
总收入	亿元	200	120.0
利润总额	亿元	13.3	9.7
应缴税金总额	亿元	7	4.4
累计招商项目	个	2000	1699
累计招商项目总投资	亿元	169.3	97.0
累计注册资本	亿元	169.3	93.0
累计合同外资金额	亿美元	2	1.4
外方实际入资	亿美元	1.6	1.2
土地开发施工面积	平方公里	1.7	1.7
土地开发完工面积	平方公里	1.7	1.7
房屋建筑施工面积	万平方米	123.4	40.4
房屋建筑竣工面积	万平方米	76.5	19.8
固定资产投资完成	亿元	13.8	2.3

北京中关村科技园区丰台园简介

丰台园地处西、南四环交汇处，距天安门 12 公里，北京西客站 8 公里，抵达首都国际机场仅需 30 分钟。高速公路纵贯园区，辐射全国；货运口岸连通各地；多路公交通往市区；邮政、电信等一应俱全。

园区所设的工商、税务、财政、审计以及计划、规建、企管、招商等机构可向企业提供工商注册、税务登记、高新技术企业认证等“一条龙”服务。

园区具有高质量的社区服务体系，包括住宅、学校、托幼、娱乐、购物、公园、卫视、保安、保洁、绿化等系统配套措施，提供一流的社区服务，营造高品质的生产生活环境。为企业提供宽带信息网接入服务。

园区律师事务所、会计师事务所、质量认证中心等机构提供培训、咨询等相关专业服务。园区还为企业提供人事档案管理、职称申报、人才引进等完善的人力资源服务。

园区还协助企业申请科技扶持资金、贷款担保、中小科技企业创新基金、青年创业基金。

2002 年，丰台园经济工作以启动产业基地二期开发建设为重点，加大招商引资力度，培育税源、服务企业，保持了各项经济指标和各项工作稳步推进的良好局面。

一、经济指标实现持续快速增长，经济总量进一步扩大。

2002 年丰台园坚持发展高科技、实现产业化的方针，大力吸引扶持高新企业，推动了经济持续快速发展，全年各项经济指标以 30%以上速度增长。同时经济结构得到进一步优化，电子信息、生物医药、先进制造技术和新材料四大产业继续保持主导地位，技工贸总收入占到经济总量的 80%，其中电子信息产业发展迅猛，技工贸总收入占到经济总量比重的 30%以上，成为园区的龙头产业。

丰台园在中关村科技园区经济总量中所占比重逐年递增，技工贸总收入比 2001 年提高近 3 个百分点，在丰台区经济比重中，发挥的作用也逐年加大，增加值由 2001 年的 39%提升到 45.3%。

二、促进经济持续快速增长的措施：

（一）加大招商引资工作力度，是实现经济增长的直接动力。

丰台园通过招商的目标管理制，严格招商考核，强化各种形式的招商活动，全年新引进高新技术企业 301 家，注册资金 89.5 亿元，同比分别增长 10.66%和 3.7 倍。其中，注册资金 1000 万元以上的企业 25 家。同时为净化产业环境，注销了 164 家高新技术企业的资格。在吸引高新技术企业的同时，大力引进在园区进行投资建设、商业服务、中介咨询等 42 家企业，加快配套服务功能的完善，促进了园区经济发展。

（二）加大丰台园产业基地的开发建设，为经济持续稳步增长提供坚实保障。

在发展经济的过程中，为解决发展空间不足的问题，丰台园积极进行并已完成一级开发的产业基地一期土地的二次转让，拓展科技一条街上的闲置资源，加快购地企业的开工进度，同时启动丰台园产业基地二期 1.65 平方公里的土地开发，为入驻高新技术企业提供发展空间，为丰台园经济增长提供保障。

3-4 北京中关村科技园区昌平园主要经济指标

指　标	计量单位	2002	2001
年末从业人员	万人	3.5	3.3
总收入	亿元	142.6	85.8
利润总额	亿元	10	5.4
应缴税金总额	亿元	5.7	3.3
累计招商项目	个	1183	994
累计招商项目总投资	亿元	983	69.0
累计注册资本	亿元	95.2	66.0
累计合同外资金额	亿美元	1.4	1.2
外方实际入资	亿美元	1.2	0.9
土地开发施工面积	平方公里	3.5	2.9
土地开发完工面积	平方公里	3	2.9
房屋建筑施工面积	万平方米	27.1	142.0
房屋建筑竣工面积	万平方米	25.8	26.2
固定资产投资完成	亿元	3.5	6.4

北京中关村科技园区昌平园简介

国务院《关于实施科教兴国战略加快建设中关村科技园区的请示》的批复，是昌平园快速发展的历史机遇；《中关村科技园区条例》是保护投资人利益的法律保证。

园区规定，凡进入昌平园产业基地的企业免收市政公用设施建设费、征用土地道路代征费、绿化补偿费、自来水厂建设费、煤气厂建设费、供热厂建设费、污水处理厂建设费。

昌平园为企业无偿代办项目的各项手续，负责为高新技术企业中符合条件的专业技术人员和管理人员办理户口进京、北京市工作寄住证、子女入学入托、职称评定等手续。

园区的以上措施为培育一流的科技企业和科技企业家创造了良好的发展条件。

2002年，园区以经济建设为中心，坚持改革与发展相结合，不断创新，在招商引资、经济发展及总量和规模上都取得了长足的进展，出色地完成了全年的工作任务。

2002年，昌平园主要经济指标持续快速增长，完成增加值27亿元，比上年增长30%；完成技工贸总收入130亿元，增长51%；完成工业总产值（现价）78亿元，增长42%；上缴税费总额6.5亿元，增长56%；出口创汇4800万美元，增长41%。

2002年园区经济发展具有以下几个特点：

一是主要经济指标大幅增长。高新技术企业技工贸总收入、上缴税费总额、出口创汇等主要经济指标都超过了30%以上的增长速度。经济总量稳定、健康，呈高起点、高速度、高效益的良性运转态势。

二是产品销售收入增幅最大。今年园区高新技术企业产品销售收入达82亿元，比上年增长53%。

三是主要经济指标占昌平区经济总量的比重逐年提高。园区经济的快速发展不仅使得工业产值、工业增加值等经济指标占昌平区总量的份额逐年上升，而且带动了工业小区的快速发展。

四是出口企业数量增加,出口额大幅增长。今年出口企业达到了46家，与去年同期的23家相比增加了23家，出口创汇总额达到4800万美元，比上年增长41%，其中创汇总额百万美元的企业10家，占创汇总额的79%。

3-5 北京中关村科技园区电子城科技园主要经济指标

指　标	计量单位	2002	2001
年末从业人员	万人	4.5	3.8
总收入	亿元	264.8	430.0
利润总额	亿元	21.1	24.7
应缴税金总额	亿元	9.5	18.0
累计招商项目	个	365	192
累计招商项目总投资	亿元		
累计注册资本	亿元	157.6	131.9
累计合同外资金额	亿美元	3.3	2.5
外方实际入资	亿美元	2.6	2.6
土地开发施工面积	平方公里		
土地开发完工面积	平方公里		
房屋建筑施工面积	万平方米		48.7
房屋建筑竣工面积	万平方米	7.7	16.9
固定资产投资完成	亿元	6.3	3.9

北京中关村科技园区电子城科技园简介

北京电子城科技园距首都机场 16 公里，距天安门 15 公里，有 30 多条公交车通往市区，并与三环、四环、五环、京顺路相互连接，距天津新港 150 公里，形成快捷畅通的交通网络。园区供水、供电、污水处理、电信、天然气、供热等设施齐全有效，为园区的进一步发展和入区企业的生产经营创造了良好的条件。

2002 年电子城科技园紧紧围绕“改造老基地、振兴电子城，全面推进高科技园区建设”这一宗旨，本着高起点、高水平、高效率和高效益的方针，加快了老工业基地改造的进程，推进了高科技园区的发展。

2002 年园区主要工作体现在以下几个方面：

一、加快了电子城科技园西区二期电子信息产业基地的开发工作。

在完成电子城科技园西区一级土地开发公司的组建基础上，完成了电子城西区总体控制性详细规划和开发前期立项工作；在朝阳区政府和北京市商业银行的大力支持下，在朝阳商务节期间一级开发公司已与北京市商业银行正式签约了 10 亿元的授信合同，为西区开发积累了资金。

二、加快了电子城老工业基地市政基础设施改造，进一步改善了区域投资环境。

为改变电子城区域市政基础落后状况，今年加大了对区域交通干道和基础设施的改造。改造道路 10 公里，拆除临舍和违章 5 万平方米，通过“拆围透绿”工程的实施，新建围栏 7500 米，新制宣传广告灯箱 800 个，新增绿化面积达 55000 平方米，污水管线 6532 米，上水管线 6600 米，新增热力管线 6 公里。完成重点工程将台路、酒仙桥中路，酒仙桥东路、二光路、将府大道、坝河整治、电子工业小区、电子城住宅小区外围大市政等改造工程。

三、建设具有鲜明特色的电子城科技园文化广场。

为加强园区企业的凝聚力，为园区骨干企业提供一个展示企业风采的集中地。在电子城 50 万平方米电子厂房中心地段，规划建设了具有鲜明特色的、象征着电子城实现“三年大变样”并迈向“五年上台阶”新征途的文化广场。不仅为园区骨干企业提供了一个展示企业风采的集中地，而且成为电子城新的一道亮丽风景线，得到了入区企业的好评。

四、加快“三个中心”的实施进程。

为把电子城老工业基地建设成为“电子科研开发中心”、“电子信息网络数据中心”和“电子产品集散中心”，在宏源大厦、星城广厦（电子商务港）等项目加紧建设的同时，北京电子城科研大厦、兆维科技大厦（通信研发中心）在今年完成结构封顶的情况下，加快了室内、外装修和数字智能大厦工程的实施，预计年底全面竣工并交付使用。京东方科研大厦已正式投入使用。届时，电子商务中心区将初步形成规模。

五、加大招商引资力度,积极加强对外合作。

今年电子城招商引资成绩喜人,新入区并经新认定的高新技术企业达 145 家,是去年同期的 10 倍。

在第六届北京国际科技产业博览会上,电子城签约项目 13 个,签约金额达 26 亿元,其中绝大部分项目已正式入驻新落成的电子标准厂房。在加大招商引资力度的同时，加快电子通用厂房建设，为电子企业东迁和外企入区创造了条件。

六、积极推进电子政务工作，完善园区服务体系。

为加快数字园二期建设，在由中关村科技园区管委会统一对设备及软件进行招标后，于今年一季度已实现交互式网上办公功能，已正式受理网上申请、办理高新技术企业的审批、高新技术企业资格复核及外事审批等。

七、加快园区创业中心和孵化器的建设，为企业提供全方位服务。

根据园区“十五”发展规划，在市科委和中关村管委会的大力支持下，已完成了2万平方米的电子城科技园孵化器的建设，目前已进入装修阶段,该孵化器计划今年底全面竣工并交付使用。孵化器的建设将为园区高新技术成果转化、科技企业创业提供不断优化的孵化环境和条件。为科技企业发展提供必需的市场化和国际化服务，将为园区不断地培育新的经济增长点而创造条件。

北京经济技术开发区示意图

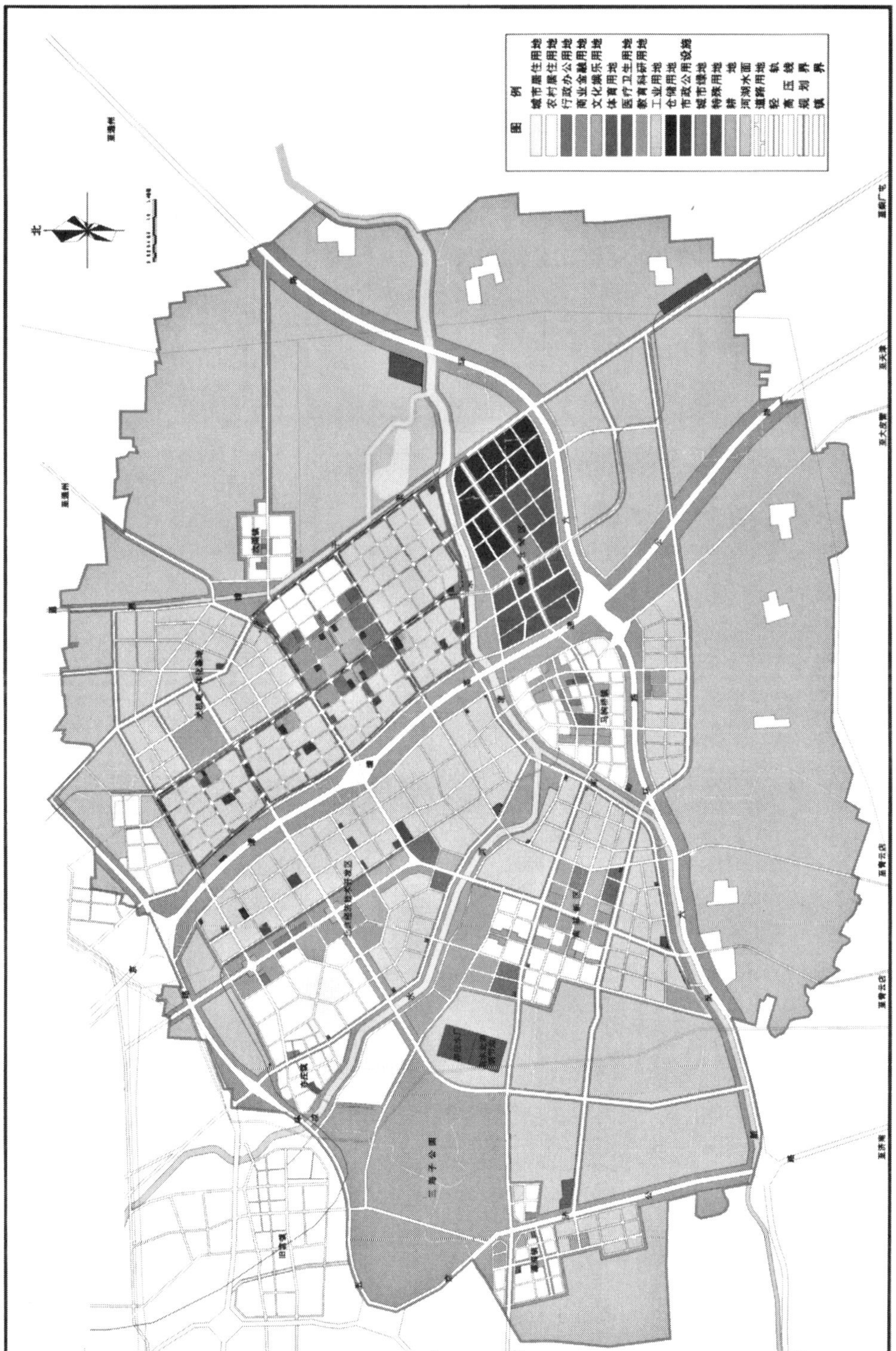

3-6 北京经济技术开发区主要经济指标

指 标	计量单位	2002	2001	2002年为2001年%
面积	公顷	2280	2107	108.2
其中：绿化面积	公顷	578	405	142.7
累计征用土地面积	公顷	1705	1284	132.8
区内企业单位数	个	1108	986	112.4
开发区生产总值	亿元	76.9	69.7	110.3
工业总产值（现价）	亿元	406.3	423.0	96.1
# 高新技术产业	亿元	357.9	377.0	94.9
销售（营业）收入	亿元	471.8	467.4	100.9
# 产品销售收入	亿元	412.9	431.2	95.8
利润总额	亿元	28.0	31.7	88.3
进出口总值	亿美元	35.1	35.8	98.0
出口	亿美元	13.2	12.4	106.5
进口	亿美元	21.9	23.4	93.6
财政收入	亿元	32.3	27.7	116.6
# 税收	亿元	26.2	20.5	127.8
土地收入	亿元	6.2	7.2	86.1
财政支出	亿元	22.3	17.2	129.7
新批企业个数	个	303	283	107.1
入区企业投资额	亿美元	12.3	11.0	111.8
注册资本	亿美元	8.7	7.6	114.5
合同外资金额	亿美元	3.3	3.0	110.0
实际利用外资	亿美元	2.0	1.7	117.6
固定资产投资	亿元	55.5	34.5	160.9
从业人员	人	41138	36673	112.2
劳动者报酬	亿元	123754	10041.0	123.2

北京经济技术开发区简介

北京经济技术开发区（以下简称北京开发区）内工业区、生活区、公共建设区分布合理，生活配套设施完善，总绿化率为46%。

北京开发区管委会在2001年完成了区域ISO14001环境管理体系的认证工作。这是北京开发区实施经济、社会与环境可持续发展、营造与国际惯例相适应的区域环境质量的重要举措。北京开发区目前正在建设一批北京市及国家的示范工程。包括ISO14001国家示范区；北京市无违法建设区；国土资源部国有土地资本运行试点区；绿化隔离带建设试点工程；启动国家工业节水示范园区；北京市社区建设试点。

2002年，北京开发区团结拼搏，与时俱进，积极开创北京开发区发展的新局面，园区整体经济保持了稳定增长，各项社会事业顺利推进，区域环境进一步完善，投资规模不断扩大。

一、紧紧围绕主导产业，重点依托龙头项目，着力全面推动全区经济发展，产业基地建设取得重大进展。

在产业基地建设方面，中芯国际半导体与中科院物理所砷化镓半导体外延材料项目的顺利入区与开工，标志着作为开发区龙头的微电子产业基地的建设取得实质性重大进展。

星网工业园、富士康工业园、京东方工业园、医学城等也陆续投入开发建设，形成了良好的发展前景。

二、发展空间进一步扩大，保障能力进一步提高，“中西东”战略取得重大进展。

2002年8月国务院批准北京开发区扩区24平方公里，使开发区总面积增至39平方公里，为开发区的可持续发展提供了更广阔的空间。2002年10月，城市规划总面积为195.1平方公里的亦庄卫星城总体规划获得批复。京津塘高速公路东控规划已经市规划院通过，跨路桥方案已获批准，路东部分干线建设即将启动。按照保证重点，兼顾长远，区分层次的基础设施建设方针，推进“中西东”战略。

三、配套功能进一步完善，人文环境明显优化，社区建设取得较大进展。

经过几年来的发展建设，开发区的社会事业发展较快，区域生态和人文环境明显优化，以人为本的高尚社会轮廓初步显现。文化、教育、医疗卫生、体育、旅游、交通等各项社会事业顺利推进，社会建设全面启动。

四、以机构调整为切入点，以不断创新为动力，通过现代化的手段，政府管理与服务开创了新局面。

开始实施《关于进一步简化和规范项目审批程序的意见》。从优化、整合项目的办理程序；简化整合项目的审办手续；规范项目批件内容；减少项目批件的行文环节；进一步缩短办事时限等五个方面规范了项目审批的流程和时限，并在网上和服务指南上予以公开，接受企业监督，提高了工作质量和效率。

五、总公司改革进一步深化，经开股份公司上市工作取得重要进展，博大兴公司快速成长，各主业建设出现了新局面。

总公司圆满地完成了年初确定的工作目标，创造了较好的经营业绩，完成了国有资产的保值增值任务。在管委会、总公司的大力支持下，经开股份公司主业建设快速健康发展，坚持市场导向，优化资源配置，强化管理，不断增强公司的核心竞争力，上市工作也取得了重要进展。博大兴公司从加大基础设施开发建设力度入手，积极探索、大胆实践协作配套区开发模式；以体制创新为动力，加强公司内部建设，促进了公司可持续发展。开发项目完成了近3亿元的工作量，收支基本平衡。

六、探索适应开发区特点的党组织建设方式和途径，党群工作和精神文明建设展现出新局面。

本着“围绕经济抓党建、抓好党建促发展”的工作方针，开发区成立了总公司党委，使总公司党的工作步入正轨。根据机关机构改革的需要，选举产生了新一届机关党的委员会和纪律检查委员会。按照“分类指导、突出重点、整体推进”的原则，扩大了党组织的覆盖面，外商投资企业党的建设得到加强，成立了第一个开发区社区党支部，为即将开始的开发区居委会的选举工作奠定了基础。

北京王府井商业区示意图

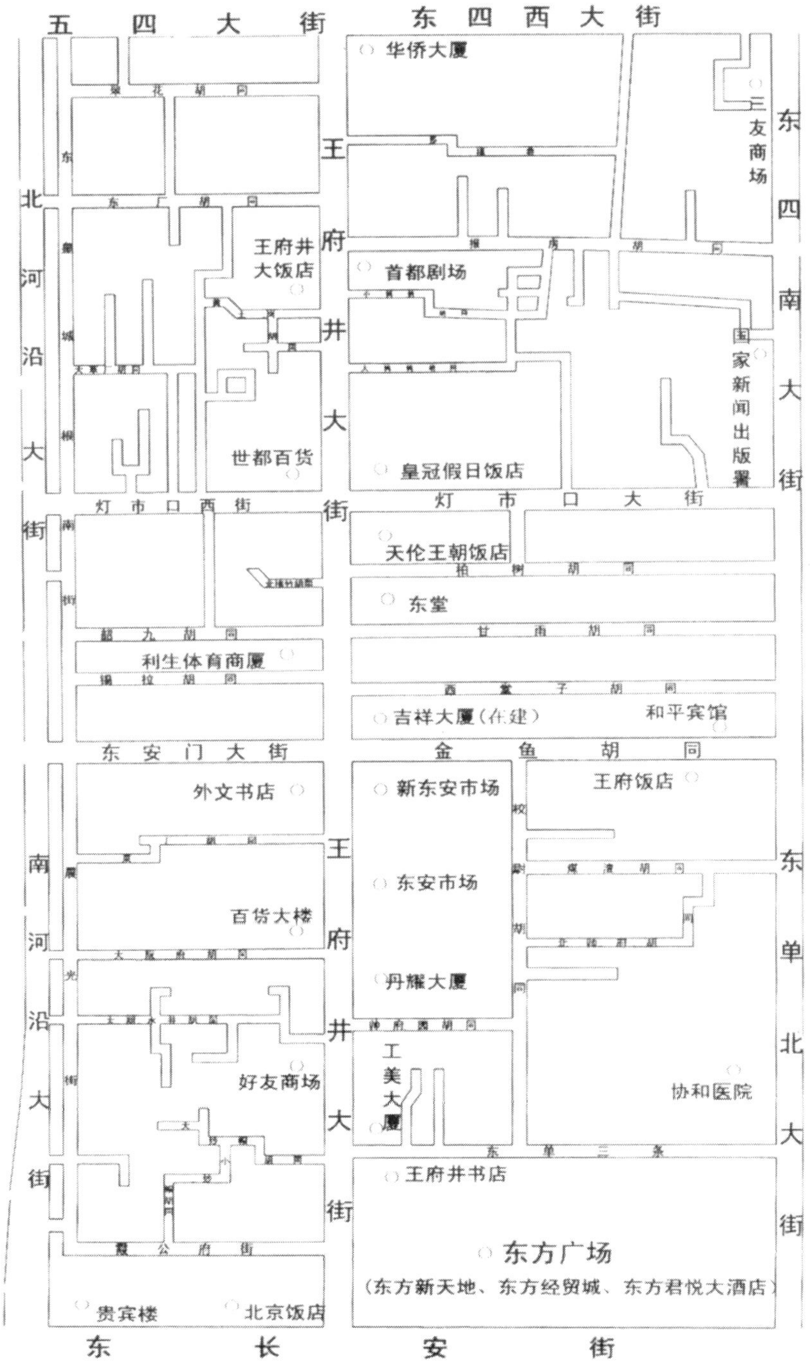

3-7 北京王府井商业区主要经济指标

指　　标	计量单位	2002年	2001年
一、自然状况与基础设施			
1、面积	公 顷	165	165
2、绿化面积	万平方米	10.3	10.3
3、道路面积	万平方米	25.9	25.9
4、大型商厦（万平米以上）	个	9	9
5、星级宾馆	个	15	15
# 五星级	个	8	8
二、区内企业现状			
6、区内企业个数	个	2307	1534
# 商业企业个数	个	783	664
餐饮企业个数	个	143	101
服务企业个数	个	892	529
三、经营情况			
7、实现零售额	亿 元	36.2	34.8
8、销售收入	亿 元	185.4	132.0
9、利润总额	亿 元	1.3	-2.4
10、营业税金及附加	亿 元	4.9	2.6
11、应交增值税	亿 元	3.0	1.8
12、所得税	亿 元	1.5	1.5
13、从业人员	人	65592	60707
14、劳动者报酬	万 元	189184	151787
四、主要服务设施情况			
15、公厕数量	个	65	65
16、银行数量	个	31	31
17、停车场	个	地上14地下8	地上14地下8

北京王府井商业区简介

王府井大街形成于七百多年前的元代，自明代中、后期开始出现商业活动。到20世纪二、三十年代，王府井已成为北京四大商业街之一。新中国成立后，在党和各级政府的关怀下，王府井大街得到了大规模的发展，尤其是被誉为新中国第一店的王府井百货大楼的落成开业，更使王府井名声大振，享誉全国，成为北京市的商业中心区。

为适应北京市改革开放的新局面，1992年，北京市政府决定加快王府井地区的规划建设步伐和商业设施的改造。1993年初，新东安大厦破土动工，拉开了王府井地区大规模开发、建设的序幕。1997年底，市委、市政府和东城区委、区政府又果断决策，加强王府井大街的市政设施改造、街景整治和大街的软件建设，将王府井建设成为国际一流的商业街区。

经过近10年大规模的开发建设和市政设施改造，王府井地区的市容、市貌发生了翻天覆地的变化。长800余米的王府井步行街，南有东方广场，北有新东安大厦，沿街聚集了数百家商店和餐馆，成为百姓游览、购物的天堂。新建成的王府井大街东、西辅路和几处大型停车场以及拓宽了的金鱼胡同，方便了各种车辆的通行和停放。王府井大街的全部市政管线得到了彻底改造，可保证在50年内不落后。沿街店面整治一新，街景、雕塑各具特色。全长2.8公里，种满绿草鲜花的黄城根遗址公园，犹如一条绿色缎带穿过王府井商业区的西侧，被称为“城市绿肺”，休闲的人群络绎不绝。修葺一新的王府井天主教堂，建筑古朴幽雅，广场绿草如茵，充分体现了党和政府尊重宗教信仰自由的政策，在国际上引起了良好的反响。

目前，在王府井地区1.65平方公里范围内，有王府井百货大楼、东方新天地、新东安市场等万平方米以上大型商厦九座；有东方广场、新东安大厦、国中商业大厦等设施先进的大型、超大型写字楼10余座；有北京饭店、东方君悦大酒店、王府饭店等五星级宾馆8家，有盛锡福、同升和、亨得利、中国照相、四联美发、东来顺、全素斋等众多著名老字号企业，形成了一个以商业为主导，融商务、旅游、娱乐、休闲、餐饮、会展等多种功能为一体的设施完善、交通便利、环境优美、充满东方文化色彩的国际著名商业街区。

2002年5月，“王府井国际著名商业街研讨会”胜利召开。来自包括巴黎香榭丽舍大街、纽约第五大道、伦敦牛津街、东京新宿大街等世界14条著名商业街的代表汇聚一堂，共同探讨商业街的发展大计，并发表了《王府井宣言》。研讨会的召开，为王府井商业区“展示形象、扩大交流、寻求商机、促进发展”提供了广阔的空间，为王府井商业区今后的发展奠定了良好的基础。

北京西单商业区示意图

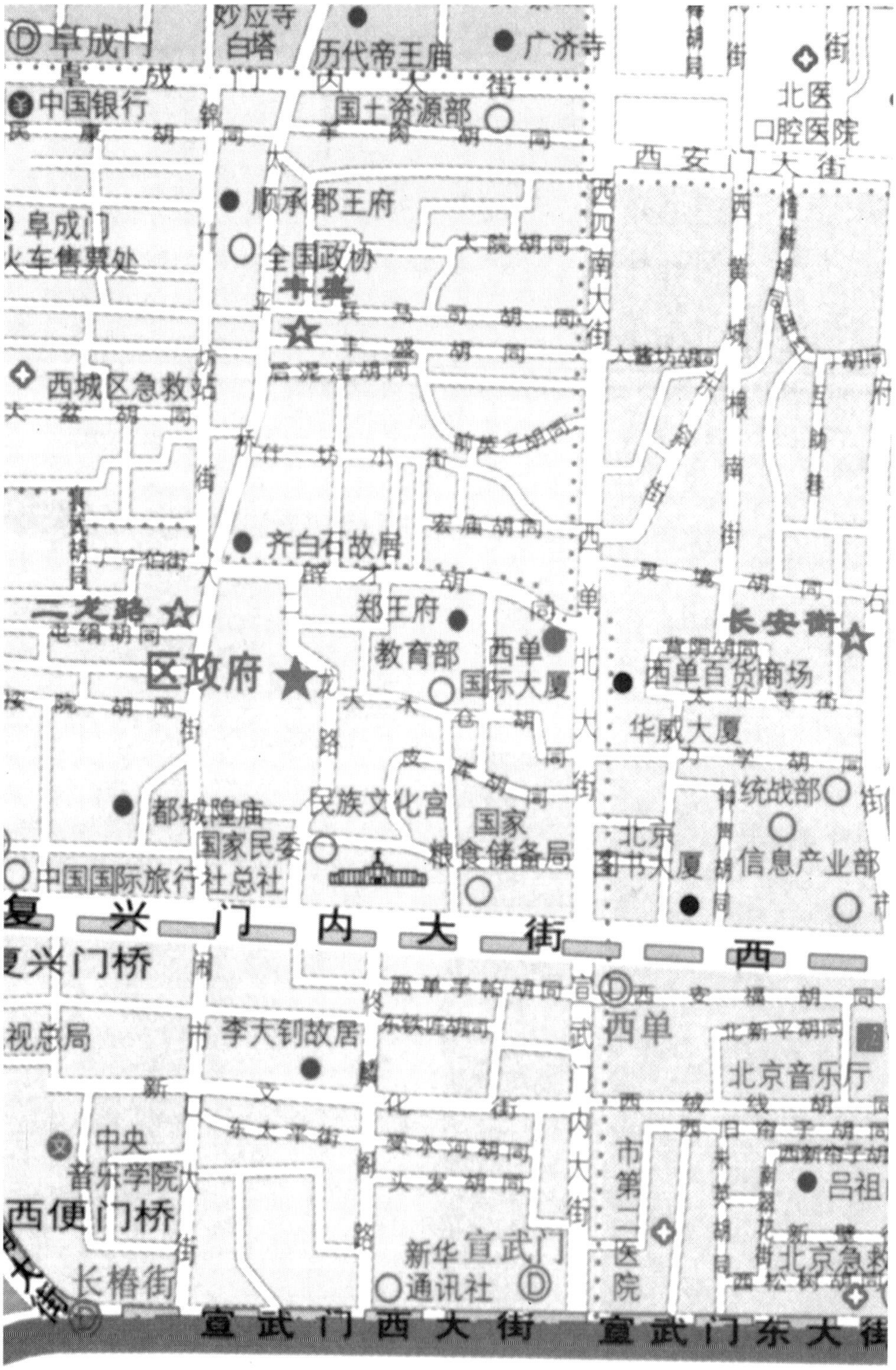
阜成门
妙应寺白塔
历代帝王庙
广济寺
北医口腔医院
中国银行
国土资源部
西安门大街
顺承郡王府
阜成门火车售票处
全国政协
西城区急救站
齐白石故居
二龙路
郑王府
西单
教育部
长安街
区政府
国际大厦
西单百货商场
华威大厦
统战部
都城隍庙
民族文化宫
国家粮食储备局
国家民委
中国国际旅行社总社
信息产业部
复兴门内大街
复兴门桥
西单
李大钊故居
北京音乐厅
中央音乐学院
西便门桥
新华通讯社
宣武门
长椿街
宣武门西大街
宣武门东大街

3-8 北京西单商业区主要经济指标

指　标	单　位	2002年
一、自然状况与基础设施		
1. 面积（四至）	公顷	80
# 绿化面积	公顷	3.1
2. 道路面积	公顷	14.7
3. 建筑面积	万平方米	80
4. 营业面积	万平方米	21
二、区内企业状况		
5. 区内企业个数	个	369
# 商业企业个数	个	123
餐饮企业个数	个	23
服务业企业个数	个	163
三、营业情况		
6. 营业收入	亿元	48.1
7. 利润总额	亿元	1.3
8. 从业人员	人	17269
9. 劳动者报酬	力元	36290.7
四、主要服务设施情况		
10. 广告牌数	块	21
11. 公厕个数	个	6
12. 银行个数	个	4
13. 自动银行柜员机	台	10
14. 停车场	个	
# 停车位	个	1910

北京西单商业区简介

西单商业区是北京市历史最悠久的三大商业区之一，它南起宣武门，北至灵境胡同，覆盖西单十字路口，南北长1600米，东西宽500米，占地约80公顷，发展到现在已成为日益繁荣的现代化商业中心区。在整个城市商业中占有重要地位。

1992年开始，西城区实施“繁荣西单、发展西单”的战略，经过近10年的不懈努力，西单商业区的面貌已经发生了根本性的变化，西单商业区总体规划已经实现近三分之二，现代商业中心区的形象已经基本形成。

西单商业区的建筑林立，不同的建筑风格生动地体现了时代特色以及东西方文化的融合。西单商场、华威大厦、华南大厦、广州大厦、高登大厦、民族大世界、西单国际大厦、中银大厦、太运大厦、国际电力大厦、北京图书大厦、首都时代广场、西单文化广场等一批新建、改扩建建筑与原有的民航大厦、北京电报大楼、民族文化宫等大型建筑群体的总建筑面积已逾100万平方米。西单文化广场为传统商业区注入了新的活力，成为集休闲、展示、宣传、娱乐等功能于一体重要的标志性建筑。

针对西单商业街的城市功能、周边地区商业的发展规划、消费者对西单的需求以及西单商业街的自身的发展，对西单商业布局进行调整和重新定位，西单商业区已由传统的商业、餐饮业转变为以商业为主，餐饮、娱乐、健身、文化、旅游、金融、饭店、电信、房地产等多业并举的泛商业业态结构。

西单商业区的环境近年来发生了很大变化。西单是公交线路最集中、公交出乘最方便的地区之一，地铁复八线和10多条公交线路从这里通过，通往首都机场的民航班车在这里到发。西单路口平面绕行环路的建成，极大地提高了路口交通管理水平。总长1900米的二层步行廊桥，将东西两侧11座现代建筑连为一体，与城市主干道组成纵横交错的现代化立体交通网络。在西单北大街主路两侧，绿化、花坛、雕塑、休闲坐椅的设置及夜间照明不断更新换代，增强了商业区的休闲功能，增添了商业区的浪漫色彩。

为适应西单商业区发展的需要，1999年组建了北京西单商会，在政府与企业之间建立了稳定的沟通渠道。2000年，成立了西单商业区管理委员会，形成了更加有利于商业区发展的管理体制。西单商业区多次荣获“百城万店无假货示范街”和“全国精神文明建设示范点”等荣誉称号。

北京申奥成功，对西单商业区的建设和发展提出了新的挑战。2008年以前全面实现西单商业区规划，基本形成商业业态齐全、覆盖领域广泛、功能配套互补、销售与服务并举、专业与综合相济，集商业、餐饮、健身、娱乐、会展、信息、酒店等行业与一体，国际一流的现代商业中心区。

进一步明确商业区的品牌定位，将传统与现代有机地结合在一起，向现代都市人提供最新的市场潮流、最新的市场感受、最温馨的假日生活和最真切的消费体验，增强西单商业区的魅力，使西单充满青春与活力。

继续实施商业区景观工程建设，要对景观建设进行整体规划，设计力求起点高、理念新。各种设施标识和西单标志要与国际接轨。提高绿化质量。增设一批高质量的城市雕塑。不断提高广告及夜间照明的现代化水平。优化交通环境，建成西单商业区地下步行商业走廊。实现西单北大街东西两侧辅路建设规划，形成现代化的交通网络。实施“数字西单”工程，建设交通引导系统和安全监控系统。

建设中的西单商业区充满生机与活力，现代化的气息无处不在，她正以崭新的姿态迎接着中外来客。商业区全面建成后，展现在人们面前的将是一个：文化的西单、年轻的西单、假日的西单。

北京金融街商业区示意图

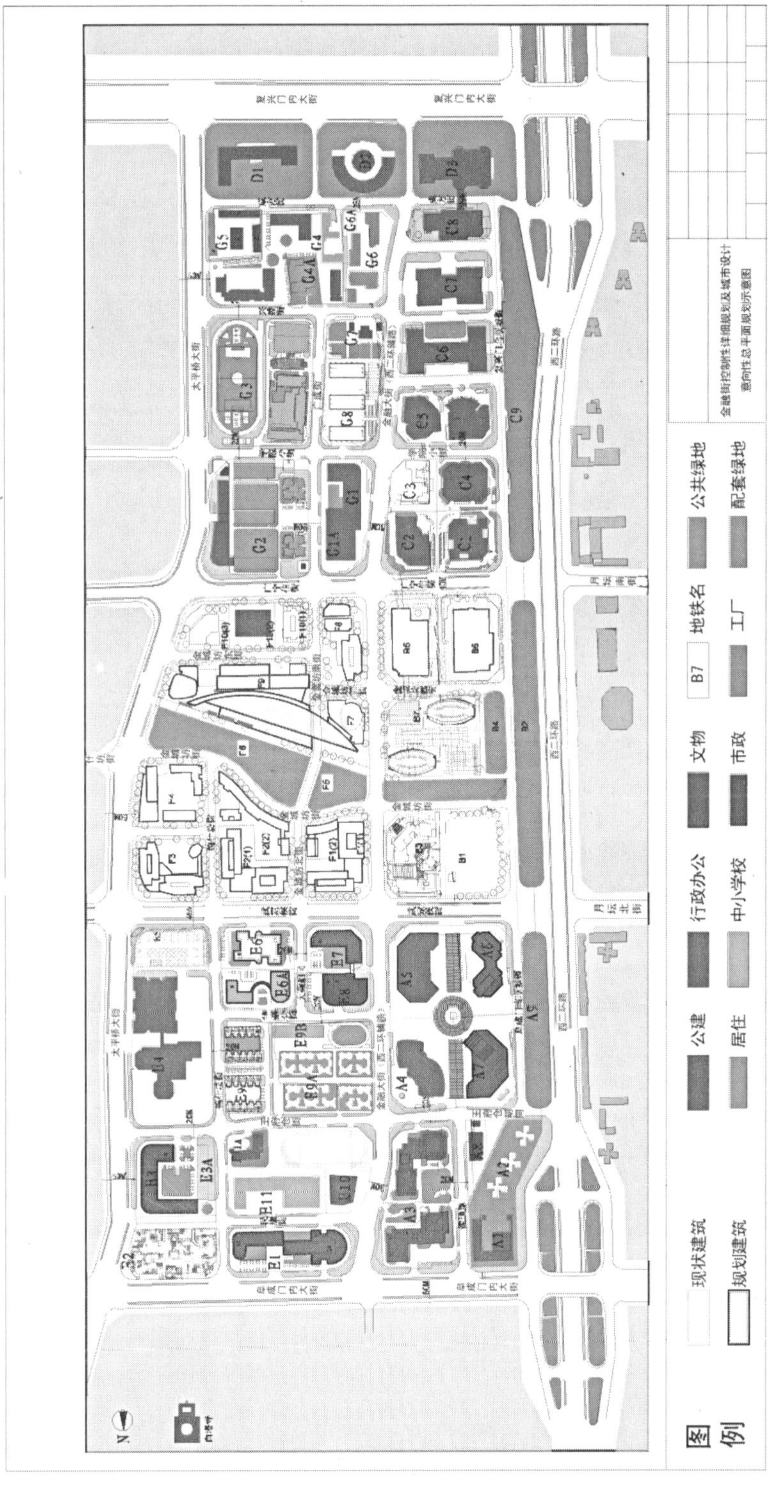

3-9 北京金融街商业区主要经济指标

指　　标	单位	2002年
一、自然状况与基础设施		
1. 面积（四至）	公顷	103
# 绿化面积	公顷	26
2. 道路面积	公顷	33.6
3. 建筑面积	万平方米	340
4. 营业面积	万平方米	
二、区内企业状况		
5. 区内企业个数	个	533
# 金融企业个数	个	37
# 外资机构	个	1
银行个数	个	26
保险公司个数	个	14
其他金融企业	个	2
三、营业情况		
6. 营业收入	亿元	578.4
7. 从业人员	人	49741
四、主要服务设施情况		
8. 广告牌数	块	78
9. 广告面积	平方米	840
10. 公共停车场	个	459
11. 星际宾馆数	个	1
12. 写字楼	个	17
13. 出租率	%	98
14. 平均月租金	美元/月平方米	25

北京金融街商业区简介

1993年10月，《北京市城市总体规划》提出：在西二环阜成门至复兴门一带，建设国家级金融管理中心。从此在北京经济发展格局中，“金融街”开始扮演起越来越重要的角色。

金融街，南起长安街，北至阜成门内大街，东起太平桥大街，西抵西二环路，南北长约1700米，东西宽约600米，规划范围103公顷。

金融街历史悠久，源远流长，在元代已开始初具规模，成为著名的“金城坊”。在明、清两代，遍布金坊、银号至清末民初，户部银行、大清银行、中国银行先后在此更迭。其后，又有大陆银行，金城银行，中国实业银行等各银行先后在此设立总部。新中国成立后，金融街周围就长期成为了中国金融、财政的决策机构所在地。

目前，北京金融街及周边地区已经吸引了各大银行、非银行金融机构和国内外知名企业入驻，其中有中国人民银行、中国证监会、中国保监会、中国银行、中国工商银行、中国建设银行、中国交通银行、中信实业银行、中国人民保险集团、中国平安保险公司等30多家金融机构和650余家国内外企业在此落户，包括全国性商业银行17家、全国性保险公司9家，中国电信、中国移动通讯、中国网络通讯公司等一批国家级信息通讯企业、金融服务类中介公司。2001年进入《财富》全球500强的11家中国企业中，有8家总部在西城区，其中5家坐落在金融街区域。金融街汇总着中国每年15万亿元居民和企业存款80%以上的数据，聚集了每年业务量达2万多亿元的中央国债登记结算公司和负责深市、沪市每年几万亿元的证券业务结算的中央证券登记结算公司。每天，这里都有上百亿元资金吞进吐出，相当于国内一个中等城市一年的资金流量！决策机构、大型企业和重要银行共处一地，形成了良好的互动关系，促使资本、人才、信息在金融街及周边地区不断聚集并充分流动。这种区域特征造就了金融街独特的魅力，金融街正在快速成长为重要的金融中心。

为适应入世后金融业发展的需求，在2001年初，金融街控股股份有限公司通过国际招标的方式，确定了美国SOM设计金融街中心区的总体规划方案。金融街中心区规划总建筑面积达141万平方米，绿化率接近37%。在地上82.8万平方米的建筑面积中，办公写字楼63万平方米；酒店面积达7.5万平方米；会议中心一万平方米，商业服务设施达8万平方米，占10%，公寓达7.6万平方米，占9.6%。在地下58万平方米的建筑面积中，停车场达46万平方米，拥有11000多个车位。在美国SOM设计的中心区规划方案中，实现了几大突破，突破了常见的条块分割布局，以开放的空间形态和贯通全区的绿化景观将活力穿越整个金融街；规划了8万平方米的商业配套置于区域中央，实现建筑功能的互补，增强区域活力；规划了近2.8公顷超大绿阴广场和湿地系统以改善空气质量，从自然采光通风角度规划单体建筑，使中心区成为生态人性化的办公公园。在金融街中心区的配套方面，金融街中心区北侧F1-F4地块酒店服务式公寓，底层为绿阴酒吧廊；南侧有活力中心，包含了一座超五星级酒店（由国际著名的酒店管理公司RITZ-CARLTON负责酒店管理）；集商业、餐饮、娱乐为一体的大型综合商场；金融家俱乐部（配备有大型室内阳光游泳池、室内四季溜冰馆、网球场、篮球、羽毛球馆，室内攀岩、壁球、SPA等多项健身休闲场所）；容纳500人的大型剧场；西侧B3项目为一座五星级酒店及酒店服务式公寓。在未来3－5年里，金融街将集中建设中心区，预计投资100亿元，新开工100万平方米。中心区体现了国际化、生态人性化、金融文化和充满活力的设计理念，倡导21世纪办公文化，除写字楼外还配置了五星级酒店、金融家俱乐部、国际会议中心和餐饮、健身、休闲服务区，在品质与风格上与国际接轨。中心区建成后将重点引进国内外金融机构总部、金融交易市场和具有影响力的跨国公司总部，吸引更多的国际资金在此流动。通过为客户提供全方位的金融服务，打造金融市场，使之成为最适合金融业发展的商务区。

目前，金融街已完成竣工面积 110 多万平方米，金融街南区已基本建成，金融街中心区今年全面开始动工建设。金融街将在 2005 年基本建成，2008 年全部建成。届时，一个功能完善、设施先进、配套齐全的全国性金融管理、融资、结算和信息中心将出现在人们面前。以金融机构办公、商业大厦为主的金融核心区以及相配套的酒店、公寓、高档商业、餐饮、文化娱乐及其他服务业设施，同时建设通讯、报价、计算机、保安、保管等各类服务行业和具有金融专业特色的律师、会计师事务所，设置资金、黄金、外汇调剂、股票证券、金融抵押、租赁、期货等各类金融监管机构和交易市场的金融街不仅会是京城亮丽的城市名片，更将成为中国和世界经济链条紧密相连的重要环节和魅力无穷的国际化金融中心!

北京商务中心区（CBD）示意图

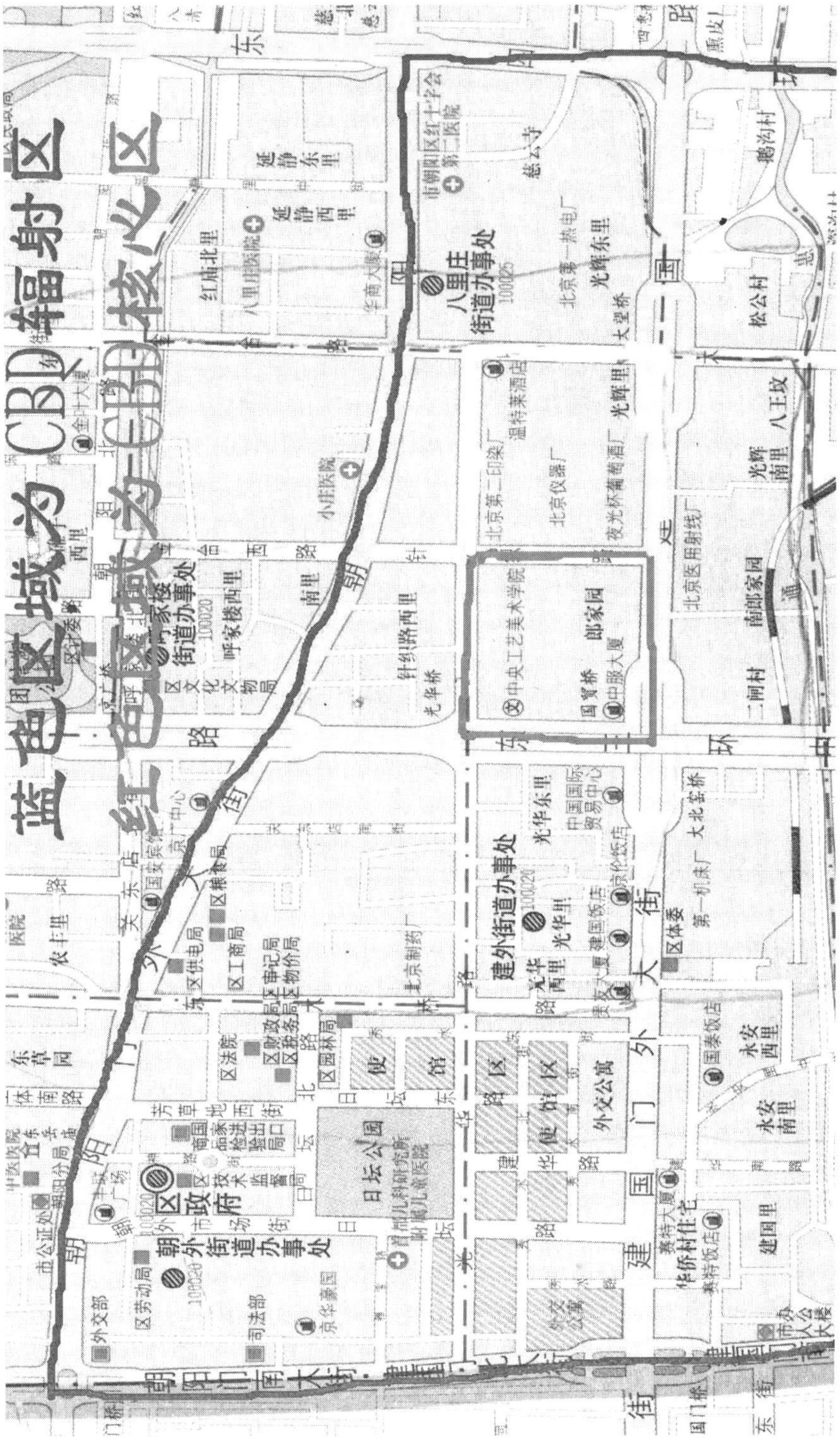

3-10 北京商务中心区（CBD）主要经济指标

指标	计量单位	2002年	2001年	2002年为2001年%
面积	平方公里	3.99	3.99	
道路面积（规划）	平方公里	1.56	1.56	
区内企业个数	个	1895	997	190.1
# 内资企业	个	1325	833	159.1
外资企业	个	570	164	347.6
实收资本金	亿元	246.7	224.2	110.0
# 内资企业	亿元	97.2	50.7	191.7
外资企业	亿元	149.5	173.6	86.1
从业人员	人	70718	37177	190.2
# 内资企业	人	49739	27739	179.3
外资企业	人	20979	9438	222.3
CBD地区增加值	亿元	32.3	31	104.2
房地产投资额	亿元	9.7		
实际利用外资额	亿美元	3.5		
营业收入	亿元	196.3	84.3	232.9
外国驻京代表机构	个	323	245	131.8
金融、保险业企业个数	个	14	4	350.0
信息咨询服务机构	个	384	243	158.0
房地产企业数	个	96	50	192.0
星级宾馆	个	29	19	152.6

北京商务中心区（CBD）简介

CBD 位于中国北京市朝阳区东三环路与建国门外大街交汇的地区，此交汇点距东部的北京旧城城墙（现为二环路）约 2.3 公里，距北京长安街约 5.8 公里，距北部的首都机场高速路出入口约 5.8 公里，距南部京津唐高速路出入口约 5.3 公里，距东部的四环路约 2.4 公里。北起朝阳北路及朝阳路，南抵通惠河，东起西大望路，西至东大桥路，规划总用地面积约 4 平方公里。现有工业企业用地 149 公顷、居住用地 84 公顷、公建用地 55 公顷、市政用地 13 公顷、教育科研用地 14 公顷、道路及其他用地 84 公顷。区内共有居住人口约 5.4 万人。东侧为北京第一热电厂，南侧紧邻通惠河，通惠河南岸为铁路整备战。西侧由北至南为朝外市级商业中心、日坛公园、北京第一使馆区、永安东西里居住小区，北侧是以居住为主的用地。

商务中心区建设将遵循“分步实施，分块建设；重点突出，整体推进”的原则，按近期、中期、长期三步实施，采取成熟一块开发一块的办法；以“金十字”区域及核心区开发为重点，全面推进商务中心区的开发建设。目前，处于项目立项和规划设计阶段的重大建设项目有十几个，建筑面积总共 300 万平方米。北京商务中心区即将进入新一轮的建设发展高潮。

CBD 规划理念

1. 商务中心区的整体框架延续北京历史文脉和城市的肌理，形成方格状基本路网结构，并体现与旧城中心区的轴向联系和区内的轴向布局与发展。

2. 突出以商务办公为主的功能，将主要商务办公设施集中布置于以"金十字街"两侧的地段：设置混合功能区的概念，有利于可持续发展，并避免商务功能过于单一而带来的弊病：重视文化功能，并强调文化设施与商务设施有机融合。

3. 重视生态环境的建设，强调商务区内应有大面积的公共绿地，并通过绿化带的连接，形成完整的绿化体系。

4. 塑造完美的城市形象，超高层建筑相对集中，并突出设置标志性建筑，形成重点突出，错落有致的空间形态。

5. 建设现代化、立体化的交通体系，强调地铁与共交设施的建设，创建便捷的交通环境。

6. 建设完善的信息网络设施，构筑统一开放的公用业务平台，为企业和社区信息化建设提供最便利的条件和保障。

规划主要内容

1. 功能布局规划。北京商务中心区 4 平方公里的用地面积，前期规划在综合比较国内外已形成的 CBD 的基础上，提出建筑规模控制在 1000 万平方米之内，其中写字楼约 50%左右，公寓 25%左右，其他 25%左右为商业、服务、文化及娱乐设施等。主要的商务设施将沿东三环路、建国门外大街两侧布置，确定位于“金十字”东北角面积约 30 公顷的地区为 CBD 的核心区。

2. 空间形态规划。超高层建筑集中于东三环路两侧布置，主体建筑的高度均在 100 米以上，部分商务建筑高度在 150 米－300 米之间，主要的标志性建筑沿宽敞的东三环路两侧成序列展开，产生一种强烈的震撼力，使东三环路成为展示 CBD 形象的一个窗口。国贸桥东北角的 CBD 核心区，是超高层建筑集中的区域，它将形成 CBD 的标志性建筑群。整个 CBD 将成为体现新北京现代化城市形象的最重要的区域。

3. 绿化系统、公共开放空间规划。规划方案中公共绿化用地面积共 33.39 公顷，占总面积的 11%，主要由以下几部分组成：四个主题公园以及环状绿化系统、沿街绿化带、通惠河北侧的滨河绿化带等，形成多层次的开放空间。

4. 地下空间规划。规划考虑充分利用地下空间，并形成立体化交通系统，要求地下建筑，尤其是核心区的地下一层相互连通，形成地下人行系统，并要求将地下车库尽可能连通，以减轻地面交通压力。

5. 交通规划。北京 CBD 交通规划，是在北京城市总体规划、CBD 发展规划及整体城市交通规划基础上的区域交通规划。据此，研究并制定 CBD 的道路系统及内外交通组织方案。规划中道路用地约为 155 公顷，占 CBD 总面积的 39%。

工业园区

北京林河工业开发区示意图

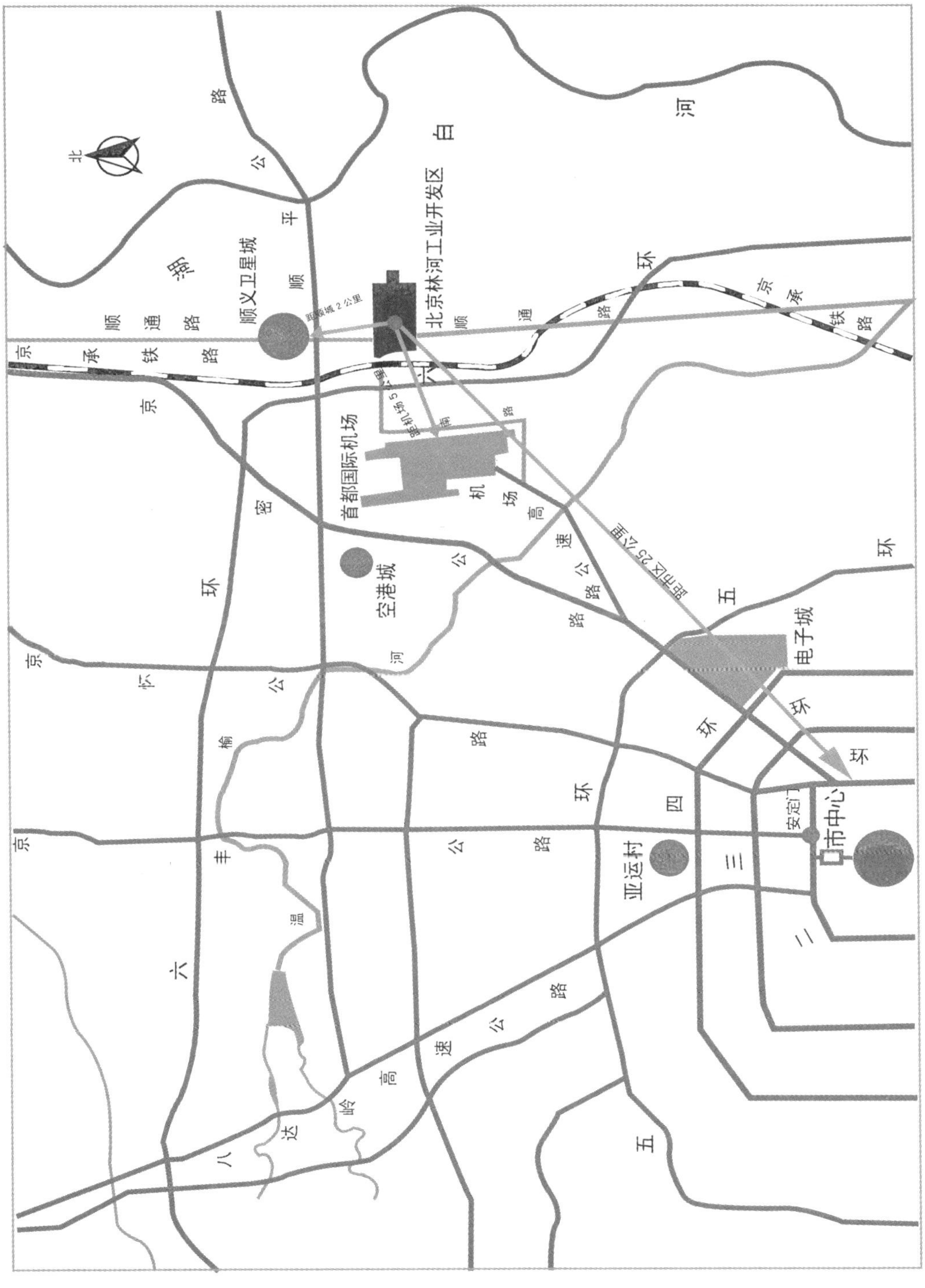

3-11 北京林河工业开发区主要经济指标

指标	计量单位	2002年	2001年	2002年为2001年%
企业个数	个	53	43	123.3
# 工业	个	40	34	117.6
年末从业人员	人	3478	2476	140.5
# 工业	人	2978	1976	150.7
地区生产总值	万元	27804	9028.8	307.9
第一产业	万元			
第二产业	万元	25713	7758	331.4
第三产业	万元	2091	1270.8	164.5
工业总产值（现价）	万元	83448.5	23635.4	353.1
工业销售收入	万元	73701.8	56532.7	130.4
工业利润总额	万元	128	28.3	452.3
税收总额	万元	3500	2135.4	163.9
出口创汇额	万美元	918	309.5	296.6
累计招商项目	个	53	43	123.3
累计招商项目总投资	万元	894721.9	153268.8	583.8
累计注册资本	万元	500153.3	89155.5	561.0
累计合同外资金额	万美元	18537.2	2213.2	837.6
实际利用外资	万美元	4186.5	219	1911.6
土地开发施工面积	平方公里	1.57	1.52	103.3
土地开发完工面积	平方公里	1.57	1.52	103.3
房屋建筑施工面积	平方米	271000	209000	129.7
房屋建筑竣工面积	平方米	271000	209000	129.7
固定资产投资完成额	万元	40650	31350	129.7

北京林河工业开发区简介

北京林河工业开发区于1993年经北京市人民政府批准成立，距首都国际机场东侧5公里，位于顺义城南2公里处。近年来，顺义区经济快速发展，综合实力跨入全国先进行列，社会各项事业蓬勃发展，科技、教育、文化、卫生、体育等各项事业也位居全国前列。北京林河工业开发区作为顺义区主要经济增长点之一，在2000年10月26日召开的“2000年北京国际微电子研讨会”上确定为中国北方微电子生产基地，同年晋升为市级工业开发区，2002年10月确定为北京汽车及配套零部件生产基地。开发区首期规划面积4.16平方公里，现开发2平方公里，入区企业60余家，投资总额逾100亿元人民币。

目前开发区内市政设施已达到“九通一平”的工业项目用地要求（给水、排水、电力、热力、通讯、天然气、有线电视、宽带网络、道路和场地平整）。区内企业已形成以微电子基地为龙头，微电子、光机电一体化、生物新医药、汽车及汽车零部件四大产业协调发展的局面。区内有代表性的项目有：以生产集成电路材料为主的有研硅股8英寸硅单晶生产基地项目、以生产电子通讯器材为主的北京汇能亚澳通讯设备厂、以生产集装箱检测设备为主的北京华力兴科技发展有限公司、以生产数控机床为主的北一大隈数控机床有限公司、以生产生物医药产品为主的首创大地药业、中医药大学医药生产基地、以生产汽车及汽车零部件为主的北京现代汽车、北京江森汽车部件系统有限公司等重点企业。

经过几年的开发建设，北京林河工业开发区已经形成集工业开发、金融、商贸为一体的新型工业园区。北京林河工业开发区管理委员会下设北京林河工业开发总公司是经营开发的实体，负责土地开发、招商引资、物业服务等工作。项目部、工程部、企业管理部、物业中心等作为总公司职能部门，为入区企业在项目审批、土地出让、市政配套、工程建设、人才招聘等方面提供“一站式”高品位的服务。

北京天竺出口加工区示意图

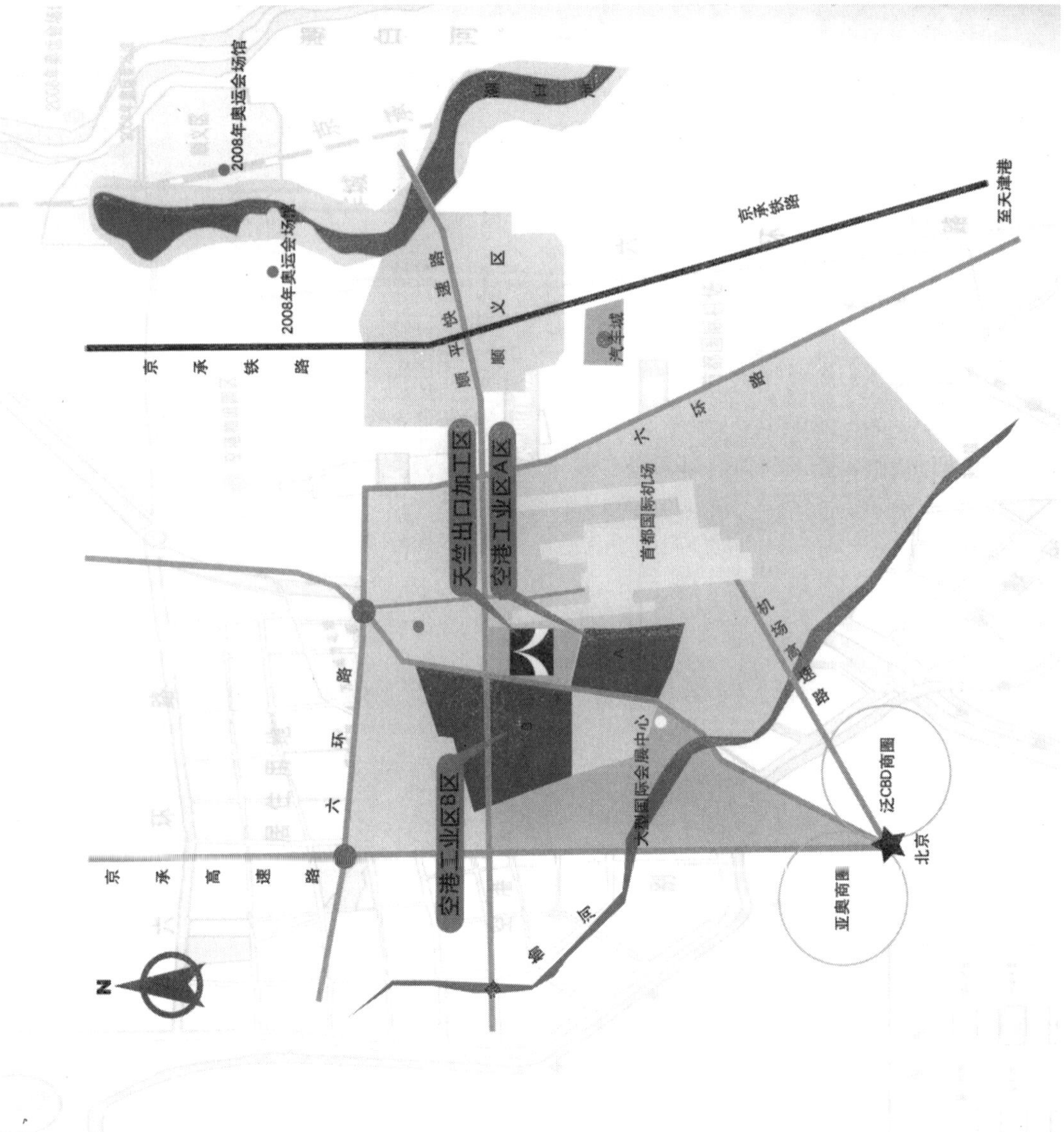

3-12 北京天竺出口加工区主要经济指标

指　　标	计量单位	2002年	2001年
企业个数	个	3	1
# 工业	个	3	1
年末从业人员	人		
# 工业	人		
地区生产总值	万元		
第一产业	万元		
第二产业	万元		
第三产业	万元		
工业总产值（现价）	万元		
工业销售收入	万元		
工业利润总额	万元		
税收总额	万元		
出口创汇额	万美元		
累计招商项目	个	3	1
累计招商项目总投资	万元	25100	20675
累计注册资本	万元	22362	20675
累计合同外资金额	万美元	2704	2500
实际利用外资	万美元	185	1720
土地开发施工面积	平方公里	0.04	1.02
土地开发完工面积	平方公里	0.26	0.8
房屋建筑施工面积	平方米	53163	
房屋建筑竣工面积	平方米	53163	
固定资产投资完成额	万元	13281	

北京天竺出口加工区简介

北京天竺出口加工区于2000年4月27日经国务院批准设立，2001年6月通过了海关八部委的验收，是北京惟一的国家级出口加工区，也是全国惟一设立在空港口岸的出口加工区，因此具有位置独特、优势突出的特点。出口加工区开发面积1.251平方公里，目前，市政配套设施建设工程已全部完成，3万平方米的标准化厂房、5500平方米的海关报关大楼、5000平方米的海关监管库和3300平方米的检验检疫大楼现已通过验收并正式启用。现有入区企业中日本SMC公司投资2亿美元的气动元件生产基地已于2003年10月18日举行一期新厂房落成典礼。3年内将建成亚洲最大的气动元器件生产基地。

天竺出口加工区紧邻首都国际机场，是全国惟一一家空港口岸的出口加工区，地理位置十分优越，在吸引高科技企业方面具有得天独厚的优势。出口加工区实行"境内关外"的管理模式，是目前全国政策最优惠、通关最便捷、管理最简便、设施最完善的海关监管特定区域。出口加工区把通常进出口货物需要四个部门审批、办理十道手续简化为一个环节，并实行免税、保税、退税政策。出口加工区除实行出口被动配额外，不实行进出口配额、许可证管理。同时，海关赋予出口加工区口岸功能，为入区企业实现零库存生产，降低管理成本，提高竞争力提供了有利条件。

到十五计划末期，天竺出口加工区将成为环境最为宽松的首都对外开放区、北京外向型企业的集中区、高新技术产业化的先导区、出口创汇重点区、加工贸易示范区。

北京天竺空港工业园区示意图

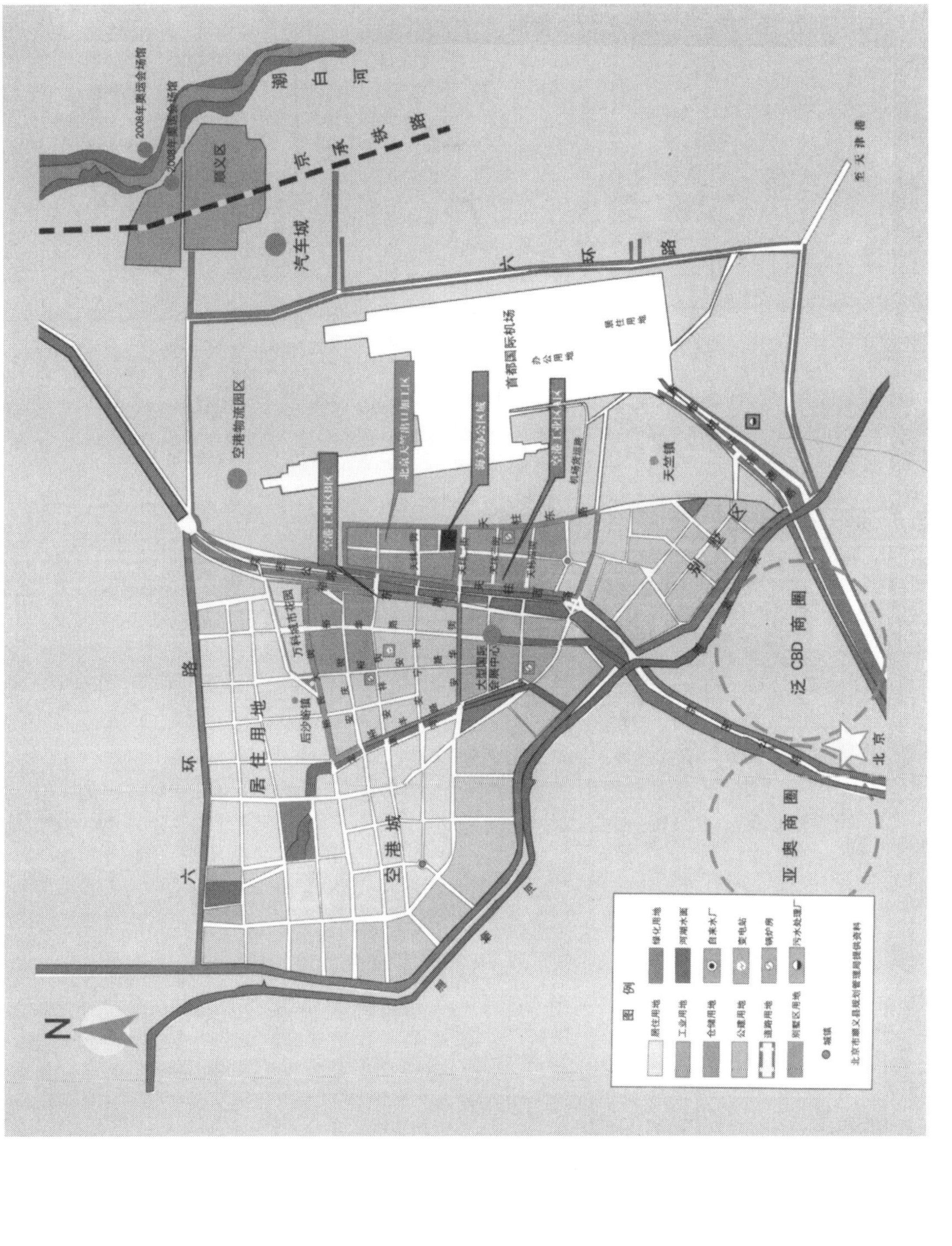

3-13 北京天竺空港工业园区主要经济指标

指　　标	计量单位	2002年	2001年	2002年为2001年%
企业个数	个	241	147	163.9
# 工业	个	102	83	122.9
年末从业人员	人	16518	9803	168.5
# 工业	人	8676	7914	109.6
地区生产总值	万元	238500	203000	117.5
第一产业	万元			
第二产业	万元	143400	175300	81.8
第三产业	万元	95100	27700	343.3
工业总产值（现价）	万元	950200	1009757	94.1
工业销售收入	万元	1189752	1427205	83.4
工业利润总额	万元	72500	69973	103.6
税收总额	万元	66936	51044	131.1
出口创汇额	万美元	68557	48368	141.7
累计招商项目	个	241	147	163.9
累计招商项目总投资	万元	976695	598183	163.3
累计注册资本	万元	577366	440285	131.1
累计合同外资金额	万美元	31542	29410	107.2
实际利用外资	万美元	3199	3122	102.5
土地开发施工面积	平方公里	0.51	1.4	36.4
土地开发完工面积	平方公里	0.18	1.4	12.9
房屋建筑施工面积	平方米	166822	106344	156.9
房屋建筑竣工面积	平方米	129321	66834	193.5
固定资产投资完成额	万元	35539	9127	389.4

北京天竺空港工业园区简介

空港工业区于1994年1月经北京市人民政府批准设立，总体规划面积6.6平方公里，位于首都国际机场西侧一公里处。经过近10年的开发建设，目前已经形成一个以电子信息、现代物流产业为主体、以外向型经济为特征、以高新技术企业为依托的现代化科技园区，并在京郊众多开发区中以投资规模大、产业结构优、出口比例高而闻名。截至目前，已有来自18个国家和地区的284家中外客商相继入驻工业区，投资总额达到24亿美元。

空港工业区发展至今，形成了自身五大特点。

第一、IT产业突出，形成了以电子信息产业为主导的产业格局。信息产业是工业区招商引资的重点，工业区内现有36家电子信息产业，投资总额27亿元。36家企业中有生产摄录一体机和数码摄像机的北京JVC电子产业有限公司,有生产移动通讯产品的北京索鸿电子有限公司、北京松下通讯设备有限公司和北京爱立信移动通讯有限公司3家手机生产企业，具备年2000万部手机的生产能力，空港工业区已经成为全国最大的移动通讯的生产基地。

第二、跨国公司云集，形成了具有显著国际资本动力特征的新环境。目前入区的企业中，有63家跨国公司，投资总额达到75.1亿元，占总投资的38%。其中进入世界500强的国际跨国公司20家，如日本的JVC、村田、索尼、松下、西铁城、SMC、积水化学；韩国的LG；美国的皇冠制罐、美能集团、惠尔浦、联邦快递；德国的菲斯曼、海福乐、罗森伯格、威乐山姆逊；法国的阿尔斯通、空中客车；瑞典的伊莱克斯、爱立信、蒙特等。空港工业区的出口供货额已占北京市出口供货额的15.6%。在北京市出口型企业十强排名中，空港工业区的爱立信、松下通信和JVC榜上有名。空港工业区已成为北京市外商投资最密集、出口规模最大的重要区域之一。

第三、众多高新技术项目入区，使投资生产和技术创新并举，形成了比较完整的产业链条。在空港工业区已经投产经营的企业中，被国家科委和北京市科委认定为高新技术企业的有24家。高科技产品占区内生产性企业产品销售收入的70%，并且以每年30%以上的速度递增，高科技产业群体已初步形成。如工业区有三个手机生产企业，还有相关的配套企业，如日本村田公司生产的片式多层陶瓷电容，广泛应用在手机、BP机等移动通讯产品上，科技含量在世界上处于尖端地位。这些高新技术企业使工业区形成了较为完整的产业链条。

第四、依托机场，临空产业的发展形成了以现代物流为特征的口岸经济圈。

目前工业区有为机场服务的航空工业和服务业的企业达29家，投资总额97.4亿元。包括欧洲空中客车工业公司、中国国际航空货运有限公司、中国航空油料集团公司、中国航空器材进出口集团公司等；此外还有为机场货物运输提供服务的大田—联邦快递、北京迪捷姆空运服务咨询有限公司、大通物流有限责任公司及中外运空港物流有限公司等企业。知名物流企业和航空工业使工业区临空产业突起,形成了以现代物流为特征的口岸经济圈。

第五、基因研究和生物制药业的结合，将形成21世纪工业区的基因谷。

工业区有韩美制药、四环药业、纳米中药和东菱药业等基因研究及生物制药企业18家，投资总额近7.1亿元人民币。入区的华大基因研究中心已于2000年6月完成了国际人类基因工作计划1%的测序任务，目前已建成国际一流的生物技术研发中心、全国最大的生物信息学中心、生物信息数据库，技术水平在全球17个中心居第6位。这些企业既研发又生产，可将基因研究成果就地转化。美国康奈尔大学与中辰国际集团公司在空港工业区合作建立分子生物实验室，共同研究开发分子生物领域的应用耗材等，这个实验室将建成国内一流的分子生物实验室，并以此为中心将形成国内最大的分子生物耗材基地，填补了国内生物学研究领域的一项空白。

目前，空港工业区建立已近十年。工业区1994年建区，在经历了一年多的基础设施建设和招商引资后，从1996年开始，空港工业区产生明显的经济效益，各项经济指标连续多年保持强劲增长势头。2002年，空港工业区实现国内生产总值23.85亿元，同比增长17.49%，总收入164.04亿元，同比增长13.15%，实现出口供货额6.83亿美元，同比增长41.12%，实现利润总额7.25亿元，同比增长3.61%，实现税金6.69亿元，同比增长31.18%，总产值147亿元，同比增长34.03%。

北京小汤山现代农业科技示范园示意图

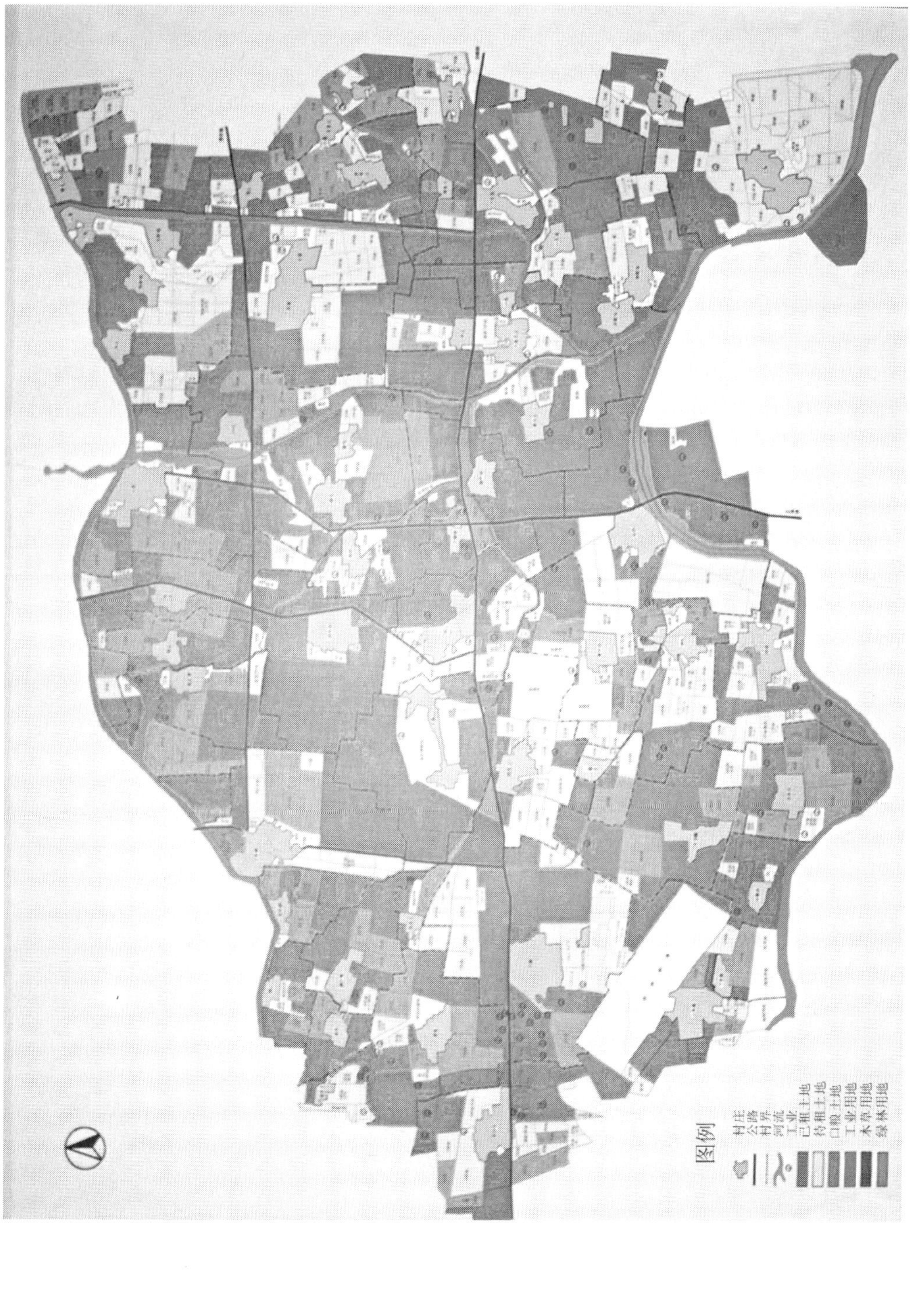

3-14 北京市小汤山现代农业科技示范园2002年主要经济指标

指标	计量单位	2002
规划区面积	公顷	11160
# 核心区面积	公顷	3000
累计批准人园企业个数	个	51
# 注册资本亿元以上的企业	个	4
总投资合计	万元	300000.0
注册资本合计	万元	27825.8
投产（开业）企业个数	个	51
产品出口销售收入	万元	184692.7
从业人员年末人数合计	人	7765
从业人员年平均人数	人	7765

北京小汤山现代农业科技示范园简介

北京小汤山现代农业科技示范园始建于 1998 年，2002 年 1 月正式开园，目前已发展成为国家级农业科技示范园区。

北京小汤山现代农业科技示范园依据“科技示范、辐射带动、旅游观光”的总体功能定位，将园区建设成为首都农业率先基本实现现代化的展示窗口；现代高新农业科技成果转化的孵化器；北京现代农业科技示范中心；生态型安全食品的生产基地；国际农业先进信息、技术、品种的博览园。园区依据现有企业分布和面对未来发展，全面制定了“七区一园”的园区发展规划，即以工厂化育苗为主的林木种苗区；以生产、科研、推广为主的设施农业区；以鲜切花基地和园林苗圃为主的花卉区；以鲟鱼孵化和罗非鱼生产为主的水产养殖区；以饮料、食品加工为主的加工农业区；以地热温泉娱乐健身为主的休闲度假区；年生产能力达 80 万只的肉用乳羔羊示范区；以植物克隆、蔬菜育种、兰花种苗组培为主的籽种农业。

北京小汤山现代农业科技示范园地处燕山南麓平原地区，交通便捷，土地肥沃。园区位于北京市亚运村北 17 公里处，立汤路把亚运村、建设中的奥林匹克公园、小汤山农业园连成一线。园区东临首都国际机场 10 公里，西距八达岭高速公路 5 公里，建设中的六环路、京承高速路穿园而过。园区总体规划面积 111.6 平方公里；涉及小汤山、兴寿、崔村、百善四个镇 54 个行政村，8.1 万亩耕地，4.1 万人，这里水资源十分丰富；其中地热资源可开发利用面积达 100 平方公里；小汤山农业园北倚京密引水渠，南至温榆河，八条河流环绕其中，区内供排水系统完善。

北京小汤山现代农业科技示范园根据“政府搭台，企业运作，中介参与，农民受益”的原则和“环境优美，设施先进，技术领先，品种优新，高效开放”五个基本目标建设发展。园区从 1998 年底至今投入了 1.5 亿元资金用于水、电、路、通讯等基础设施建设及绿化美化。通过拆墙透绿和修建电力设施、供水厂、污水处理厂等一系列基础设施，为园区营造了优越的投资环境。同时，北京小汤山现代农业科技示范园还推出了一系列优惠政策鼓励国内外投资者到园区投资兴业，经北京市政府批准，昌平区政府制定并出台了“关于加快小汤山现代农业科技示范园区发展”政策：

一、园区鼓励和支持设施先进、技术领先、品种优新、高效开放，能占据市场制高点，对农业结构调整、产业升级和农民致富拉动力强的精品农业、籽种农业、创汇农业、加工农业、生态农业、观光农业等项目，经园区管委会批准后即可入园。

二、入园企业可采用租赁方式获得土地使用权。租赁年限可根据不同产业需要一般为 30－50 年。区内的土地由小汤山镇政府统一租赁后再分别租赁给入园企业。并由区政府发给集体土地使用证。

三、入园企业符合条件的，经有关部门认定为高新技术企业的，享受高新技术产业优惠政策。

四、园区设立融资担保机构，专为入园企业或机构提供贷款担保。凡在园区注册，在昌平区域内有固定资产投资，经向园区管委会申请，并被认定资信良好的企业，可承担不超过其总资产 50%的贷款担保。

五、外省市机构在园区投资 200 万元以上、个人 50 万元，并购买商品房一套的可享受北京市政府[1997]41 号文件《北京市郊区小城镇建设试点城镇户籍管理试行办法》的规定，可办理进京户口，落户小汤山镇。

六、园区管理机构负责为入园企业中符合条件的骨干专业技术人员和管理人员优先向市组织、人事部门申请办理户口进京，并解决子女入学入托、职称评定等问题。

七、在园区兴建的工厂化蔬菜、花卉，种子加工包装和其他农产品加工等高档设施农业企业，免征市政公用设施建设费、绿化补偿费、征用土地道路代征费、自来水厂建设费等。

八、昌平区政府在适当区域规划建设一定数量的专家公寓，视情况对为园区建设和发展做出突出贡献的专家和科技人员提供优惠住房。

九、对引进入园企业做出贡献的中介机构和个人，区政府一次性给予 1－10 万元的奖励。引进重大项目贡献突出的中介机构和个人另行奖励。

十、园区管委会为入园企业办理各种手续，实行一条龙服务。

目前，北京小汤山现代农业科技示范园已有国家级北方林木种苗示范基地、国家淡水鱼业工程技术研究中心、精准农业项目、台湾三益兰花基地，北京天翼生物工程有限公司，中垦三菱示范农场等 51 家现代农业高新技术企业入驻，总投资达 30 多亿元，其中大型设施达到 60 万平方米。形成了小汤山特菜、林木种苗、花卉、鸵鸟、高档淡水鱼、肉用乳羔羊等一批优势产业。目前园区创造了大约 10000 个就业机会，吸收了大量农民到园内企业就业，成为农业工人。园区的建设为农民就业提供了广阔的空间，为农民创造了更多同科技人员接触学习的机会，在实现提高农民收入的同时，还使他们掌握了更多的现代农业技能，改变了传统的观念，使农民素质得到全面提高。

小汤山现代农业科技示范园的建设受到了社会各界的广泛关注与支持，分别被国家科技部、国家外国专家局等部门命名为“国家级农业科技园区”、“北京市科普教育基地”、“引进国外智力成果推广示范基地”、“科学实验基地”等。越南、韩国、日本、墨西哥等党政代表团参观考察科技园区，小汤山农业园自建园以来已累计接待各界人士 10 万人次。

北京小汤山现代农业科技示范园充分发挥首都科技优势，转化推广国内外先进技术和科技成果；孵化和培育现代农业企业，促进农业产业化经营；构建农业科技优秀人才聚集地，为科技创新提供空间；以市场为导向，促进农业产业结构调整和农民增收。加快首都农业率先基本实现现代化的步伐。目前，园区还建成了亚洲最大的工厂化、自动化欧洲鲟鱼繁育场，肉用鸵鸟深加工产业基地，平原园林绿化苗圃和国家级林木种苗生产示范基地及追踪国际农业科技水平前沿的国家级精准农业示范区。不仅引进了无土栽培、组织脱毒、鲟鱼孵化、航天育种、卫星遥感、智能化灌溉等世界先进技术、还引进了荷兰花卉、台湾兰花、日本黄瓜、以色列蔬菜、美国“童子一号”大草莓、欧洲鲟鱼、非洲鸵鸟等国际优新品种。入园企业依据科技与人才优势，突出高科技含量，其示范功能与经营效益在同行业中均居领先水平，已成为拉动京郊农业结构调整、产业升级和农民致富的龙头。

北京小汤山现代农业科技示范园具有美好的发展前景，加盟小汤山现代农业科技示范园可享受全国小城镇综合改革试点镇的各项政策、中关村科技园区高科技产业政策和园区自身更加优惠的政策。小汤山现代农业科技示范园竭诚欢迎有识之士前来投资兴业，共绘园区美好宏图。

产业基地

北方汽车工业基地

北京顺义现代汽车城已于2002年10月正式启动。汽车城选址在林河工业区内，规划用地6平方公里；另外，根据汽车城的发展需要，在周边李遂镇、北务镇预留研发中心、试车厂和后备发展用地4平方公里。2002年11月18日北京现代索纳塔轿车顺利下线，标志着由北京汽车控股公司与韩国现代汽车集团合资成立的北京现代汽车有限公司，成为汽车城第一个主车厂。该公司在汽车城的投资将达到百亿元以上，到2010年，整车生产能力将达到60至70万辆。此外，北京吉普汽车有限公司也将在汽车城内建设一个占地1000亩，年产15万辆越野车的新厂。同时还有一大批汽车零部件生产企业将在汽车城落户。汽车城将通过生产轿车和越野车，带动发动机、变速箱、车桥、底盘、内饰、灯具等零部件产业的发展，建成数个整车厂，数十个零部件厂，形成集产品研发、生产销售、金融保险、售后服务为一体的汽车工业基地。2003年上半年，已生产2.25万辆轿车，实现销售收入35亿元。

北方微电子基地

有研半导体材料生产基地是中国北方微电子（林河）产业基地的首家入区项目，该项目总投资20亿元人民币，分三期在林河工业开发区内建设半导体材料生产基地。2001年12月15日，有研硅股在林河工业开发区内举行了第一期项目“六英寸区熔单晶和重掺砷硅单晶生产基地”建设项目的开工奠基仪式。该项目由有研硅股与香港凯晖控股有限公司合资建立的国泰半导体材料有限公司具体实施，项目总投资为2168.7万美元，建设年产40吨重掺砷硅单晶的生产线和年产25吨6英寸区熔单晶的生产线，正常达产后，可新增年销售收入2.09亿元人民币，净利润5242万元人民币。

美国8英寸芯片项目（即北京国科半导体有限公司）由中国科学院所属国科光电科技有限责任公司和北京中科微电子技术有限公司、美国环球科技半导体公司共同投资，该项目预计总投资1.2亿美元，占地300亩，建成一条达产后月投6万片的第4.5－5代液晶显示器生产线和一条月投3万片的8英寸0.18－0.25微米芯片生产线。项目计划首期投资5000万美元，用于开发建设在北京林河工业开发区的集成电路和液晶显示平板的研发、生产基地。公司初期先生产薄膜液晶显示（TFT－LCD）模块，主要应用于手机彩屏、电脑显示器、电视机屏等，一期投产后可实现年产值3960万美元。

北京生物工程与医药产业基地

进入新世纪，中国生物工程和医药产业持续高速增长，成为世界上发展最快的医药市场之一。而北京是全国最大的医药消费市场。医药产品年销售额超过百亿元人民币。同时，北京又是全国生物工程和医药产品研发、检定、评审、监管和临床应用的中心。

2002年10月，北京市政府市长办公会议决定：建设北京生物工程与医药产业基地，基地选址在北京大兴工业开发区；北京大兴工业开发区要重点发展生物工程与医药产业，大力吸引国内外大企业和拥有自主知识产权、具有核心竞争力的企业入驻基地。

北京光机电一体化产业基地

北京市光机电一体化产业基地(简称 OIP)位于五环路和六环路之间，东临京沈高速路，西邻京津塘高速路，与北京经济技术开发区毗邻，有着得天独厚的海陆空立体交通优势：从 OIP 驱车 10 分钟可达三环路上的分钟寺立交桥，30 分钟可达首都国际机场，70 分钟可达天津新港，10 分钟可达铁路货运站。北京市光机电一体化产业基地是 2001 年 7 月 23 日经北京市人民政府正式批准成立的，被确定为振兴北京现代制造业、扩充首都经济总量而进行重点支持和发展的大型产业基地。规划总用地 7.5 平方公里，其中规划工业用地 439.94 公顷。

OIP 将形成以高新技术产业为主，传统产业改造提升为辅，多个领域支撑的格局。在产业规划上将重点发展微电子、光电子、数控机床、印刷机械、智能仪器仪表、医疗设备、电子专用设备、激光技术、机器人等主导产业。建成京城各大专院校、科研院所科技成果产业化的基地，成为北京高新技术产业发展的一支重要力量。OIP 是北京各开发区中惟一明确产业定位的专业化产业基地。

OIP 始终坚持“高起点规划、高标准建设、高质量引进项目、高水平服务管理、高效益经营”的理念，加快基地的建设和发展，体现了“光机电精神”和“光机电速度”。截止到 2002 年十月底，一期起步区(2.5 平方公里)已经实现“十通一平”(“十通”为道路、供电、供热、供水、雨污排水、中水系统、天然气、通讯、网络、有线电视；“一平”为土地自然平整)。目前，基地内 1 万平方米的服务中心，3 万平方米的三星级宾馆已经建成，高标准的生活服务区也已经建成。建筑面积 20 万平方米的居住用房，高标准的银行、邮局、饭店、医院、学校、幼儿园、敬老院也已经投入使用。对于入区企业，基地本着扶持、服务的宗旨，给予多方面、多层次的政策优惠。北京市光机电一体化产业基地享受北京经济技术开发区的同等优惠政策。

截止到目前，共有 16 家实体企业签约入驻基地，其中 6 家外资企业分别是韩国现代 MOBIS、韩国东南、韩国 FLANGE、韩国进永、中美 CMI、奥林匹亚锅炉；5 家国有大中型企业分别是中电科集团、中科镓英、星海集团、丽源公司、玻璃集团；4 家民营企业分别是比亚迪、光联公司、国音波瑞姆、南亚气体；1 家中外合资企业金辉印务。协议投资总额折合人民币 83.83 亿元，其中外资 5.47 亿美元。目前，已有 12 家企业正式开工建设,并将于年底或明年年初正式投入生产。

北京市光机电一体化产业基地主要经济指标

指标计量	单位	2002	2003
规划面积	平方公里	7.0	7.5
区内道路长度	米	7460.0	9360.0
区内绿化面积	亩	100.0	300.0
累计征用土地面积	亩	4366.6	4623.8
累计招商项目	个	9.01	6.0
外资企业	个	8.0	9.0
内资企业	个	1.0	7.0
累计招商总投资	亿元	50.0	83.8
累计合同外资金额	亿美元		5.5
外方实际入资	万美元		8977.2
标准厂房	万平方米		3.0
平均月租金	元/平方米		30.0

环渤海地区概览

统计图

环渤海地区主要省市地区生产总值（单位：亿元）

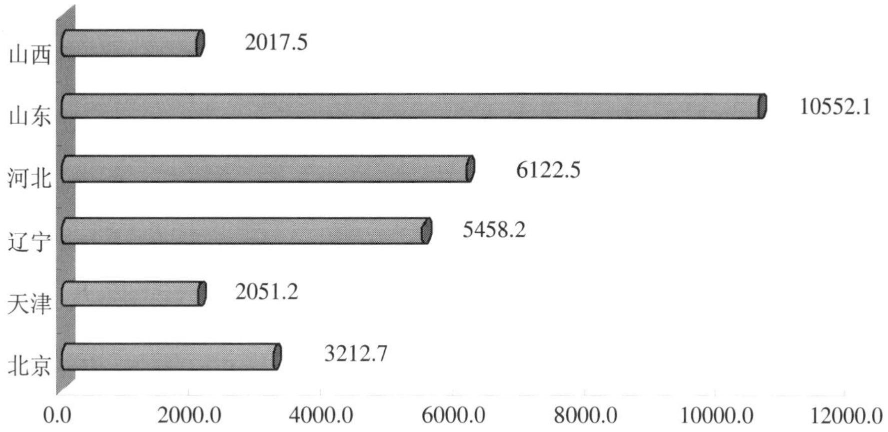

环渤海地区主要省市财政收入（单位：亿元）

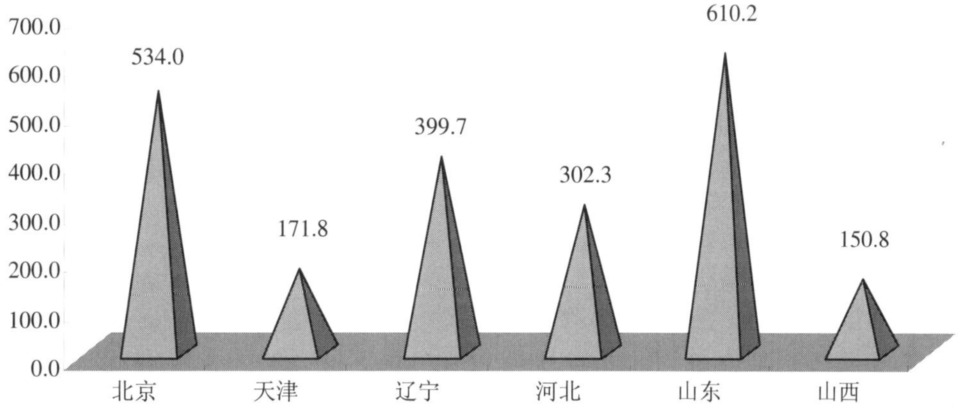

环渤海主要省市社会消费品零售总额
(单位:亿元)

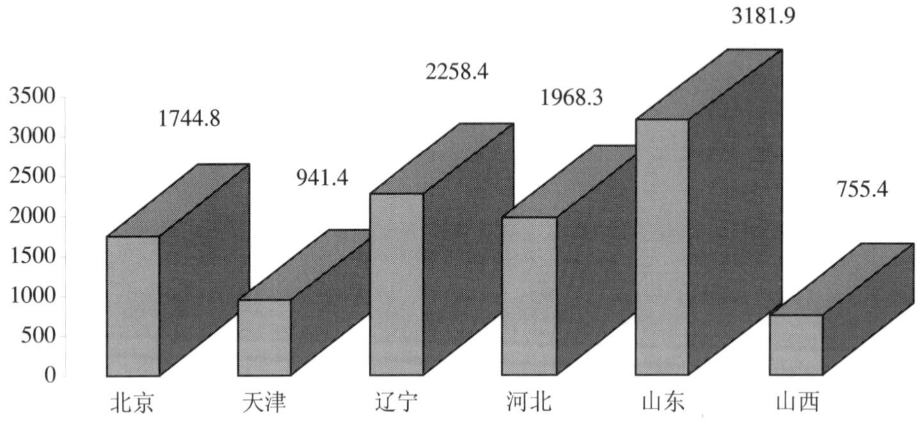

环渤海地区主要省市实际利用外资
(单位：亿美元)

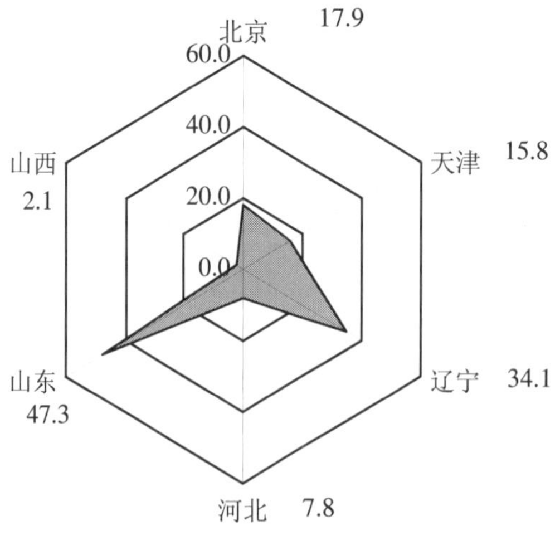

4-1 北京与环渤海地区主要城市间的距离

单位：公里

环渤海地区主要城市	公路	铁路	航空
天　　津	142	137	180
大　　连	1032	1138	579
沈　　阳	753	741	649
唐　　山	262	262	
石 家 庄	269	277	364
秦 皇 岛	362	362	399
太　　原	507	568	522
济　　南	481	497	412
青　　岛	850	890	646
烟　　台	1018	1018	575

4-2 环渤海地区主要城市自然状况

环渤海地区主要城市	降水量(毫米)	平均气温(摄氏度)	平均相对湿度(%)	日照时数(小时)
北　京	370.4	13.2	49	2588.4
天　津	375.8	13.2	61	2061.0
沈　阳	679.2	9.2	55	2119.0
大　连	312.6	11.8	58	2474.0
石家庄	447.4	14.4	55	2304.0
济　南	455.7	15.0	51	2305.0
青　岛	424.0	13.4	67	2157.0
太　原	419.4	10.9	54	2333.0

此表数据取自《中国统计年鉴》及各省市统计年鉴（下表同）。

4-3 环渤海地区主要省市资源状况

地　区	土地面积（万平方公里）	耕地面积（千公顷）	森林覆盖率（%）	海水养殖面积（千公顷）
全　国	**960.0**	**130039.2**	**16.6**	**2600.1**
北　京	1.7	249.2		0.4
天　津	1.2	485.6		18.5
辽　宁	14.6	4174.8		725.8
河　北	18.8	6883.3	19.5	111.4
山　东	15.7	7689.3	18.8	358.2
山　西	15.7	4588.6		

4-4 财政收入

单位：亿元

地　区	地方财政收入			一般预算财政收入		
	2002	2001	2002年为2001年%	2002	2001	2002年为2001年%
全　国	**18903.6**	**16386.0**	**115.4**			
北　京	601.0	507.7	125.8	534.0	454.2	125.9
天　津	207.9	188.8	110.2	171.8	163.6	105.0
辽　宁				399.7	370.4	107.9
河　北				302.3	283.5	106.6
山　东				610.2	573.2	106.5
山　西				150.8	132.8	113.6

4-4-1

单位：亿元

地　区	# 增值税			# 营业税		
	2002	2001	2002年为2001年%	2002	2001	2002年为2001年%
全　国	**6178.4**	**5357.1**	**115.3**	**2450.3**	**2064.1**	**118.7**
北　京	66.7	59.0	113.0	227.8	181.3	125.6
天　津	38.7	34.9	111.1	51.6	43.0	120.1
辽　宁	74. 3	66.5	111.7	106.4	87.9	121.1
河　北	55.3	48.8	113.2	57.7	50.0	115.3
山　东	111.2.	100.3	110.9	117.6	92.7	126.9
山　西	38.1	30.9	123.4	31.3	26.1	120.0

4-5 财政支出

单位：亿元

地区	地方财政支出			一般预算财政支出			# 基本建设支出		
	2002	2001	2002年为2001年%	2002	2001	2002年为2001年%	2002	2001	2002年为2001年%
全国	22053.2	18902.6	116.7				3143.0	2510.6	125.2
北京	684.0	614.9	111.2	628.3	559.1	112.4	64.3	93.0	69.2
天津	300.1	259. 8	115.5	265.2	234.7	113.0	39.4	37.4	105.2
辽宁				690.9	635.4	108.7	63.8	65.6	97.3
河北				576.6	514.2	112.1	46.6	38.2	122.0
山东				860.6	753.8	114.2	44.0	41.0	107.5
山西				334.3	289.5	115.5	29.3	25.4	115.1

4-6 国内地区生产总值

单位：亿元

地区	国内地区生产总值			第一产业		
	2002	2001	2002年为2001年%	2002	2001	2002年为2001年%
全国	**104790.6**	**97314.8**	**108.0**	**16117.3**	**15411.8**	**102.9**
北京	3212.7	2845.7	110.4	98.1	93.1	105.0
天津	2051.2	1840.1	112.5	84.0	78.6	106.1
辽宁	5458.2	5033.1	110.2	590.2	544.4	108.4
河北	6122.5	5577.8	109.6	957.0	913.9	105.4
山东	10552.1	9438.3	111.6	1390.0	1359.5	102.4
山西	2017.5	1780.0	111.7	197.8	171.1	113.6

4-6-1

单位：亿元

地　区	第二产业			# 工业		
	2002	2001	2002年为2001年%	2002	2001	2002年为2001年%
全　国	**53540.7**	**48750.0**	**109.8**	**46535.7**	**42374.6**	**110.0**
北　京	1116.5	1030.6	108.5	874.2	816.2	107.8
天　津	1001.9	904.6	114.3	909.2	821.2	114.6
辽　宁	2609.9	2440.6	109.8	2332.0	2190.1	109.8
河　北	3046.0	2767.4	110.6	2695.7	2439.6	111.0
山　东	5309.5	4654.5	114.8	4629.5	4092.2	114.2
山　西	1083.8	918.0	114.4	922.0	779.8	114.2

4-6-2

单位：亿元

地　　区	第三产业			# 运输、仓储、邮电业		
	2002	2001	2002年为2001年%	2002	2001	2002年为2001年%
全　　国	**35132.6**	**33153.0**	**107.5**	**6240.9**	**5968.3**	**107.7**
北　　京	1998.1	1722.0	112.0	235.6	218.5	105.2
天　　津	965.3	856.9	111.2	230.9	204.0	112.0
辽　　宁	2258.2	2048.1	111.3	425.4	394.5	108.6
河　　北	2119.5	1896.5	110.2	554.9	498.8	
山　　东	3852.5	3424.3	110.6	667.8	668.5	100.4
山　　西	736.0	690.9	107.7	177.6	157.2	

4-6-3

单位：亿元

地　　区	# 批发、零售、餐饮			# 金融保险		
	2002	2001	2002年为2001年%	2002	2001	2002年为2001年%
全　　国	**8215.3**	**7918.8**	**106.7**		**5585.9**	
北　　京	256.3	237.8	107.1	469.4	441.2	105.8
天　　津	196.4	178.3	112.7	73.1	63.4	112.4
辽　　宁	760.3	696.5	111.7	137.2	131.3	105.0
河　　北	550.1	501.7		184.3	171.6	
山　　东	1047.8	891.3	113.5	457.2	465.4	101.6
山　　西	158.0	146.0		95.5	110.0	

4-7 人口及从业人员

地　区	人口总量(万人)	# 男	从业人员(万人)	第一产业	第二产业	第三产业
全　国	**128453.0**	**66115.0**	**73740.0**	**36870.0**	**15780.0**	**21090.0**
北　京	1423.0	743.0	679.2	67.6	235.3	376.3
天　津	919.1	463.7	403.1	81.5	155.2	166.4
辽　宁	4155.4	2111.6	1842.0	692.9	451.8	697.3
河　北	6735.0	3420.0	3385.6	1662.6	874.1	848.9
山　东	9069.0	4606.0	4751.9	2381.4	1182.1	1188.3
山　西	3293.7	1703.9	1417.3	662.9	347.3	407.1

4-8 农业总产值（现价）

单位：亿元

地区	农业总产值			# 种植业			# 林业		
	2002	2001	2002年为2001年%	2002	2001	2002年为2001年%	2002	2001	2002年为2001年%
全　国	**27390.8**	**26179.6**	**104.9**	**14931.5**	**14462.8**	**103.9**	**1033.5**	**938.8**	**107.1**
北　京	230.4	214.1	107.6	90.1	89.7	100.4	12.8	9.5	134.4
天　津	181.1	169.5	106.0	86.1	86.7	91.1	1.5	1.5	113.3
辽　宁	1132.5	1045.7	108.3	540.1	503.1	107.3	27.9	21.8	125.9
河　北	1729.2	1680.5	105.0	918.6	899.4	104.0	37.5	34	110.9
山　东	2526.0	2454.0	101.1	1420.9	1401.3	97.5	48.3	47.2	95.5
山　西	351.6	301.5	116.4	227.1	191.3	120.0	24.9	12.3	156.0

4-8-1

单位：亿元

地　　区	#牧　业			#渔　业		
	2002	2001	2002年为2001年%	2002	2001	2002年为2001年%
全　　国	**8454.6**	**7963.1**	**106.0**	**2971.1**	**2815**	**106.1**
北　　京	117.2	105.2	111.4	10.3	9.6	107.0
天　　津	69.2	60.8	114.9	24.3	20.6	136.2
辽　　宁	361.3	332.3	108.8	203.2	188.5	107.3
河　　北	707.1	685.9	106.5	65.9	61.2	103.3
山　　东	698.4	654.7	106.8	358.5	350.7	102.3
山　　西	97.8	96.3	104.7	1.9	1.7	106.1

4-9 农业现代化

地　区	机耕面积占全部耕地面积比重（%）	灌溉面积占耕地比重（%）	农村用电量（亿千瓦小时）	农业机械总动力（万千瓦）
全　国		**41.8**	**2993.4**	**57929.9**
北　京	66.0		41.4	382.0
天　津		73.0	40.3	612.7
辽　宁	69.3	35.8	119.2	1484.7
河　北		64.1	201.7	7451.2
山　东		62.4	238.3	8155.6
山　西	54.4	24.1	57.6	1869.4

4-10 主要农产品产量

地　区	粮食（万吨）	棉花（万吨）	肉类总产量（万吨）	水产品（万吨）	蔬菜（万吨）	牛奶（万吨）	鲜蛋（万吨）	水果（万吨）
全　国	**45705.8**	**491.6**	**6586.5**	**4564.5**		**1299.8**	**2462.7**	**6952.0**
北　京	82.3	0.3	73.5	7.4	545.6	55.1	15.2	66.9
天　津	137.8	6.2	44.8	28.6	584.3	33.6	24.5	29.9
辽　宁	1510.4	0.3	253.9	374.8	2079.8	28.1	159.8	234.4
河　北	2435.8	40.2	458.2	87.1	5477.2	136.9	389.4	748.5
山　东	3292.7	72.2	627.0	695.0	8335.4	90.3	399.4	864.2
山　西	925.5	7.5	64.9	2.9	1072.0	44.7	45.7	221.3

4-11 工业主要经济指标

单位：亿元

地　　区	企业单位数（个）	总产值（现价）	# 轻工业	增加值	资产合计	固定资产原价合计	固定资产净值年平均余额
全　　国	**181557**	**110776.48**	**43355.74**	**32994.75**	**146217.78**	**93887.95**	**59482.66**
北　　京	4551	3173.48	773.49	840.43	4742.95	2655.41	1591.21
天　　津	5346	3323.12	1012.41	843.38	4383.04	2940.21	1729.50
辽　　宁	6017	4888.02	971.85	1377.73	8818.23	6543.85	4073.58
河　　北	7618	4294.68	1452.30	1413.48	5985.59	4245.90	2747.46
山　　东	13468	11497.53	5134.94	3500.54	11904.87	7642.64	4680.22
山　　西	3474	1717.88	195.07	632.99	3912.56	2813.75	1834.37

注：本表为全部国有及规模以上非国有工业企业。

4-12 工业主要经济分析指标

地　　区	工业增加值率(%)	总资产贡献率(%)	资　产负债率(%)	流动资产周转次数(次/年)	工业成本费用利润率(%)	全员劳动生 产 率(元/人.年)	产品销售率(%)
全　　国	29.78	9.45	58.72	1.8	5.62	59766	98.02
北　　京	22.79	7.84	53.3	1.51	5.37	78133	99.27
天　　津	25.38	8.5	58.1	1.83	5.77	69728	99.08
辽　　宁	28.19	6.25	59.18	1.46	3.24	55001	98.24
河　　北	32.91	9.98	62.41	1.96	6.09	53978	98.48
山　　东	30.45	11.18	59.68	2.29	6.02	62918	97.77
山　　西	36.85	6.57	61.26	1.25	3.82	64868	97.39

注：本表为全部国有及规模以上非国有工业企业。

4-13 主要工业产品产量

地　　区	化学纤维（万吨）	啤　酒（万吨）	卷　烟（万箱）	房间空调器（万台）	家用洗衣机（万台）	彩色电视机（万台）	钢（万吨）	成品钢材（万吨）
全　　国	**991.20**	**2402.70**	**3467.08**	**3135.11**	**1595.76**	**5155.00**	**18236.61**	**19251.59**
北　　京	0.30	131.16	22.49	5.56	8.52		816.94	749.99
天　　津	22.41	14.51	22.00	121.62	0.88	76.35	482.58	806.13
辽　　宁	33.50	137.07	38.04	43.19	10.46	404.83	1942.50	2086.68
河　　北	10.20	128.52	117.00	0.13			2659.63	2509.99
山　　东	52.06	310.35	214.00	358.73	358.64	450.09	1000.65	1018.32
山　　西	2.77	16.73	25.50		19.81	24.18	769.96	581.39

4-14 社会消费品零售总额（按销售单位所在地分）

单位: 亿元

地　区	社会消费品零售额			# 批发零售贸易业		
	2002	2001	2002年为2001年%	2002	2001	2002年为2001年%
全　国	**40910.5**	**37595.2**	**108.8**	**27859.6**	**25510.8**	**109.2**
北　京	1744.8	1593.5	109.5	1258.9	1128.3	111.6
天　津	941.4	832.7	113.1	514.7	441.8	116.5
辽　宁	2258.4	2034.9	111.0	1667.1	1500.3	111.1
河　北	1968.3	1778.3	110.7	1382.9	1240	111.5
山　东	3181.9	2834.9	112.2	2100.1	1825	115.1
山　西	755.4	679.9	111.1	520.3	458.7	113.4

4-14-1

单位: 亿元

地　区	餐饮业			制造业			其他		
	2002	2001	2002年为2001年%	2002	2001	2002年为2001年%	2002	2001	2002年为2001年%
全　国	**5092.3**	**4368.9**	**116.6**	**2392.9**	**2304.7**	**103.8**	**5565.7**	**5410.8**	**102.9**
北　京	112.4	96.6	116.4	112	96.5	116.1	261.5	272.1	96.1
天　津	102.6	91	112.7	39.6	34	116.5	284.5	265.9	107.0
辽　宁	305.2	259.3	117.7	61.1	57.5	106.3	225	217.8	103.3
河　北	216.2	189.2	114.3	163.7	151.7	107.9	205.5	197.4	104.1
山　东	372.6	312.8	119.1	280.9	283.7	99.0	428.3	413.4	103.6
山　西	78.3	65.7	119.2	36.2	38.7	93.5	120.6	116.8	103.3

4-15 限额以上批发零售贸易业商品购、销、存总额

单位：亿元

地　区	购进总额	销售总额	批发	零售	年末库存总额
全　国	**36885.94**	**40090.3**	**31591.92**	**8498.37**	**3577.9**
北　京	3357.74	3584.78	2680.38	904.4	428.88
天　津	1356.68	1438.33	1215.56	222.78	105.87
辽　宁	1821.58	1980.5	1614.07	366.43	145.51
河　北	826.86	924.89	681.22	243.67	89.65
山　东	2254.77	2490.89	1874.71	616.18	220.14
山　西	450.93	488.23	329.44	158.79	70.75

4-16 限额以上批发零售贸易企业主要财务指标

单位：亿元

地　区	商品销售收　入	商品销售成　本	经营费用	商品销售税金及附加	商品销售利　润
全　国	**35126.6**	**32305.5**	**1331.8**	**59.4**	**1430.8**
北　京	3120.7	2865.0	128.8	4.6	112.4
天　津	1210.2	1149.0	34.9	1.2	25.3
辽　宁	1665.3	1563.1	70.4	2.0	29.8
河　北	793.1	730.8	29.6	1.2	31.5
山　东	1922.9	1777.3	65.1	3.0	77.6
山　西	440.5	397.9	21.3	2.0	19.2

4-17 进出口商品总值(按经营单位所在地分)

单位：亿美元

地　区	进出口总额	出　口	进　口
全　国	**6207.7**	**3256.0**	**2951.7**
北　京	525.1	126.1	398.9
天　津	228.1	116.3	111.8
辽　宁	217.4	123.7	93.7
河　北	66.7	45.9	20.7
山　东	339.3	211.1	128.3
山　西	23.1	16.6	6.5

4-18 接待国际旅游人数及旅游外汇收入

地　区	接待海外旅游人数（万人次）		旅游外汇收入（亿美元）	
	2002	2001	2002	2001
全　国	**4045.26**	**2009.22**	**185.31**	**159.69**
北　京	310.38	285.79	31.15	29.46
天　津	50.6	42.14	3.42	2.8
辽　宁	92.94	72.42	5.5	4.63
河　北	47.36	44.46	1.67	1.57
山　东	97.68	82.87	4.72	3.82
山　西	24.8	19.78	0.75	0.59

4-19 运输线路长度

单位: 公里

地区	铁路营业里程	内河航道里程	公路里程	等级路	#高速	#一级	#二级	等外路
全国	**71897.5**	**121557**	**1765222**	**1382926**	**25130**	**27468**	**197143**	**382296**
北京	1138.1		14359	13940	463	331	1822	419
天津	681.6	443	9696	9126	331	404	1408	570
辽宁	3799.8	813	48051	47769	1637	987	10770	282
河北	4585.7	75	63079	53995	1591	2050	9835	9084
山东	2855.4	2552	74029	73884	2411	3521	20251	145
山西	3050.5	305	59611	57250	1070	734	8851	2361

4-20 民用车辆及私人汽车拥有量

单位：万辆

地　区	民用汽车总计	载客汽车辆数	载货汽车辆数	私人汽车总计	载客汽车辆数	载货汽车辆数
全　国	**2053.17**	**1202.37**	**812.22**	**968.98**	**623.76**	**341.29**
北　京	133.93	112.84	18.38	81.08	72.88	7.93
天　津	48.33	32.43	14.26	26.82	20.34	6.33
辽　宁	88.68	52.42	35.13	30.77	21.86	8.86
河　北	135.74	71.61	60.5	78.84	53.09	25.16
山　东	150.53	82.14	64.79	67.87	42.55	24.83
山　西	63.85	33.32	29.39	27.71	17.87	9.79

4-21 邮电业务量

地区	邮电业务总量（亿元）	邮政业务总量	电信业务总量	函件（亿件）	特快专递（万件）	报刊期发数（万份）
全国	**5695.80**	**494.69**	**5201.12**	**106.01**	**14036.20**	**17620.00**
北京	256.25	29.79	226.47	8.50	1066.70	1030.00
天津	92.04	8.49	83.55	2.01	287.70	210.00
辽宁	259.92	17.25	242.67	2.63	509.10	379.00
河北	223.85	18.45	205.40	3.61	488.30	753.00
山东	325.68	31.58	294.09	5.15	754.30	971.00
山西	110.14	10.84	99.30	1.80	167.70	397.00

4-21-1

地　　区	集邮业务(万枚)	长途电话(万　次)	无线寻呼用　　户(万户)	移动电话用　　户(万户)	国际互联网络用户(户)
全　　国	**244159**	**1927910**	**1872.1**	**20600.5**	**52541679**
北　　京	17711.00	74840.00	14.10	919.50	2661174
天　　津	6691.00	30367.00	23.50	306.40	1281854
辽　　宁	7822.00	87828.00	93.10	900.50	4412532
河　　北	6997.00	79294.00	46.60	840.80	2732256
山　　东	10648.00	107191.00	73.70	1188.80	2795953
山　　西	3988.00	44458.00	45.50	414.00	1300170

4-21-2

地　区	本地电话年末用户(万户)	城市电话用户	# 住宅电话	乡村电话用户	# 住宅电话	公用电话(万户)
全　国	**21422.2**	**13579.1**	**10196.7**	**7843.1**	**7183.8**	**985.5**
北　京	585.60	510.50	358.20	75.10	75.10	24.60
天　津	298.30	265.80	204.20	32.50	30.70	19.70
辽　宁	1016.50	712.40	561.40	304.10	288.10	55.70
河　北	1104.40	558.40	452.40	546.00	521.30	28.50
山　东	1742.60	792.30	628.60	950.30	895.90	73.80
山　西	535.00	370.50	292.10	164.50	151.30	35.70

4-22 邮电局所数及邮递线路(年底数)

地　区	邮电局所(处)	信筒信箱(处)	邮路总长度(公里)	# 汽车邮路	# 铁路邮路	农村投递线路(公里)
全　国	**76358**	**217541**	**3080989**	**1112806**	**177685**	**3511190**
北　京	817	2743	129746	46870	19728	17212
天　津	364	1832	21689	9499	5071	15949
辽　宁	1644	7588	134867	32446	4282	93355
河　北	2546	8755	45088	39010	5427	155407
山　东	3057	13486	164773	49790	7025	233956
山　西	1683	3434	104509	23981	5427	101721

4-23 电信主要通信能力 (2002年底数)

地　区	长途自动交换机容量(路端)	本地电话局用交换机容量(万门)	移动电话交换机容量(万户)	长途光缆线路长度(公里)	长途微波线路长度(公里)
全　国	**7730133**	**28656.8**	**27400.3**	**487684**	**193636**
北　京	186500	803.7	1076.6	3872	4109
天　津	115320	410.9	357	1835	5678
辽　宁	304848	1278.3	1138.2	13624	6920
河　北	222877	1387.8	1055.5	11277	8798
山　东	507924	2312.5	1581	19341	7368
山　西	139795	646.9	527.7	16733	4566

相关链接

环渤海地区概况

1986年5月26日至29日，中国北方环绕渤海沿岸的丹东、大连、营口、盘锦、锦州、秦皇岛、唐山、天津、沧州、惠民、东营、潍坊、烟台、青岛等14个城市（地区）的市长在天津举行联席会议，确定正式成立环渤海经济地区，开展多方面、多层次、多种形式的经济联系，促进经济的发展和繁荣。

环渤海经济区是中国较大的经济区域之一，由北向南包括辽宁省的丹东市、大连市、营口市、盘锦市、锦州市、葫芦岛市，河北省的秦皇岛市、唐山市、沧州市、沧州地区，天津市、山东省的惠民地区、东营市、潍坊市、烟台市、青岛市等16个市和地区，总面积52万平方公里，占全国的5.36%。包括海域7.7万平方公里。1994年，内蒙古被划归环渤海经济区。同年9月，国务院将山西省划入环渤海经济开发区。扩大后的经济区包括辽宁、河北、山东、山西、内蒙古中东部和北京、天津在内的七省、市、区。陆地面积达112万平方公里，人口约2.4亿，分别占全国的12%和20%。

环渤海地区自1986年进行区域性经济大协作以来，已经建立起人才、技术、信息、金融、旅游、商业、海岸带开发、模具、电子仪表、设备维修、引进设备国产化、广播电视，以及工商系统、环保系统、对外贸易服务等16个方面的协作网络。

环渤海地区处于东北亚经济圈的中心地带，是中国东北、华北、西北3大区域的交汇点。向南联系着中国经济最发达的长江三角洲、珠江三角洲、港澳台地区和东南亚各国；向东沟通韩国和日本；向北与俄罗斯远东地区联结在一起，穿越西伯利亚和中国新疆的两条“亚欧大陆桥”的桥头堡都在该地区。拥有全国一流的海陆空交通网，是连接东北亚地区的黄金地带，全国重要的南北运输和通信通道均穿过或起始于此地区，是中国北方地区与世界160多个国家和地区贸易往来的通道。

中国内地沿海三大开放区概览

统计图

十二大城市地区生产总值
（单位：亿元）

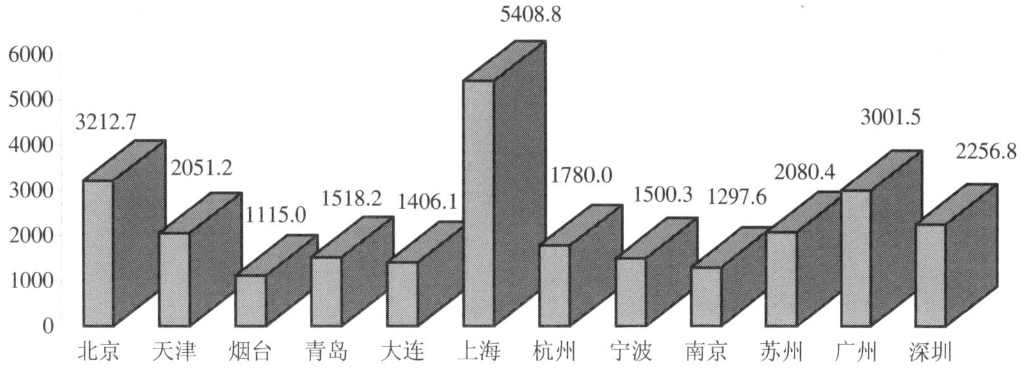

十二大城市地方财政收入
（单位：亿元）

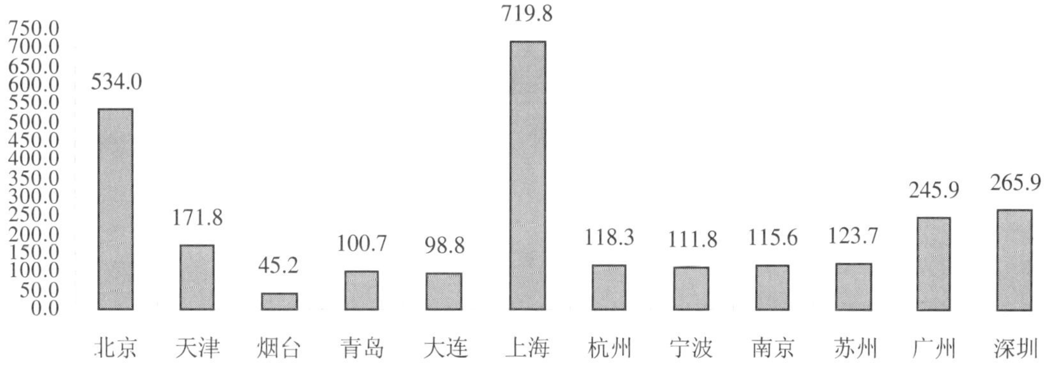

十二大城市工业增加值
（单位：亿元）

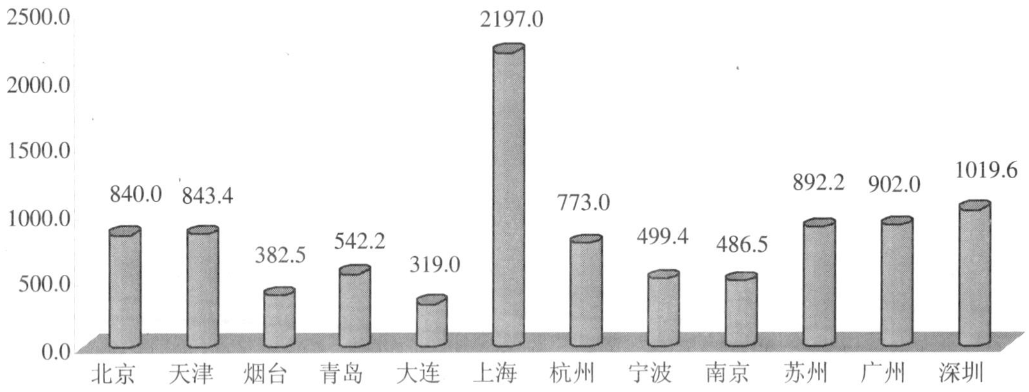

十二大城市社会消费品零售总额
（单位：亿元）

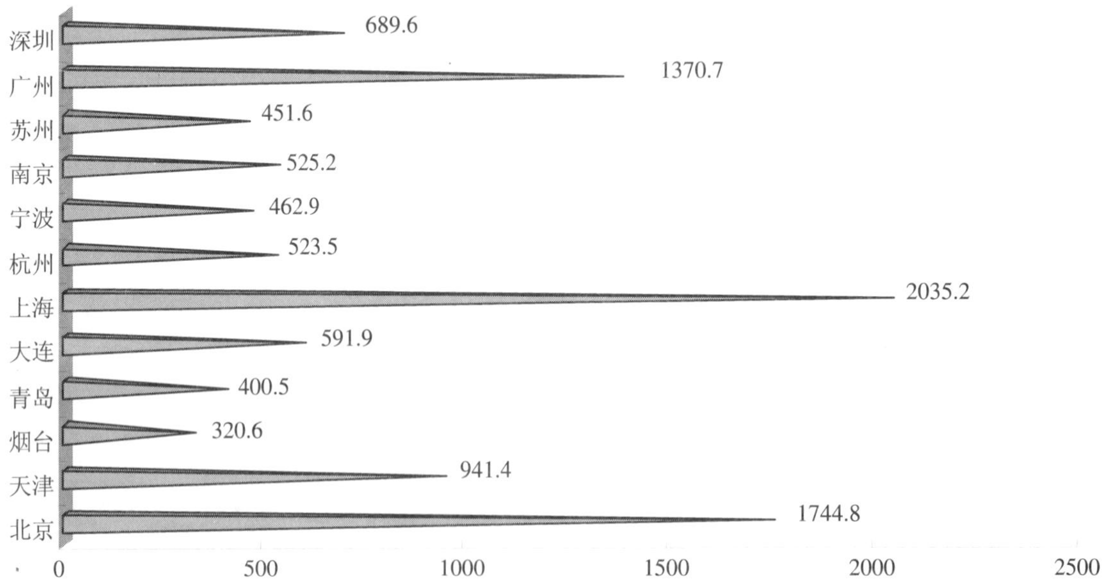

5-1 中国内地沿海三大开放区主要城市经济指标对比

——地区生产总值

单位：亿元

城市	地区生产总值			第一产业			第二产业		
	2002	2001	2002年为2001年%	2002	2001	2002年为2001年%	2002	2001	2002年为2001年%
全　国	**104790.6**	**97314.8**	**108.0**	**16117.3**	**15411.8**	**102.9**	**53540.7**	**48750.0**	**109.8**
环渤海经济区									
北　京	3212.7	2845.7	110.4	98.1	93.1	105.0	1116.5	1030.6	108.5
天　津	2051.2	1840.1	112.5	84.0	78.6	106.1	1001.9	904.6	114.3
烟　台	1115.0	979.5	114.1	136.0	132.2	102.9	578.0	503.2	115.7
青　岛	1518.2	1316.1	114.6	145.9	143.2	104.2	765.0	648.7	116.9
大　连	1406.1	1235.6	114.1	118.5	111.4	106.2	661.1	574.2	115.1
长江三角州经济区									
上　海	5408.8	4950.8	110.9	88.2	85.5	103.0	2564.7	2355.5	112.1
杭　州	1780.0	1568.0	113.2	113.0	111.5	103.5	902.0	793.6	113.3
宁　波	1500.3	1312.7	113.2	105.7	100.3	103.8	828.9	718.9	115.0
南　京	1297.6	1150.3	112.8	62.4	59.0	106.4	613.9	546.9	112.3
苏　州	2080.4	1760.3	114.5	91.7	91.4	101.1	1211.5	999.9	116.3
珠江三角州经济区									
广　州	3001.5	2685.8	113.2	103.1	97.3	109.8	1227.1	1125.1	112.4
深　圳	2256.8	1954.7	115.0	19.1	18.1	106.9	1234.7	1055.7	117.6

5-1-1

单位：亿元

城市	# 工业			第三产业			人均地区生产总值（元）		
	2002	2001	2002年为2001年%	2002	2001	2002年为2001年%	2002	2001	2002年为2001年%
全　国	**46535.7**	**42374.6**	**110.0**	**35132.6**	**33153.0**	**107.5**	**8184**	**7651**	**107.2**
环渤海经济区									
北　京	874.2	816.0	107.8	1998.1	1722.0	112.0	28449	25523	109.0
天　津	909.2	821.2	114.6	965.3	856.9	111.2	22380	20154	112.1
烟　台	526.5	463.6	114.5	400.9	344.1	115.9	17131	15060	114.0
青　岛	681.0	578.2	117.0	607.3	524.1	114.7	21214	18600	113.4
大　连	597.7	520.8	114.7	626.5	550.0	114.8	25276	22340	113.1
长江三角州经济区									
上　海	2312.8	2121.2	112.7	2755.8	2509.8	110.0	40627	37382	110.3
杭　州	773.0	676.9	113.7	765.0	663.0	114.6	28000	25074	112.4
宁　波	749.6	651.9	115.0	565.8	493.4	112.4	27570	24213	111.4
南　京	501.1	452.8	111.2	621.3	544.5	114.0	22858	20597	111.0
苏　州	1106.9	912.1	116.3	777.1	669.0	113.8	35733	30384	114.0
珠江三角州经济区									
广　州	1069.0	970.2	113.8	1671.3	1463.4	114.1	41884	38007	111.7
深　圳	1076.6	905.2	119.6	1003.1	880.9	111.9	46388	43355	106.5

5-2 中国内地沿海三大开放区主要城市经济指标对比

——工业

单位：亿元

城市	工业企业单位数（个）			工业增加值			工业总产值（现价）		
	2002	2001	2002年为2001年%	2002	2001	2002年为2001年%	2002	2001	2002年为2001年%
全　国	**181557**	**171256**	**106.0**	**32994.8**	**28329.4**	**116.5**	**110776.5**	**95449.0**	**116.1**
环渤海经济区									
北　京	4551	4356	104.5	840.0	769.2	109.2	3173.5	2908.8	109.1
天　津	5346	5561	96.1	843.4	728.1	117.8	3323.1	2940.4	122.8
烟　台	1725	1623	106.3	382.5	312.6	122.4	1377.7	1125.3	122.4
青　岛	2065	1673	123.4	542.2	438.2	118.1	2064.5	1671.8	123.5
大　连	1124	931	120.7	319.0	276.4	115.4	1250.5	1103.9	113.3
长江三角州经济区									
上　海	9982	9701	102.9	2197.0	1924.3	113.9	7740.6	7003.9	114.7
杭　州	4015	3580	112.2	773.0	676.9	113.3	2382.6	1919.5	121.8
宁　波	4060	3530	115.0	499.4	398.5	125.3	2000.2	1629.7	122.7
南　京	1947	1808	107.7	486.5	424.7	114.5	1973.3	1773.6	111.3
苏　州	4112	3735	110.1	892.2	710.6	125.6	3465.9	2784.8	124.5
珠江三角州经济区									
广　州	4632	4572	101.3	902.0	794.9	113.5	3176.4	2829.2	112.3
深　圳	2134	2134	100.0	1019.6	891.4	114.4	3628.5	3128.0	116.0

注：1.本表资料统计范围均为全部国有及年销售收入在500万元以上非国有工业企业。
2.工业增加值及工业总产值绝对值及增长速度均为现价，个别城市增长速度为可比价。

5-2-1

单位：亿元

城　市	资产总计			所有者权益合计			利润总额		
	2002	2001	2002年为2001年%	2002	2001	2002年为2001年%	2002	2001	2002年为2001年%
全　国	**146217.8**	**135402.5**	**108.0**	**60242.0**	**55424.4**	**108.7**	**5784.5**	**4733.4**	**122.2**
环渤海经济区									
北　京	4742.9	4448.2	106.6	2215.1	1988.7	111.4	165.5	137.0	120.8
天　津	4383.0	4215.7	104.0	1836.7	1712.7	107.2	186.2	185.0	100.6
烟　台	1199.9	1068.3	112.3	519.1	463.7	112	70.6	62.7	112.5
青　岛	1903.4	1682.5	113.1	791.3	663.0	119.4	68.4	58.9	114.6
大　连	1691.6	1530.9	110.5	738.8	692.8	106.6	44.4	36.7	120.9
长江三角州经济区									
上　海	10100.1	10435.7	107.6	5133.5	5587.5	91.9	544.6	450.0	118.5
杭　州	2514.2	2149.0	117.0	1085.8	919.8	118.1	145.5	107.6	135.3
宁　波	1953.1	1657.2	117.9	866.9	739.2	117.3	152.3	116.0	131.4
南　京	2290.5	2005.0	114.2	1006.0	865.3	116.3	70.8	51.8	136.6
苏　州	3278.8	2783.5	117.8	1351.7	1174.6	115.1	158.9	125.5	126.7
珠江三角州经济区									
广　州	3360.0	3172.7	105.9	1583.3	1415.6	111.8	207.5	140.1	148.2
深　圳	3723.6	3103.0	120.0	1727.9	1493.4	115.7	237.7	207.0	114.8

5-2-2

城市	产品销售率（%）		资产负债率（%）		工业全员劳动生产率（元/人）			流动资产周转次数（次）	
	2002	2001	2002	2001	2002	2001	2002年为2001年%	2002	2001
全　　国	**98.0**	**97.6**	**58.7**	**59.0**	**59766**	**52062**	**114.8**	**1.8**	**1.7**
环渤海经济区									
北　　京	99.3	98.2	53.3	55.3	78133	71204	109.7	1.5	1.5
天　　津	99.1	96.7	58.1	66.4	69728	59605	117.0	1.8	1.7
烟　　台	97.2	96.6	56.7	56.6	49569	43250	114.6	2.2	2.1
青　　岛	98.4	98.5	58.4	58.1	70353	59120	119.0	2.1	2.0
大　　连	98.3	97.0	56.3	54.7	74002	67902	109.0	1.7	1.6
长江三角州经济区									
上　　海	99.0	98.8	49.2	49.6	110430	94523	116.8	1.7	1.6
杭　　州	98.0	97.4	56.8	56.0	76402	62541	122.2	1.8	1.7
宁　　波	97.5	97.2	54.3	55.4	63989	59557	108.2	2.2	1.9
南　　京	97.6	98.1	56.1	56.8	81052	73407	110.4	1.8	1.8
苏　　州	98.0		58.8	57.8	85052	74741	113.8	2.2	2.0
珠江三角州经济区									
广　　州	98.1	94.8	52.9	55.4	76071	69917	108.8	2.0	1.8
深　　圳	99.2	99.7	53.6	51.6	111398	104335	106.8	2.5	1.9

5-3 中国内地沿海三大开放区主要城市经济指标对比
——投资

单位：亿元

城　市	全社会固定资产投资			# 国　有		
	2002	2001	2002年为2001年%	2002	2001	2002年为2001年%
全　国	**43499.9**	**37213.5**	**116.9**	**18877.4**	**17607.0**	**107.2**
环渤海经济区						
北　京	1814.3	1530.5	118.5	771.5	752.6	102.5
天　津	811.3	705.1	115.1	695.8	612.5	113.6
烟　台	419.3	283.6	147.8	125.7	98.7	127.4
青　岛	478.3	384.4	124.4	139.5	145.6	95.9
大　连	367.9	305.1	120.6	119.8	91.2	131.3
长江三角州经济区						
上　海	2187.1	1994.7	109.6	742.7	760.6	97.7
杭　州	769.4	629.3	121.9	301.5	252.0	119.6
宁　波	601.3	470.3	127.9	180.0	177.0	101.7
南　京	603.0	464.9	129.7	321.7	278.6	115.5
苏　州	812.8	564.9	143.9	178.2	118.6	150.2
珠江三角州经济区						
广　州	1009.2	978.2	103.2	483.1	447.6	107.9
深　圳	747.2	673.4	111.0	680.1	620.9	109.5

5-3-1

单位：亿元

城市	房地产开发投资			# 住宅		
	2002	2001	2002年为2001年%	2002	2001	2002年为2001年%
全国	**7790.9**	**6344.1**	**122.8**	**5227.8**	**4216.7**	**124.0**
环渤海经济区						
北京	989.4	783.8	126.2			
天津	175.8	161.3	109.0	137.1	96.4	142.2
烟台	41.9	26.6	157.6	48.1	42.9	112.0
青岛	103.7	92.5	112.0	88.4	84.3	104.8
大连	125.2	115.5	108.4	96.7	85.7	112.9
长江三角州经济区						
上海	748.9	630.7	118.7	584.5	466.7	125.2
杭州	198.3	140.9	140.7			
宁波	126.0	87.1	144.7	131.0	70.9	184.7
南京	137.6	111.0	124.0	107.0	83.6	128.1
苏州	107.3	68.6	156.4	87.7	58.7	149.2
珠江三角州经济区						
广州	426.4	387.0	110.2	345.8	331.7	104.2
深圳	355.4	302.6	117.4	237.9	226.5	105.0

5-3-2

单位：亿元

城市	商品房销售额			# 商品住宅销售额		
	2002	2001	2002年为2001年%	2002	2001	2002年为2001年%
全　国	**6032.3**	**4862.8**	**124.1**	**4957.9**	**4021.2**	**123.3**
环渤海经济区						
北　京	813.8	609.9	133.4	716.7	531.7	134.8
天　津	140.3	127.6	109.9	129.9	118.7	109.4
烟　台	25.7	19.2	133.9	25.7	16.2	158.9
青　岛	93.3	80.2	116.3	75.7	64.6	117.3
大　连	119.4	109.9	108.6	100.1	94.8	105.6
长江三角州经济区						
上　海	815.0	694.7	117.3	739.9	615.2	120.3
杭　州	156.3	103.4	151.2	121.2	82.7	146.4
宁　波	104.0	75.0	138.7	74.6	55.8	133.7
南　京	111.7	81.9	136.4	95.0	63.9	148.7
苏　州	116.4	88.5	131.5	98.1	74.7	131.4
珠江三角州经济区						
广　州	306.8	238.0	128.5	264.7	207.5	127.6
深　圳	493.8	377.9	130.7	493.8	419.0	117.9

5-4 中国内地沿海三大开放区主要城市经济指标对比
——商业

单位：亿元

城　市	社会消费品零售总额			社会批发零售贸易商品销售总额		
	2002	2001	2002年为2001年%	2002	2001	2002年为2001年%
全　国	**40910.5**	**37595.2**	**108.8**	**40090.3**	**35153.3**	**114.0**
环渤海经济区						
北　京	1744.8	1593.5	109.5	3708.3	3591.9	103.2
天　津	941.4	832.7	113.1	1438.3	1408.1	102.1
烟　台	320.6	283.0	113.3	197.3	192.6	102.4
青　岛	400.5	352.9	113.5	772.4	608.4	127.0
大　连	591.9	534.2	110.8	416.9	391.6	106.5
长江三角州经济区						
上　海	2035.2	1861.3	109.3	5021.4	3387.2	109.8
杭　州	523.5	458.8	114.1	1792.8	1533.0	116.9
宁　波	462.9	414.2	111.8	1411.9	577.8	244.4
南　京	525.2	465.8	112.7	1098.5	1022.6	107.4
苏　州	451.6	391.5	115.3	488.3	427.1	114.4
珠江三角州经济区						
广　州	1370.7	1248.3	109.8	2096.2	1873.6	111.9
深　圳	689.6	609.3	113.2	1034.7	801.1	129.2

5-5 中国内地沿海三大开放区主要城市经济指标对比

——对外经济贸易

单位：亿美元

城　市	进出口总额			#出　口		
	2002	2001	2002年为2001年%	2002	2001	2002年为2001年%
全　国	**6207.7**	**5096.5**	**121.8**	**3256.0**	**2661.0**	**122.4**
环渤海经济区						
北　京	140.4	134.0	104.8	59.0	48.7	121.1
天　津	365.4	323.7	112.9	190.6	178.1	107.0
烟　台	44.8			25.7		
青　岛	312.8	279.7	111.8	189.0	163.7	115.4
大　连	206.0	187.1	110.0	114.5	100.8	113.6
长江三角州经济区						
上　海	1425.0	1204.9	118.3	818.0	680.1	120.3
杭　州	131.1	113.0	116.0	84.8	72.8	116.4
宁　波	214.6	161.4	133.0	123.3	87.0	141.7
南　京	54.5	49.1	110.8	22.1	19.9	110.9
苏　州	363.9			185.2		
珠江三角州经济区						
广　州	279.3	230.4	121.2	137.8	116.2	118.5
深　圳	872.3	686.1	127.1	465.6	374.8	124.2

5-5-1

城市	利用外资新签协议数（个）			外商直接投资新签协议数（个）			协议（合同）外资金额（亿美元）		
	2002	2001	2002年为2001年%	2002	2001	2002年为2001年%	2002	2001	2002年为2001年%
全　国	**34171**	**26140**	**130.7**				**847.5**	**719.8**	**117.7**
环渤海经济区									
北　京	1377	1149	119.8	1370	1147	119.4	55.3	33.1	167.1
天　津				816	618	132.0			
烟　台	705	468	150.6	705	468	150.6	22.4	12.0	187.2
青　岛	1832	1255	146.1	1832	1254	146.1	55.2	36.1	153.9
大　连	832	732	113.7	832	723	115.1	30.2	26.0	116.0
长江三角州经济区									
上　海				3012	2458	122.5			
杭　州				587	483	121.5			
宁　波	1017	806	126.2	1017	806	126.2	32.0	19.6	163.7
南　京	646	410	157.6				21.7	6.0	136.1
苏　州				2465	1362	181.0	100.7	72.3	139.2
珠江三角州经济区									
广　州	1177	1087	108.3	776	678	114.4	31.7	20.1	157.8
深　圳	2191	1860	117.8	1917	1501	127.7	51.9	40.0	129.5

5-6 中国内地沿海三大开放区主要城市经济指标对比

——财政

单位：亿元

城市	地方财政一般预算收入			地方财政一般预算支出		
	2002	2001	2002年为2001年%	2002	2001	2002年为2001年%
全国	**8515.0**	**7803.3**	**109.1**	**15281.5**	**13134.6**	**116.3**
环渤海经济区						
北京	534.0	454.2	125.9	628.3	559.1	112.4
天津	171.8	163.6	116.9	265.2	234.7	113.0
烟台	45.2	46.6	128.9	64.9	53.4	121.4
青岛	100.7	94.3	120.5	124.4	104.0	119.6
大连	98.8	95.2	103.8	131.1	114.7	114.3
长江三角州经济区						
上海	719.8	620.2	130.0	877.8	726.4	120.9
杭州	118.3	104.3	134.6	140.5	104.9	133.9
宁波	111.8	99.1	112.8	145.3	116.3	124.9
南京	115.6	108.5	127.9	133.1	113.4	117.4
苏州	123.7	108.8	113.7	136.4	110.4	123.6
珠江三角州经济区						
广州	245.9	246.2	99.8	326.7	292.6	111.6
深圳	265.9	262.5	120.5	307.8	253.7	121.3

5-7 中国内地沿海三大开放区主要城市经济指标对比
——金融

单位：亿元

城市	金融机构人民币各项存款余款			# 城乡居民储蓄存款余款			金融机构人民币各项贷款余额		
	2002	2001	2002年为2001年%	2002	2001	2002年为2001年%	2002	2001	2002年为2001年%
全　　国	**170917.4**	**143617.2**	**119.0**	**86910.6**	**73762.4**	**117.8**	**131293.9**	**112314.7**	**116.9**
环渤海经济区									
北　　京	15276.0	12131.5	125.9	4389.7	3536.3	124.1	9224.8	7202.9	128.1
天　　津	3018.3	2562.6	117.8	1486.4	1285.0	115.7	2519.0	2159.9	116.6
烟　　台	1117.8	963.2	116.0	725.0	639.5	113.4	774.8	616.7	125.6
青　　岛	1522.6	1232.4	123.5	744.9	618.7	120.4	1304.5	1079.9	120.8
大　　连	1841.8	1563.9	117.8	954.8	839.0	113.8	1501.0	1307.2	114.8
长江三角州经济区									
上　　海	14035.8	11247.9	124.8	4915.5	3001.9	163.7	10550.9	8543.0	123.5
杭　　州	3373.1	2621.5	128.7	1183.4	941.8	125.6	2752.4	2087.7	131.8
宁　　波	1906.2	1444.5	132.0	862.4	699.5	123.3	1479.5	1051.6	140.7
南　　京	3005.9	2489.6	120.7	1031.0	829.3	124.3	2549.3	2063.7	123.5
苏　　州	2232.0	1731.6	128.2	1164.3	936.9	124.3	1491.0	1059.8	140.7
珠江三角州经济区									
广　　州	7498.4	6228.0	120.4	3132.8	2600.4	120.5	5257.2	4336.5	121.2
深　　圳	4952.7	4092.6	121.0	1756.5	1373.4	127.9	3512.5	2860.8	122.8

5-8 中国内地沿海三大开放区主要城市社会指标对比

——人口

单位：万人

城　市	户籍人口		暂住人口			人口密度（人/平方公里）
		# 非农业人口	2002	2001	2002年为2001年%	
全　国	**128453**	**50212**				
环渤海经济区						
北　京	1136.3	806.9	358.9	244.3	146.9	675
天　津	919.1	541.1				769
烟　台	646.7	218.3	21.8	24.7	88.3	470
青　岛	715.7	241.7				672
大　连	557.9	287.9	55.7	40.4	137.8	444
长江三角州经济区						
上　海	1334.2	1018.8				2104
杭　州	636.8	252.0	119.3	84.7	140.9	384
宁　波	546.2	162.4	127.7	102.0	125.2	583
南　京	563.3	339.4	63.8	45.5	140.2	855
苏　州	583.9	274.3	170.7	101.8	167.7	688
珠江三角州经济区						
广　州	720.6	502.3	292.3	319.8	91.4	969
深　圳	139.5	112.0	364.8	336.7	108.3	2582

注：全国人口为依据人口变动情况抽样调查推算数据。

5-9 中国内地沿海三大开放区主要城市社会指标对比

——劳动力

单位：万人

城　市	年末从业人员			第一产业			第二产业			第三产业		
	2002	2001	2002年为2001年%	2002	2001	2002年为2001年%	2002	2001	2002年为2001年%	2002	2001	2002年为2001年%
全　国	**73740**	**73025**	**101.0**	**36870**	**36513**	**101.0**	**15780**	**16284**	**96.9**	**21090**	**20228**	**104.3**
环渤海经济区												
北　京	679.2	628.9	108.0	67.6	71.1	95.1	235.3	215.9	109.0	376.3	341.9	110.1
天　津	492.6	488.3	100.9	82.3	82.7	99.5	205.4	212.7	96.6	205.0	193.0	106.2
烟　台	357.7	343.9	104.0	155.1	152.8	101.5	102.1	95.7	106.6	100.5	95.4	105.4
青　岛	413.3	400.5	103.2	121.4	133.9	90.6	153.9	142.3	108.1	138.1	124.3	111.1
大　连	276.3	270.1	102.3	80.8	78.6	102.9	78.5	79.3	99.0	117.0	112.4	104.1
长江三角州经济区												
上　海	792.0	752.3	105.3	84.3	87.2	96.6	320.9	309.9	103.6	386.9	355.2	108.9
杭　州	441.1	413.2	106.8	107.5	113.7	94.6	169.7	142.9	118.8	163.9	156.6	104.7
宁　波	377.9	377.8	100.0	93.3	96.6	96.6	194.4	179.9	108.1	90.2	101.3	89.0
南　京	270.3	266.7	101.4	57.4	66.6	86.2	93.3	90.9	102.6	119.6	109.1	109.6
苏　州	323.7	322.0	100.6	61.7	66.3	93.0	161.4	159.0	101.5	100.7	96.7	104.2
珠江三角州经济区												
广　州	514.1	510.1	100.8	94.9	97.0	97.8	198.2	199.1	99.6	221.1	214.0	103.3
深　圳	359.3	332.8	108.0	3.9	3.5	113.2	200.4	185.5	108.0	155.0	143.8	107.8

5-10 中国内地沿海三大开放区主要城市社会指标对比
——教育

城市	普通高等学校数（个）			普通高等学校毕业生数（万人）			每千人拥有高等学校在校生数（人）		
	2002	2001	2002年为2001年%	2002	2001	2002年为2001年%	2002	2001	2002年为2001年%
全　　国	**1396**	**1225**	**114.0**	**133.7**	**103.6**	**129.1**	**7.0**	**5.6**	**125.0**
环渤海经济区									
北　　京	62	61	101.6	6.8	5.6	121.4	28.6	65.9	43.4
天　　津	37	33	112.1	2.7	1.9	142.9	21.5	16.9	127.1
烟　　台	6	6	100.0	0.8	0.5	161.5	10.1	8.1	125.4
青　　岛	7	6	116.7	1.4	0.9	145.0	19.0	15.0	126.7
大　　连	14	14	100.0	1.9	1.7	112.4	22.1	18.6	118.8
长江三角州经济区									
上　　海	50	45	111.1	5.5	4.3	129.0	25.0	21.0	119.0
杭　　州	34	33	103.0	2.7	2.3	119.3	35.8	25.8	138.8
宁　　波	11	11	100.0	0.6	0.4	147.6	11.0	8.0	137.5
南　　京	35	31	112.9	5.5	3.7	148.0	61.7	50.3	122.7
苏　　州	9	8	112.5	1.2	1.0	119.8	11.9	10.5	113.1
珠江三角州经济区									
广　　州	39	37	105.4	5.5	3.5	156.4			
深　　圳	9	3	300.0	0.4	0.3	139.3	5.3	4.0	133.8

注：　2002 年的“每千人拥有在校生数”不包括研究生，2001 年包括。

5-11 中国内地沿海三大开放区主要城市社会指标对比

——卫生

城　市	医院、卫生院数（个）			每千人拥有医院、卫生院床位数（张）			每千人拥有医生数（人）		
	2002	2001	2002年为2001年%	2002	2001	2002年为2001年%	2002	2001	2002年为2001年%
全　国	**63858**	**64840**	**98.5**	**2.32**	**2.39**	**97.1**	**1.47**	**1.69**	**87.0**
环渤海经济区									
北　京	466	462	100.9	6.46	6.31	102.4	4.18	4.64	90.1
天　津	476	495	96.2	4.24	4.42	95.9	2.61	3.2	81.6
烟　台	226	253	89.3	2.66	2.50	106.4	1.50	1.80	83.3
青　岛	213	217	98.2	2.89	2.86	101.1	1.87	2.22	84.2
大　连	248	240	103.3	4.56	4.58	99.6	2.39	2.48	96.4
长江三角州经济区									
上　海	192	432	44.4	4.80	5.80	82.8	3.30	3.70	89.2
杭　州	418	391	106.9	4.40	4.30	102.3	2.70	2.70	100.0
宁　波	334	286	116.8	2.51	2.55	98.4	1.82	1.78	102.2
南　京	294	284	103.5	3.83	3.80	100.7	2.36	2.70	87.5
苏　州	213	191	111.5	3.37	3.11	108.4	1.45	1.54	94.2
珠江三角州经济区									
广　州	196	253	77.5	5.33	4.85	109.9	3.08	3.36	91.7
深　圳	77	75	102.7	2.34	2.25	104.0	1.56	1.73	90.2

注：2002 年医生为执业医师数，故与去年比有所减少。

5-12 中国内地沿海三大开放区主要城市社会指标对比
——物价

单位：%

城　　市	居民消费价格指数		工业品出厂价格指数		原材料、燃料、动力价格指数	
	2002	2001	2002	2001	2002	2001
全　　国	**99.2**	**100.7**	**97.8**	**98.7**	**97.7**	**99.8**
环渤海经济区						
北　　京	98.2	103.1	96.6	99.4	97.1	100.5
天　　津	99.6	101.2	95.9	95.9	95.9	98.8
烟　　台	100.4	101.0	98.8	99.6	97.9	99.8
青　　岛	98.9	101.0	97.4	98.0	96.8	97.8
大　　连	98.0	99.5	97.9	98.8	98.2	100.1
长江三角州经济区						
上　　海	100.5	100.0	96.4	96.7	97.7	98.7
杭　　州	98.8	99.5	97.3	98.6	96.9	99.2
宁　　波	99.2	99.3	100.0	98.3	100.1	98.7
南　　京	97.9	99.9				
苏　　州	100.4	99.5				
珠江三角州经济区						
广　　州	97.6	98.9	96.8	98.6	96.5	99.5
深　　圳	101.2	97.8	93.8	96.3	99.0	100.2

5-13 中国内地沿海三大开放区主要城市生活质量指标对比

单位：元

城市	在岗职工平均工资			城镇居民人均可支配收入			农民人均纯收入		
	2002	2001	2002年为2001年%	2002	2001	2002年为2001年%	2002	2001	2002年为2001年%
全　国	**12422**	**10870**	**114.3**	**7702.8**	**6859.6**	**112.3**	**2475.6**	**2366.4**	**104.6**
环渤海经济区									
北　京	21852	19155	114.1	12464	11578	113.5	5880	5274	111.5
天　津	16258	14308	113.6	9338	8959	111.6	5315	4825	110.2
烟　台	12032	10499	114.6	8869	8261	117.5	3826	3635	105.3
青　岛	14114	12677	111.3	8721	8731	113.5	4195	3901	107.5
大　连	15525	13493	115.1	8200	7418	110.5	4140	3900	106.2
长江三角州经济区									
上　海	23959	21781	110.0	13250	12883	102.8	6212	5850	106.2
杭　州	21418	18319	116.9	11778	10896	108.1	5242	4896	107.1
宁　波	21123	19089	110.7	12970	11991	108.2	5764	5362	107.5
南　京	19148	16575	115.5	9157	8848	103.5	4579	4311	106.2
苏　州	15924	13670	116.5	10617	10515	110.2	6140	5796	105.9
珠江三角州经济区									
广　州	26219	22722	115.1	13380	14694	91.1	6857	6446	106.4
深　圳	28218	25941	108.8	24941	2760	109.6	10610	9869	107.5

注：“2002年的城镇居民人均可支配收入”扣除了个人交纳的社会保障支出。

5-13-1

城　市	市区人均居住使用面积（平方米）			年末移动电话户数（万户）		
	2002	2001	2002年为2001年%	2002	2001	2002年为2001年%
全　国	**22.8**	**20.8**	**109.6**			
环渤海经济区						
北　京	18.2	17.6	103.3	919.5	629.4	146.1
天　津	16.7	15.9	105.0	306.4	214.5	142.9
烟　台	15.5	14.6	106.0	122.7	98.3	124.7
青　岛	15.9	15.3	104.1	205.2	141.0	145.5
大　连	16.2	15.1	107.0	168.9	137.9	122.5
长江三角州经济区						
上　海	18.1	17.3	104.6	912.0	626.0	145.7
杭　州				276.0	192.9	143.0
宁　波	21.9	17.6	124.5	256.9	195.7	131.3
南　京	16.1	15.5	103.9	190.8	136.8	139.4
苏　州	17.4	17.2	101.2	274.4	192.4	142.6
珠江三角州经济区						
广　州				745.0	559.6	133.1
深　圳	21.8	21.8	100.2	605.0	387.7	156.1

北京市的“市区人均居住使用面积”为城市居民平均每人居住面积。

5-14 中国内地沿海三大开放区主要城市公共事业指标对比

城　市	市区年末实有铺装道路面积（万平方米）			市区年末实有公共汽（电）车（辆）			市区年末实有出租汽车（辆）		
	2002	2001	2002年为2001年%	2002	2001	2002年为2001年%	2002	2001	2002年为2001年%
全　国	**277179**	**249431**	**111.1**	**246129**	**230844**	**106.6**	**884195**	**870023**	**101.6**
环渤海经济区									
北　京	7645.0	6062.0	126.1	14445	12305	117.4	66759	65155	102.5
天　津	5213.0	5164.0	100.9	5821	5836	99.7	31939	31939	100.0
烟　台	1499.0	1437.0	104.3	887	976	90.9	2078	2308	90.0
青　岛	2416.0	2169.0	111.4	3681	3453	106.6	8376	8110	103.3
大　连	1545.0	1518.0	101.8	3552	3433	103.5	13524	13375	101.1
长江三角州经济区									
上　海	14730.0	13411.0	109.8	18541	18083	102.5	47509	46921	101.3
杭　州	2349.0	1663.0	141.2	3007	2238	134.4	7340	6257	117.3
宁　波	2566.0	1054.0	243.5	2953	1541	191.6	2096	1962	106.8
南　京	5433.0	4568.0	118.9	4360	4362	100.0	8877	8956	99.1
苏　州	3045.0	1205.0	252.7	1231	1145	107.5	2403	2367	101.5
珠江三角州经济区									
广　州	6194.0	5899.0	105.0	7051	6887	102.4	16690	16451	101.5
深　圳	3405.0	3335.0	102.1	13105	12144	107.9	11351	10290	110.3

北京市的“市区年末实有铺装道路面积”为城市居民平均每人居住面积。

图书在版编目（CIP）数据

北京区域统计年鉴．2003 / 北京市统计局编．
—北京：同心出版社，2004
ISBN 7－80593－727－3

Ⅰ．北... Ⅱ．北... Ⅲ．地区经济—统计资料
—北京市—2003—年鉴 Ⅳ．F．127．1－54
中国版本图书馆 CIP 数据核字（2003）第 121640 号

责任编辑：何　力
审 图 号：京 S（2002）051 号

出版发行：同心出版社
地　　址：北京市朝阳区和平里西街 21 号
邮　　编：100013
电　　话：（010）84276223
印　　刷：北京源海印刷有限责任公司
经　　销：各地新华书店
版　　次：2004 年 2 月第 1 版
2004 年 2 月第 1 次印刷
开　　本：889mm×1194mm　16 开本
印　　张：16．25 印张　　**彩插**：3 印张
字　　数：420 千字
印　　数：3000 册

书　　号：ISBN 7－80593　727　3 /Z・069
定　　价：150.00 元